LA GUERRA DEL FENICIO

Arqueología, política y turismo en el último rincón de Europa

Raúl Asensio

Esta obra está sujeta a la licencia Reconocimiento-NoComercial-CompartirIgual 4.0 Internacional de Creative Commons. Para ver una copia de esta licencia, visite:
http://creativecommons.org/licenses/by-nc-sa/4.0/

Primera Edición española, abril de 2020
...recluídos por la COVID-19 entre Perú y España

Edita:
JAS Arqueología S.L.U.
Plaza de Mondariz, 628029 - Madrid
www.jasarqueologia.es

Edición: Jaime Almansa Sánchez
Corrección: Daniel García Raso

Reconocimiento del autor: Raúl Asensio

Diseño de cubierta: Jaime Almansa Sánchez
Resto de imágenes: según se cita en el pie

ISBN: 978-84-16725-25-0 (papel) y 978-84-16725-26-7 (pdf)
Depósito Legal: M-10391-2020

Imprime: Service Point www.servicepoint.es

Impreso y hecho en España - *Printed and made in Spain*

LA GUERRA DEL FENICIO

Arqueología, política y turismo en el último rincón de Europa

Raúl Asensio

ÍNDICE

Introducción	5
1. Casi una isla	15
2. Momento ideal	33
3. Valentín	49
4. Doña Blanca	65
5. Sube la marea	89
6. Imaginando antepasados	107
7. Mattan	123
8. Una de romanos	141
9. Espacio sagrado	157
10. Arquitectura milagrosa	173
11. Gadir	187
12. El año decisivo	207
13. Baja la marea	227
Epílogo	241
Bibliografía	253
Imágenes	261

INTRODUCCIÓN

Mientras espero a que abran la puerta comienzan a llegar más personas. Estoy sentado en una de las gradas de acceso al llamado Teatro Cómico de Cádiz, situado en pleno centro histórico de la ciudad, pero lo que me ha traído hasta aquí no es una representación o el gusto por admirar la que dicen que es la colección de títeres más importante de Andalucía. He venido por lo que el recinto guarda en su sótano: los restos de una primitiva ciudad fenicia hallados por un grupo de arqueólogos gaditanos en 2007. Unas piedras que, lejos de ser cualquier cosa, demostrarían los orígenes ancestrales de Cádiz y su vínculo con el Mediterráneo oriental. Para acceder al recinto es necesario obtener previamente una entrada, ya que el aforo es limitado. Las visitas incluyen el visionado de un vídeo introductorio en un pequeño auditorio con capacidad para una treintena de personas y el posterior recorrido por las ruinas. Las invitaciones se retiran en la taquilla exterior del recinto y son gratuitas, pero los visitantes están obligados a esperar hasta la hora programada para iniciar su recorrido. Así al menos me han dicho.

Cada vez hace más calor. Cuando empiezo a preguntarme si no habrá sido un error renunciar a un día de playa para acercarme a ver las ruinas de las que todos hablan, de improviso una anfitriona avisa que dentro de poco va a comenzar la siguiente visita. Va elegantemente vestida y habla con el característico acento local. Reaccionamos, nos ponemos de pie y nos acercamos a la puerta. Somos ya casi una veintena de personas. Siguiendo las indicaciones, apagamos nuestros teléfonos y nos deshacemos de cualquier comida o bebida que tengamos en las manos. Por fin se abren las puertas y llega el momento de empezar el recorrido por la ciudad fenicia.

La espera merece la pena. La exposición está pensaba de manera inteligente y precisa. Es pequeña pero coqueta. Logra hacer comprensibles unos restos que de otra manera resultarían difíciles de interpretar para quienes no somos expertos en ruinas del pasado. El recorrido incluye viviendas, espacios industriales y el trazado de unas decenas de metros de las primeras calles de Cádiz. Su importancia reside en ser el primer testimonio incontrovertible que confirma la antigüedad de la fundación fenicia de la ciudad, verificando de esta manera las leyendas trasmitidas a través de las fuentes romanas y griegas. Cádiz, señala con orgullo la anfitriona que nos recibe, es la ciudad más antigua de Occidente y los restos que vemos en el sótano del Teatro Cómico así lo confirman.

La historia del descubrimiento y puesta en valor de la ciudad fenicia del Teatro Cómico de Cádiz es el eje del texto que el lector tiene entre sus manos. Conviene aclarar, sin embargo, que este no es un libro *de* arqueología o historia antigua. Es un libro *sobre* arqueología y, en concreto, sobre el papel social de la arqueología. Los lectores que esperen un debate erudito sobre los últimos hallazgos, teorías o metodologías arqueológicas quedarán decepcionados, pues no van a encontrar nada de eso. Lo que me interesa es analizar cómo la puesta en valor del patrimonio arqueológico interactúa con la sociedad, influye y al mismo tiempo se ve influida por los avatares que acontecen a su alrededor. Cómo las narrativas arqueológicas surgen y crecen en contextos social, política y económicamente condicionados.

La historia del Cómico es el punto de entrada para analizar lo que denomino «guerras patrimoniales gaditanas», es decir, el conjunto de debates y controversias científicas y políticas que enfrentan a actores públicos y privados en torno a la puesta en valor del pasado. Los hallazgos obligan a los arqueólogos a revisar lo que sabían (o lo que creían que sabían) sobre los primeros tiempos de la ciudad. Como cualquier descubrimiento arqueológico disruptivo, producen ganadores y perdedores. Impactan positivamente en algunas carreras profesionales y negativamente en otras. Impactan también en la topografía sentimental de la ciudad, ya que disminuyen la importancia de algunos restos arqueológicos previamente existentes y resitúan otros dentro de un nuevo relato del pasado. De ahí que para comprender los dilemas de la puesta en valor sea imprescindible considerar el conjunto de iniciativas que se desarrollan en paralelo a las excavaciones del Cómico. La historia de la ciudad fenicia requiere conocer la historia de otros esfuerzos de puesta en valor y entender cómo todos ellos compiten entre sí por la atención de las autoridades, del mundo académico, de los medios de comunicación y del público en general. Esta es una guerra de romanos contra fenicios, pero también de vestigios arqueológicos fenicios compitiendo entre sí, en diferentes localidades de la bahía de Cádiz y en la propia ciudad.

La puesta en valor de la ciudad fenicia interactúa con varios debates: las controversias académicas sobre el pasado de Cádiz, los relatos políticos sobre el origen y fundamento de la identidad andaluza, los debates en torno a las mejores estrategias de puesta en valor del patrimonio arqueológico. La puesta en valor del Teatro Cómico queda bajo el control (institucional y discursivo) del Gobierno local, pero otras intervenciones paralelas tienen como protagonistas a la administración regional andaluza, a gobiernos locales de otras localidades cercanas o a actores privados. Los debates sobre las ventajas relativas de cada una de estas fórmulas se retroalimentan con controversias políticas, ideológicas y académicas.

Esta es una historia esencialmente local. O, mejor dicho, es una historia sobre cómo los cambios globales impactan en los ámbitos locales. El análisis de los dilemas y conflictos que rodean la puesta en valor del patrimonio arqueológico en Cádiz se inserta en al menos cuatro contextos o historias mayores que contribuyen a darle sentido. La primera de estas historias se refiere a la trasformación económica que experimentan las regiones periféricas de Europa en el último medio siglo. Con el progresivo desmantelamiento de los marcos nacionales de la actividad económica, producto en parte de la consolidación de la Unión Europea y en parte del movimiento general del planeta hacia la globalización, estas regiones entran en una profunda crisis de identidad. No son lo suficientemente competitivas para retener sus actividades industriales tradicionales y se ven obligadas a reinventarse en medio de conflictos y crisis políticas.

Especialmente complicada es la situación de las ciudades pequeñas y medianas. Mientras en todo el mundo se consolidan una serie de ciudades globales, bien posicionadas y prestigiosas, capaces de atraer recursos y talento, los núcleos intermedios que hasta entonces habían sido relativamente atractivos pierden relevancia y capacidad para retener su capital humano y su tejido empresarial. Para las autoridades locales los desafíos se multiplican, sin que muchas veces sepan cómo encararlos. Se miran en el espejo de las grandes capitales globales, pero no tienen ni la capacidad política ni el músculo económico necesarios para imitarlas. Su margen de maniobra es mucho más reducido, mientras cunde entre los ciudadanos una sensación de desamparo e incertidumbre por el futuro.

En segundo lugar, esta es una historia sobre los antecedentes, repercusiones y adaptaciones producto de la Gran Recesión económica que golpeó entre los años 2007 y 2014 a los países del sur de Europa. Este es un periodo tremendamente complicado para Andalucía. Tras una etapa de bonanza económica que había durado casi una década, el final de la burbuja inmobiliaria implicó recortes brutales de la inversión pública. Ya de por sí graves, el impacto de estos recortes fue mayor porque se produjo después de un periodo caracterizado por notables inversiones en equipamientos culturales (museos, centros de interpretación) investigación (excavaciones, publicaciones) y puesta en valor del pasado (financiamiento a asociaciones culturales para realizar todo tipo de actividades). La capacidad instalada entró en crisis y sobre el sector cultural se cernieron negros nubarrones. Muchas iniciativas planificadas en los años anteriores se paralizaron y cambiaron radicalmente las prioridades de las administraciones públicas.

La crisis económica tuvo también su trasunto político. Tanto a nivel español como andaluz el sistema de partidos heredado de la Transición (1977-1982) entró en crisis durante la Gran Recesión. Surgieron nuevas agrupaciones que comenzaron a disputar el voto a los partidos tradicionales, a partir de una combinación de nuevos discursos y nuevas prácticas. Muchos de los consensos históricos se rompieron y quienes habían llevado hasta el momento las riendas del poder temieron perderlo. Lo nuevo y lo viejo se mezclaron y comenzaron a disputarse la hegemonía en un panorama político cada vez más fragmentado e inestable.

Ampliando el foco, el tercer contexto que enmarca la puesta en valor de los restos fenicios del Teatro Cómico de Cádiz es el vínculo entre las políticas culturales y los gobiernos autonómicos creados con el advenimiento de la democracia en los años ochenta. Aunque con enormes diferencias entre unas regiones y otras, estos gobiernos disponen de amplios márgenes para la gestión de las políticas culturales y la puesta en valor del patrimonio arqueológico. La Junta de Andalucía tiene a su cargo la educación básica y secundaria, lo que en la práctica supone un control casi total de los discursos oficiales sobre el pasado de la región. El resultado, como veremos, es doble: se consolidan discursos de identidad andaluza en términos casi nacionales, pero también se potencian narrativas alternativas, asociadas a poderes locales, que matizan, resisten o incluso entran en conflicto con el discurso proto-nacional andaluz promovido por las autoridades de Sevilla.

Finalmente, la cuarta y última trama a considerar es la propia evolución de la disciplina arqueológica. La década final del siglo pasado y la primera del presente son para este colectivo un periodo de intenso cambio. Si bien surgen nuevas posibilidades de trabajo y se incrementa la inversión pública y privada dedicada a estudios arqueológicos, también son mayores los desafíos. Los arqueólogos deben competir contra la voracidad de las empresas inmobiliarias, que en las zonas cercanas a la costa construyen urbanización tras urbanización, poniendo en riesgo los restos materiales del pasado. Sus intervenciones no siempre son bien recibidas o comprendidas por las autoridades, que oscilan entre ver la arqueología como una potencial fuente de atractivos turísticos o bien despreciarla como un simple estorbo para sus proyectos de remodelación urbana e inversiones presuntamente más productivas.

Cádiz es una ciudad con un desarrollo tardío de la arqueología como disciplina científica. Su condición periférica hizo que hasta finales de la década de 1970 el estudio del pasado arcaico de la ciudad estuviera casi siempre en manos de profesionales foráneos. Esta situación comenzó a cambiar con la apertura de la Universidad de Cádiz durante la Transición. La institución no solo permitió a los jóvenes locales formarse y estudiar sin necesidad de salir de la ciudad, sino que además atrajo a una generación de profesores que en ese momento estaban en las primeras etapas de su carrera profesional, poseían una gran energía y compartían los desarrollos más recientes de las ciencias sociales. Ellos trajeron a este rincón de Andalucía su capacidad de trabajo y sus ansias de renovación profesional. Como muchos jóvenes de aquellos años, deseaban modernizar la ciencia española y cambiar el país. Su llegada coincidió con la eclosión de las libertades democráticas y con la instalación de nuevas autoridades políticas, muchas de ellas vinculadas con partidos progresistas de izquierdas, a los que los propios profesores de la Universidad de Cádiz pertenecían.

La expansión del campo profesional supuso también una creciente competencia entre unos arqueólogos y otros. A medida que el sistema público de universidades se extendía por toda Andalucía, creció el número de quienes pugnaban por hacerse con un sitio dentro del escalafón profesional. La competencia incluía los escenarios tradicionales del mundo académico, revistas especializadas, conferencias y congresos, pero cada vez más se trasladaba también al ámbito público. Los arqueólogos estaban obligados a demostrar la relevancia social de su trabajo. Tenían que trasmitir sus hallazgos a un público que iba más allá de sus colegas y al mismo tiempo convencer a las autoridades para que destinaran fondos a sus investigaciones. Para adecuarse a estos desafíos, poco a poco se fue consolidando un estilo ecléctico de práctica de la arqueología, donde lo académico y lo político se retroalimentaban y complementaban.

El resultado de esta suma de tramas globales y locales, sociales, económicas, políticas y científicas, es la emergencia de un conjunto de guerras patrimoniales enlazadas entre sí. Administraciones públicas, partidos políticos, intelectuales locales, promotores turísticos, empresarios culturales y arqueólogos se disputan el control material y simbólico de los vestigios del pasado. Se trata de una confrontación en la que el interés económico, las ideas políticas, los imaginarios sobre el pasado y las artimañas administrativas se retroalimentan entre sí.

Aunque esta es una historia centrada en la ciudad de Cádiz, es imposible contarla sin hacer referencia a otras localidades cercanas. Como sostendré, la vida de los gaditanos está atravesada por una profunda paradoja: se trata de una ciudad con un muy acendrado sentimiento de identidad diferencial respecto a su entorno geográfico pero que al mismo tiempo, cada vez más, participa de una dinámica metropolitana, ya que sus actividades sociales y económicas tienden a fusionarse con las demás localidades que constituyen la conurbación de la bahía de Cádiz.

Esta dicotomía condiciona fuertemente la puesta en valor de los descubrimientos arqueológicos. En un contexto de crisis económica, cada alcalde trata de potenciar los hallazgos que se sitúan dentro de su territorio, ignorando o incluso llegando a menospreciar los que se ubican en otras localidades. Compiten por la atención de las autoridades andaluzas y españolas, así como por los fondos europeos, que financian la mayoría de las intervenciones culturales. El localismo se mezcla con los intereses personales, dando lugar a cambiantes alianzas, que en ocasiones traspasan las barreras partidarias. En este caleidoscopio juegan un papel central los propios arqueólogos, que en parte por convencimiento y en parte por cálculo estratégico alimentan los discursos localistas y se alinean con uno u otro poder público.

El libro abarca un periodo de unos quince años, aunque su núcleo central se sitúa entre 2007 y 2016. Como espero que quede claro a lo largo del texto, esta delimitación tiene que ver con los ciclos políticos y con la propia dinámica de los descubrimientos arqueológicos. Por supuesto, esto no quiere decir que las guerras patrimoniales hayan cesado desde entonces. Pero sus dinámicas y actores son diferentes, por lo que exigirían otro enfoque para analizarlas. Para reconstruir la historia me he basado sobre todo en fuentes de prensa, ya que este es el escenario principal de los debates públicos en torno a la puesta en valor del pasado. He realizado también algunas entrevistas y, en la medida de lo posible, he tratado de incluir perspectivas comparativas con procesos de puesta en valor en otras partes del mundo, además de mi propia experiencia como usuario de museos y monumentos arqueológicos. Aunque no soy arqueólogo, he sido siempre un prolífico consumidor de narrativas y relatos arqueológicos, tema a cuyo análisis me he dedicado profesionalmente en los últimos años.

La combinación de estas diversas fuentes de información permite reconstruir una historia muy rica en cuanto a detalles e incidencias. La puesta en valor de la ciudad fenicia del Teatro Cómico es una ventana para observar cómo el conocimiento científico se construye, valida y difunde en el conjunto de la sociedad. La tarea de los especialistas se relaciona y al mismo tiempo refuerza las rivalidades entre los partidos políticos locales y regionales que se sienten concernidos por los hallazgos, ya sea porque ven en ellos una oportunidad económica o porque lo consideran un factor de prestigio local. Más importante aún, el patrimonio es un escenario para dirimir las diferencias entre los sucesivos niveles de gobierno en los que se desenvuelve la política gaditana: local, andaluz y español.

La puesta en valor cuestiona las competencias que cada uno de estos niveles de gobierno se atribuye a sí mismo, así como los proyectos ideológicos que sustentan su legitimidad. Es uno más, si se quiere secundario pero no por ello menos relevante, de los múltiples tableros en los que se desarrolla la lucha por el poder en un periodo convulso de la historia andaluza y española. Las guerras patrimoniales gaditanas forman parte de esta historia y a su modesta manera contribuyen a moldearla.

Empecemos.

I
CASI UNA ISLA

Como casi todo en Cádiz, fue un descubrimiento inesperado. La historia comenzó en 2007, cuando en el curso de las obras previas a la remodelación de un antiguo cine los arqueólogos municipales dieron con la pista de lo que podían ser los hallazgos arqueológicos más importantes de la historia de la ciudad. La sospecha sobre la posible presencia de restos fenicios en esta parte de Cádiz se basaba en una serie de catas realizadas en los años anteriores, pero la falta de recursos había impedido hasta ese momento realizar excavaciones sistemáticas. Ahora la intervención era parte de un ambicioso proyecto del gobierno municipal para convertir el antiguo cine en un moderno teatro, que contribuyera a revitalizar la declinante vida cultural gaditana.

El motor de la obra era Teófila Martínez, una ambiciosa líder conservadora que desde 1995 gobernaba la ciudad con mano de hierro. Martínez había conseguido una mayoría absoluta tras otra, ganando a cuantos rivales se le habían puesto por delante. Con la construcción del nuevo teatro pretendía recuperar la tradición gaditana del teatro cómico y proyectar la imagen de la ciudad en todo el país. La obra implicaba movilizar cuantiosos recursos municipales y había logrado sumar fondos de cooperación europeos. Era vista como una de las intervenciones clave para cristalizar lo que pomposamente se llamaba un «nuevo modelo de ciudad», que permitiera cumplir con un viejo anhelo gaditano: encontrar una salida a la larga crisis iniciada con el desmantelamiento de las industrias navales durante la Transición. Los descubrimientos iban, sin embargo, a modificar estos planes.

* * *

Cádiz es una ciudad peculiar. Situada en el cierre de la bahía del mismo nombre, es casi una isla. El mar es una presencia constante. Las mareas y el viento marcan hasta hoy gran parte de las actividades, el uso del tiempo y las conversaciones de sus habitantes. Es imposible caminar más de quince minutos por sus calles sin toparse antes o después con el océano. Solo un largo istmo de apenas 100 metros de ancho y dos modernos puentes, uno construido en 1950 y otro inaugurado en 2015, conectan a la ciudad con el continente. El resto es agua, a un lado el océano Atlántico y al otro el interior de la bahía. Esta situación de (casi) insularidad ha marcado la historia de la ciudad y la idiosincrasia de sus habitantes, íntimamente ligada, pero al mismo tiempo sutilmente distinta del resto de Andalucía.

La fuerza combinada de las corrientes marinas y el viento, junto a la volubilidad de un territorio compuesto en su mayoría por dunas, salinas y arena hacen que el litoral gaditano haya experimentado continuos cambios en los últimos milenios. Durante gran parte de la época antigua lo que ahora es Cádiz, constituía un archipiélago de tres islas separadas entre sí por canales estrechos y poco profundos. La bahía era más amplia que en la actualidad y penetraba profundamente tierra adentro. Las colmataciones y las corrientes marinas han ido cambiando poco a poco este paisaje. Los canales se han cegado y amplias porciones de tierra han emergido. Aun así, todos los años temporales y tormentas amenazan con revertir estos cambios, obligando a las autoridades a gastar recursos y tiempo para asegurar las defensas costeras y regenerar las playas. El legado es un entorno natural en el que marismas, salinas, caños de agua salobre y arroyos estacionales de agua dulce conviven en precario y cambiante equilibrio.

En la actualidad la ciudad se divide en dos partes: un casco histórico parcialmente amurallado, compuesto por una mezcla de barrios populares, zonas señoriales y áreas comerciales, donde abundan las construcciones de los siglos XVIII y XIX, y un sector moderno, situado extramuros, que avanza sobre el istmo que une la ciudad con el continente. Hacia el interior de la bahía se sitúa el puerto comercial y en la parte exterior hay largas playas de arena, que durante gran parte del año permiten el disfrute de gaditanos y visitantes.

En este reducido espacio se concentran los casi 120 000 habitantes que la ciudad suma en la actualidad. Esta cifra es el resultado de un declive iniciado hace tres décadas y cada vez más pronunciado. Las evidentes limitaciones geográficas y el alto precio de las viviendas hacen que sea muy difícil asentarse en Cádiz. De ahí que muchos hijos de gaditanos prefieran irse a vivir a alguna de las localidades que rodean la bahía: San Fernando, Chiclana, Puerto de Santa María, Puerto Real y un poco más lejos Jerez de la Frontera. Juntas, estas seis localidades conforman una conurbación de algo más de medio millón de habitantes. Aunque mantienen fuertes identidades diferenciadas, plagadas de estereotipos, en sus vidas cotidianas los pobladores de la bahía se desplazan con frecuencia de una a otra ciudad por motivos de trabajo, para realizar gestiones, comprar o simplemente para divertirse. La bahía es una única urbe a efectos prácticos, a pesar de que los intereses políticos limitan la colaboración entre las localidades. Esta doble condición (ciudad funcional unificada e identidades separadas) es una de las claves para entender el origen de las guerras patrimoniales gaditanas.

Su estratégica posición hizo de Cádiz un nodo comercial desde hace más de treinta siglos. Los fundadores del primer asentamiento estable fueron navegantes fenicios provenientes de la ciudad de Tiro, en la actual costa libanesa. A ellos se debe el nombre de Gadir, que con el tiempo derivaría en la denominación actual. Su llegada a esta parte de la costa se vinculaba con el control del estrecho de Gibraltar y con el deseo de comerciar con el valle del Guadalquivir, densamente poblado en esa época por un conjunto de pueblos cuya exacta caracterización enfrenta a los arqueólogos en disputas sin fin. Para consolidar su dominio territorial, además de vender e intercambiar productos, los fenicios construyeron en un afloramiento rocoso situado a unos 10 kilómetros al sur de la ciudad un templo dedicado al dios Melkart, que con el tiempo se convertiría en uno de los santuarios más famosos del mundo antiguo. Los responsables del templo poseían tierras, pesquerías, talleres conserveros y de producción cerámica, y pronto se convirtieron en una parte central de la política y la economía locales.

Tras la destrucción de Tiro a manos de los reyes babilonios, Gadir atravesó un periodo de independencia antes de caer bajo la influencia de la poderosa Cartago, ciudad fundada también por comerciantes tirios en el norte de África. El asentamiento siguió creciendo y prosperando, al tiempo que se expandían sus redes comerciales. Las tumbas de esa época dan cuenta de una sociedad rica y cosmopolita, con fuertes influencias orientales. Durante las Guerras Púnicas, Gadir fue una de las plazas fuertes desde las que Amílcar y Aníbal Barca lanzaron su ofensiva contra Roma, en su lucha por la hegemonía del Mediterráneo occidental, hasta que en el 206 a.C., a punto de ser conquistada por Escipión El Africano, la élite local se pasó al bando rival y facilitó la derrota cartaginesa. A cambio, Gadir obtuvo la condición de ciudad federada y el acceso privilegiado a todas las esferas de la vida romana.

Este fue el primer gran cambio cultural de los muchos que experimentaría el antiguo emplazamiento fenicio. Gadir pasó a denominarse Gades y bajo el dominio romano disfrutó de uno de sus periodos de mayor esplendor. El trazado urbano se renovó completamente. Se construyeron un teatro y un anfiteatro, canalizaciones para traer agua potable del interior del territorio, desagües, un faro para guiar la navegación y un foro cívico. Aunque mantuvo buena parte de su identidad fenicia, la élite local participaba de manera activa de la vida cultural y política romana. El comercio a larga distancia de productos pesqueros y el prestigio del templo, ahora dedicado a Hércules, aseguraban la prosperidad gaditana.

Esta edad de oro duró hasta que comenzó a languidecer el imperio. Tras una corta (y muy incierta) etapa bizantina, lo que quedaba de la antigua Gades cayó en una larga etapa de decadencia. Sin llegar a desaparecer, la población se redujo y los límites de la ciudad se condensaron. Durante toda la Edad Media, en época musulmana y tras la conquista castellana, Cádiz fue una aldea de poca importancia política o económica. Su relevancia quedó opacada por el auge de villas vecinas, como Jerez o Medina Sidonia, situadas en el continente y con una economía agrícola mucho más próspera.

En 1596 el pirata inglés Robert Devereux, conde de Essex, saqueó y quemó la ciudad durante varios días. Este incidente puso fin a una incipiente recuperación iniciada en las décadas anteriores. Hasta la actualidad el asalto británico constituye una referencia en la tradición oral gaditana y al mismo tiempo es una suerte de parteaguas histórico. La sistemática destrucción de la ciudad a manos de los piratas hizo que desaparecieran casi todos los registros escritos, por lo que es muy difícil indagar en las etapas anteriores de la historia local.

Una nueva edad de oro llegaría poco después. Al calor del comercio americano, durante los siglos XVI y XVII se asentaron en la bahía comerciantes provenientes de toda la península ibérica y de otras partes de Europa. La tendencia se consolidó en 1717, con el traslado a Cádiz de la Casa de Contratación, que hasta entonces tenía su sede en Sevilla. Esta institución controlaba el monopolio comercial entre España y las colonias americanas, por lo que la ciudad se convirtió en el principal referente del comercio indiano. El traslado se debía a la progresiva colmatación del cauce del Guadalquivir, que hacía cada vez más difícil que los navíos remontaran el río hasta Sevilla. Sin embargo, fue resistido por las élites de la ciudad vecina, que con razón lo veían como una amenaza para su prosperidad económica. De ahí que el traslado de la Casa de Contratación supusiera el inicio de una rivalidad entre ambas ciudades, que en buena parte se mantiene hasta la actualidad, a pesar de su disparidad en población, riqueza y poder político.

Tras un gran tsunami ocurrido en 1755, el urbanismo gaditano se transformó radicalmente. Los grandes comerciantes y los cónsules de las diferentes naciones europeas levantaron grandes mansiones que hasta hoy dan al centro histórico un aire señorial y elegante. Se trata de edificios de tres o cuatro plantas, que combinan almacenes, residencia familiar y residencia de servicio. Muchos de ellos están coronados por una torre situada en una esquina de la azotea, que puede alcanzar los 20 metros de altura. Diseñadas para divisar los navíos que se acercaban a la ciudad, estas torres-vigía se convirtieron con el tiempo en símbolo de prestigio para las familias más poderosas de la ciudad. Complejizaron su diseño y añadieron ornamentos que las hicieron visualmente más atractivas. El material más utilizado era la llamada *piedra ostionera*, una roca sedimentaria muy porosa constituida por trozos de conchas marinas y piedras arrastradas por el mar, que desde la antigüedad es un elemento central de la arquitectura gaditana.

Las torres-vigía eran el exponente de una sociedad mercantil, que anudaba rutas comerciales del Atlántico y del Mediterráneo. De esta época data también el diseño final de las fortificaciones defensivas que rodean la ciudad, tanto por tierra como por mar. Los baluartes preexistentes fueron robustecidos con un estilo que recordaba a las fortificaciones litorales americanas. Como resultado, hasta la actualidad Cádiz remite en muchos aspectos de su fisonomía urbana a poblaciones caribeñas, como La Habana, San Juan de Puerto Rico o Cartagena de Indias.

Para ese momento Cádiz era una urbe singular y progresista, que se consideraba a sí misma diferente de sus vecinas, vinculadas por sus orígenes y por su orientación económica hacia la agricultura. Esta conciencia de singularidad persiste hasta la actualidad y marca fuertemente los imaginarios locales. Cádiz «nunca fue pueblo», señala un intelectual local, «no se fundó alrededor de la actividad agrícola como ocurrió con la mayoría de las ciudades andaluzas, donde Jerez y Sevilla son el paradigma de lo rural elevado a la elegancia impostada por el camino de la gomina y el pañuelito en el bolsillo de la chaqueta».[1]

A inicios del siglo XIX, Cádiz jugó un papel central en la revolución liberal española. La existencia de una nutrida clase de comerciantes emprendedores e intelectuales abiertos a las nuevas ideas, junto con su particular geografía, hicieron que la ciudad fuera uno de los epicentros de los partidarios de las reformas políticas. Tras la invasión francesa, se convirtió en el refugio perfecto para los integrantes de la Junta de Gobierno, obligados a huir de Madrid por las tropas napoleónicas. Con toda la Península ocupada, la bahía acogió las Cortes Generales convocadas de emergencia para solventar la acefalia creada por la captura por los franceses de Carlos IV y de su sucesor Fernando VII. Los diputados incluían representantes de las provincias españolas y de las

---

[1] *Diario de Cádiz*, 20 de agosto de 2018, Fernando Santiago, «El campito».

principales colonias americanas. Solo estuvieron ausentes aquellos territorios que, aprovechando el caos de la conquista francesa, habían iniciado su independencia o habían sido ocupados por los ingleses.

Durante los años de las Cortes, Cádiz bulló con todos los acentos y todas las ilusiones del mundo ibérico. Producto de esta efervescencia es la constitución aprobada el 19 de marzo de 1812, la primera en la historia del reino. Su articulado fue mucho más allá de lo que sus promotores iniciales habían pensado y supuso un hito en la historia política española. En medio de apasionados debates, el sector más radical de los diputados constituyentes, partidario de una auténtica revolución liberal, impuso su voluntad. De haberse aplicado, la constitución de Cádiz habría supuesto el final del absolutismo y el inicio de un régimen confederal basado en la igualdad entre los habitantes de todas las posesiones españolas. El texto reconocía el sufragio universal masculino, una monarquía de carácter liberal y moderado, desprovista de poderes absolutos, la libertad de prensa e imprenta y el libre comercio. Promovía además una profunda reforma agraria, con el fin de acabar con el monopolio aristocrático de la tierra y ponía en tela de juicio los privilegios de la Iglesia católica (aunque no reconocía la libertad de culto).

Como es sabido, la historia determinó que el esfuerzo de los constituyentes tuviera un corto recorrido. A pesar del entusiasmo que despertó en Europa y en amplias capas de la sociedad americana, la tentativa liberal fracasó estrepitosamente. Las revoluciones independentistas americanas cuestionaron los principios básicos del nuevo marco constitucional e hicieron imposible su implementación fuera de la Península. Tras su regreso a España, Fernando VII retomó la senda absolutista y se negó a reconocer el trabajo de las Cortes. En línea con los vientos que soplaban en Europa tras la derrota de Napoleón, apresó a los partidarios de la constitución liberal y ejecutó y exilió a quienes defendían las reformas. La constitución de Cádiz solo estaría vigente durante el denominado Trienio Liberal (1820-1823), cuando el general Rafael del Riego se levantó en Cabezas de San Juan, una localidad de la provincia de Sevilla muy cercana a Cádiz, y obligó al monarca a dar marcha atrás en sus planes. Una nueva invasión francesa, en este caso de inspiración conservadora, supuso sin embargo el final definitivo de la primera experiencia liberal española.

La pérdida de las colonias americanas supuso para Cádiz un duro golpe. Aunque gracias a las conexiones con África, Cuba y las islas Filipinas mantuvo cierta vigencia comercial durante parte del siglo XIX, poco a poco la ciudad comenzó a declinar, a medida que se consolidaban otros puertos peninsulares. Todavía tendría cierto protagonismo en episodios clave de la política nacional, como la Revolución Gloriosa de 1868, pero no llegaría nunca a alcanzar la importancia de su fenecida edad de oro. El creciente énfasis agropecuario de la economía andaluza hizo que el centro de gravedad de la política y la economía giraran nuevamente hacia las comarcas del interior. En la propia provincia de Cádiz, Jerez se convirtió en la ciudad más poblada, una situación excepcional que marcó de manera decisiva los imaginarios de los gaditanos y sus proyectos políticos. Hasta la actualidad es la única provincia andaluza donde la capital no ostenta la primacía demográfica.

* * *

En contraste con esta larga historia, la trayectoria de los esfuerzos patrimonialistas gaditanos es relativamente corta. Este hecho se debe una paradoja que hasta apenas dos décadas marcaba la relación de los gaditanos con el pasado: era una sociedad muy orgullosa de su larga historia, que estaba presente en la literatura, en los discursos políticos y en la tradición oral, pero apenas existían vestigios materiales o monumentales. La propia fisonomía de la ciudad, encerrada en una estrecha península, hace que debido al escaso espacio disponible durante siglos las edificaciones se hayan construido unas sobre otras. El urbanismo actual corresponde en gran parte al siglo XVIII. Solo algunos mínimos tramos de la muralla medieval y un par de emplazamientos de datación discutida permitían a los gaditanos asomarse a su historia. Tampoco existía, a diferencia de otras ciudades andaluzas, una tradición de puesta en valor de los monumentos para el turismo o como parte de proyectos políticos basados en la exaltación de las glorias del pasado. Cádiz era una ciudad provinciana, poco dinámica, en la que el patrimonialismo jugaba un papel minúsculo en las prioridades de los actores sociales, no porque la historia no importara (que sí importaba, y mucho), sino porque apenas había patrimonio antiguo que proteger.

A esta precariedad se unían las dudas sobre los orígenes de la ciudad. Si bien la fundación fenicia estaba fuera de duda, los expertos no se ponían de acuerdo sobre el momento exacto en que los navegantes orientales habían llegado al sur de Andalucía. Según el historiador romano Veleyo Patérculo la fundación había ocurrido poco después de la mítica guerra de Troya. De ser cierta esa fecha suponía que Gadir databa de inicios XII a.C. y era mucho más antigua que Cartago (814 a.C.) y Roma (751 a.C.). Con menor precisión, otros autores de la época corroboraban la gran antigüedad de la ciudad. Sin embargo, sobre el terreno no existían pruebas fehacientes que respaldaran estas afirmaciones. Algunos enterramientos testimoniaban la presencia púnica alrededor del siglo VII a.C., pero los arqueólogos no habían encontrado vestigios de mayor antigüedad. Tampoco estaba claro que se hubiera tratado de una auténtica ciudad, puesto que no había trazas de estructuras residenciales, fortificaciones u otros indicios que permitieran pensar en un asentamiento fenicio estable en esta parte de la costa.

Esta disparidad entre las fuentes escritas y el registro arqueológico era para muchos gaditanos una fuente de ansiedad. Cádiz era, como expresaba con resignación un comentarista local, una ciudad tan antigua que no tenía ni ruinas.² Algunos especialistas planteaban que los autores romanos, quienes escribían muchos siglos después de los hechos, podían haber consignado dataciones erróneas, quizás influidos por el propio deseo de la élite fenicio-gaditana por engrandecer su pasado.³ «Lo que nos ha llegado son las tradiciones de época romana», explicaba la arqueóloga Ana María Niveau de Villedary en un artículo de recapitulación sobre el tema. Relatos contradictorios, brumosos e indirectos, en los que la fuerza emocional sustituía a la evidencia empírica, hasta el punto de condicionar la investigación y los imaginarios populares. De ahí que el debate sobre la fundación de Gadir (cuándo y dónde) siguiera abierto.⁴

Las primeras noticias de los hallazgos del Teatro Cómico saltaron a los medios de comunicación en febrero de 2006. La presencia de unos restos que «podrían confirmar de forma definitiva que el Gadir fenicio se asentó en el mismo lugar donde hoy se encuentra la ciudad de Cádiz» obligó a paralizar las obras de cimentación del teatro.⁵ Aunque los arqueólogos aún dudaban de la antigüedad de los hallazgos, la expectativa se propagó rápidamente. Los días siguientes las páginas de la prensa local se llenaron de artículos, reportajes y opiniones de expertos. Cádiz es una ciudad en la que la arqueología se vive intensamente. La abigarrada geografía local hace que sea casi imposible emprender una obra sin encontrar en el subsuelo restos de una u otra época. Cada nuevo descubrimiento o incluso los más leves indicios de restos materiales del pasado se analizan y discu-

---

2 *La Voz de Cádiz*, 18 de agosto de 2010, Juan José Téllez, «El fenicio está quemado».

3 Esta hipótesis de desarrolla en: Manuel Álvarez Martí-Aguilar, «¿Mentira fenicia? El oráculo de Melqart en los relatos de fundación de Tiro y Gadir» en Francisco Marco Simón, Francisco Pina Polo y José Remesal Rodríguez, editores, *Fraude, mentiras y engaños en el mundo antiguo*, Barcelona, Universidad de Barcelona, 2014, pp. 13-33.

4 Véase, por ejemplo, *La Voz de Cádiz*, 16 de marzo de 2012, Diego Ruiz Mata, «¿Fundaron los fenicios Gadir en 1100 a.C.?»; *La Voz de Cádiz*, 2 de abril de 2012, Alicia María Canto, «Sí, los fenicios fundaron Gadir hacia 1100 a. C.».

5 *La Voz de Cádiz*, 1 de febrero de 2006, Ana Soria, «Las obras del Cómico pararán en tres meses para extraer restos arqueológicos».

ten hasta la saciedad, generando un ambiente de expectación que muchas veces afecta al propio trabajo de los arqueólogos. La presión pública compele a los profesionales a obtener resultados con una velocidad y una precisión que no siempre se condicen con los tiempos y posibilidades de la investigación científica rigurosa. Un buen o un mal titular pueden decidir el destino de una excavación.

En noviembre de 2006 los arqueólogos a cargo de las excavaciones del Cómico anunciaron el hallazgo de una necrópolis infantil romana, con cinco menores y dos adultos datados entre los siglos III y IV d.C. Más importante aún, varias catas mostraban que debajo de estos restos existían otros mucho más antiguos.[6] Estos hallazgos merecieron la visita de la alcaldesa, que resaltó la potencial importancia de los restos.[7] No era la primera vez que Martínez acudía a las excavaciones del Cómico. Ya antes de iniciarse los trabajos se había dejado ver para asegurarse de que todo se hacía correctamente.[8] El teatro era su gran empeño personal y no estaba dispuesta a dejar que nada saliera mal.

Estas primeras etapas de la excavación se financiaron con aportes del propio Ayuntamiento de Cádiz, de la Junta de Andalucía y de fondos europeos de cooperación y desarrollo. La profundidad de las excavaciones obligó a instalar un complejo sistema de micropilotes para evitar que se vieran afectados los cimientos de los edificios contiguos. El solar donde se pretendía construir el teatro se encontraba en pleno centro urbano, rodeado de viviendas y locales comerciales. Muchas construcciones tenían décadas de antigüedad o incluso varios siglos, y contaban con sótanos y pasadizos subterráneos que se conectaban entre sí o que

---

6 *La Voz de Cádiz*, 15 de diciembre de 2006, «Aparecen indicios de una necrópolis infantil romana en las excavaciones del Cómico».

7 *La Voz de Cádiz*, 20 de diciembre de 2016, «Se confirma el hallazgo de una necrópolis romana en el Cómico».

8 *La Voz de Cádiz*, 24 de noviembre de 2006, A. Soria, «Comienzan los trabajos previos a la excavación en el solar del Cómico».

daban salida a antiguos sistemas colectores abandonados con el paso del tiempo. Los arqueólogos estaban obligados a moverse en este entorno con sumo cuidado. Las excavaciones avanzaban lentamente, ya que a las habituales precauciones científicas se unían los riesgos derivados de la profundidad y el desconocimiento de la topografía exacta del subsuelo.

Los retrasos no fueron bien recibidos por los responsables políticos locales. La inauguración del Teatro Cómico era uno de los platos fuertes de la conmemoración del bicentenario de la aprobación en 1812 de la primera constitución española. Pretendía ser el aporte del Gobierno local a estos festejos. En el sótano del recinto estaba previsto instalar una sala de exposiciones que compaginaría el carácter lúdico del teatro con eventos científicos y académicos. La prolongación de las excavaciones arqueológicas comprometía el cronograma y amenazaba con deslucir la participación municipal en las celebraciones.

En enero de 2007 las excavaciones se paralizaron para dar paso a una etapa de supervisión y documentación por parte de la Delegación Provincial de Cultura.[9] Esta institución depende de la consejería andaluza de Cultura y es la instancia encargada de asegurar la protección del patrimonio arqueológico. Hasta entonces los trabajos habían estado a cargo de los arqueólogos del Ayuntamiento, ya que tanto el solar como el proyecto del Teatro Cómico eran iniciativa del Gobierno local. Sin embargo, las malas relaciones entre el municipio (en manos conservadoras) y la Junta de Andalucía (en manos socialistas) hacían que existiera un clima de suspicacia y sospecha en torno al control de los restos.

Para ese momento, además de la necrópolis romana, los arqueólogos habían hallado restos de una factoría de salazones de la misma época, que podía estar vinculada a un

---

[9] *La Voz de Cádiz*, 10 de enero de 2007, «Cultura empieza a documentar los restos hallados en el solar del antiguo Teatro Cómico de Cádiz».

yacimiento cercano de la misma naturaleza gestionado por la Junta. Esta coincidencia llevaba a pensar que esta zona de la ciudad podía haberse especializado en actividades industriales durante el periodo romano, una hipótesis que indirectamente confirmaba otro de los aspectos más discutidos en los debates sobre el pasado gaditano: la exacta configuración del litoral de la ciudad, que en la época antigua era muy diferente del actual. Zonas que ahora se sitúan tierra adentro, pudieron entonces estar ubicadas junto al mar. Los arqueólogos pensaban que el actual centro histórico estaba en aquella época dividido en dos islas, a las que denominaban Kotinoussa y Eritheia, separadas por un canal de poca profundidad, que atravesaba desde la actual playa de La Caleta hasta la plaza del Ayuntamiento. Tanto el Cómico como la factoría de salazones se encontrarían en una zona elevada muy cercana a este canal, en la entonces isla de Eritheia.

En el mes de marzo se confirmó la existencia de restos del siglo VI a.C.[10] Esta etapa correspondía a lo que en términos locales se denominaba etapa fenicia clásica. Si bien aún no era la ciudad arcaica que señalaban las fuentes escritas, para los arqueólogos se trataba de la confirmación de la importancia del yacimiento. El Cómico era una radiografía del pasado de la ciudad, ya que de manera superpuesta, capa sobre capa, contenía vestigios de las diferentes culturas que habían estado presentes en Cádiz desde su fundación.

Estos hallazgos situaron a los políticos gaditanos ante una disyuntiva. Debido a las premuras de tiempo y al alto costo de las excavaciones, debían decidir entre continuar el trabajo científico o retomar el proyecto original de construir el teatro. El Ayuntamiento se inclinó por esta última opción, lo que suscitó la rápida reacción de la Delegación de Cultura, que aprovechó la oportunidad para criticar a los políticos conservadores que gobernaban en Cádiz. Martínez y su

---

10 *La Voz de Cádiz*, 23 de marzo de 2007, Daniel Pérez, «Cádiz: geografía oculta».

equipo, se lamentaban, eran insensibles frente a la importancia del patrimonio arqueológico y únicamente pensaban en sus propios proyectos.[11] Los arqueólogos, en cambio, resaltaban el «imperativo científico» de su trabajo.[12] Desde su punto de vista, el estudio del pasado debía priorizarse sobre el plan original. Las excavaciones eran una oportunidad única para «solventar algunos de los interrogantes más importantes acerca de la fundación y primigenia ocupación de la ciudad de Cádiz». Debido al abigarrado entorno urbano del centro histórico, esta era «la última posibilidad en muchos años de poder excavar en extensión en un área de este tamaño».

Este último era un punto de especial importancia. Excavar en Cádiz es muy difícil, no solo por los altos costos que supone el trabajo arqueológico en entornos urbanos, sino por la densidad de construcciones superpuestas que la ciudad ha acumulado durante siglos de historia. El escaso espacio disponible ha hecho que desde la Antigüedad cada nueva etapa histórica se haya levantado literalmente sobre la anterior. Investigar el pasado obliga a una suerte de ingeniería inversa. Cada capa debe retirarse con sumo cuidado, con el consiguiente alargamiento de plazos y costos, en una ciudad donde cada centímetro de espacio edificable es un bien intensamente disputado. La ventaja del Cómico era que la parte más complicada ya estaba hecha: los edificios modernos habían sido demolidos y los arqueólogos estaban ya sobre el terreno, casi pisando las calles de la antigua Gadir, varios metros por debajo del nivel actual de la ciudad.

Entre quienes pedían continuar las excavaciones se encontraba Alicia Arévalo, arqueóloga y profesora de la Universidad de Cádiz. Desde su punto de vista, el patrimonio era la gran riqueza de Cádiz y debía rentabilizarse tanto desde

---

11 *La Voz de Cádiz*, 1 de agosto de 2007, Daniel Pérez, «El ayuntamiento decide paralizar las excavaciones en el solar del Cómico».

12 *La Voz de Cádiz*, 2 de agosto de 2007, D. Pérez y F. Vila, «Los arqueólogos del ayuntamiento se opusieron al fin de las catas en el Cómico».

el punto de vista cultural como económico.[13] De la misma opinión era José Antonio Garbarino, a quien más adelante veremos implicado en varias iniciativas privadas de puesta en valor del patrimonio. En un artículo de prensa señalaba que «los políticos se llenan la boca con los 3000 años, pero luego no saben gestionarlos y aprovecharlos». El exdirector del Museo Provincial Antonio Álvarez sostenía, por su parte, que las excavaciones eran «una cuestión científica y no política», por lo que no se podía dejar pasar por alto la oportunidad.

La rápida respuesta de los sectores patrimonialistas locales obligó al ayuntamiento a dar marcha atrás en sus pretensiones. A inicios del mes de agosto se anunció que las excavaciones continuarían hasta que los arqueólogos completaran su trabajo.[14] La decisión coincidía con la aparición de un muro del siglo VIII a.C., que reafirmaba la antigüedad del emplazamiento.[15] Para ese entonces los arqueólogos ya habían identificado cuatro fases de ocupación en las ruinas del Teatro Cómico: romana imperial, romana republicana, púnica o fenicia clásica y fenicia arcaica. El problema era que para llegar a este último nivel, el más profundo, era necesario retirar un gran número de escombros, lo que impedía continuar las obras. La solución consistió en instalar una planta falsa elaborada con una trama de mallas de metal, que permitía construir el teatro mientras en la parte inferior los arqueólogos realizaban su trabajo.[16] Aunque era una opción arriesgada, era la única manera de compatibilizar ambos objetivos y evitar que las excavaciones se quedaran sin apoyo político.

---

13 *La Voz de Cádiz*, 4 de agosto de 2007, Daniel Pérez, «Maltrato trimilenario».

14 *La Voz de Cádiz*, 3 de agosto de 2007, F. Vila y D. Pérez, «El ayuntamiento plantea ahora seguir la excavación en el solar del Cómico»; *La Voz de Cádiz*, 9 de agosto de 2007, José Landi, «Ayuntamiento y Junta llegan a un acuerdo para retomar las excavaciones arqueológicas en el solar del Cómico».

15 *La Voz de Cádiz*, 30 de septiembre de 2007, «Los arqueólogos hallan un muro del siglo VIII a.C. en el solar del Teatro Cómico».

16 *La Voz de Cádiz*, 18 de enero de 2008, Daniel Pérez, «Una planta falsa permitirá que se siga excavando en el Cómico».

En enero de 2008 el ayuntamiento aprobó la modificación del proyecto inicial para incluir esta nueva estrategia de trabajo.[17] Los arqueólogos pretendían continuar las excavaciones hasta una profundidad de 10 metros, donde se esperaba que estuvieran los restos más antiguos. El cambio de rumbo fue acompañado de fuertes críticas a la Delegación de Cultura, a la que desde el Gobierno local se acusaba de poner obstáculos sin proponer soluciones. Para facilitar el trabajo de los arqueólogos se decidió trasladar las cisternas romanas recién descubiertas, que obstaculizaban la excavación de los niveles inferiores, a un nuevo emplazamiento en las afueras de la ciudad, donde se las cuidaría y restauraría antes de decidir su destino final. Debido al gran tamaño de estas cisternas, la operación requirió de maquinaria pesada, que bajo la constante supervisión de los arqueólogos procedió a su traslado en medio de una gran expectación en toda la ciudad.[18]

Estas medidas fueron el primer indicio de un progresivo cambio de escenario. Con todo, en ese momento la actitud del ayuntamiento era aún dubitativa. Durante varias semanas Martínez y su equipo se debatieron entre seguir apostando por los títeres o privilegiar la excavación y puesta en valor de los restos arqueológicos. La adquisición en el mes de mayo de la colección más importante de títeres de España apuntaba a que la decisión definitiva aún no estaba tomada. Un representante local se lamentaba de los retrasos y de los gastos generados por las excavaciones. «Nos han hecho excavar a gran profundidad para encontrar restos fenicios y eso ha duplicado el coste de la construcción y retrasado las obras», señalaba.[19] Los gastos se calculaban en casi un millón de euros. Aunque la Junta de Andalucía

---

17 *La Voz de Cádiz*, 19 de enero de 2008, Mayte Huguet, «La modificación del proyecto del Cómico dobla el presupuesto de la obra».

18 *La Voz de Cádiz*, 6 de marzo de 2008, «Trasladan parte de la cisterna romana del solar del Cómico».

19 *La Voz de Cádiz*, 23 de mayo de 2008, Daniel Pérez, «El ayuntamiento compra la colección de títeres más importante de España».

se había comprometido a sufragar la mitad, aún no había realizado el desembolso, por lo que según este funcionario los recursos provenían casi exclusivamente de las arcas del Gobierno local.

La gran noticia se produjo finalmente en el mes de agosto de 2008, cuando se anunció el descubrimiento de estructuras del periodo fenicio arcaico.[20] De acuerdo con el concejal de cultura, convertido ahora en el portavoz de las excavaciones, los hallazgos permitían comprobar una «continuidad estratigráfica» que hacía del Cómico un yacimiento especial. Los arqueólogos habían bajado casi hasta el nivel de la roca madre y habían hallado lo que estaban buscando. Los primeros indicios mostraban lo que parecían edificaciones muy antiguas, destruidas durante un incendio. Incluso se hablaba de varios restos humanos. Lo que los arqueólogos tenían ante sus ojos no eran vestigios aislados, sino una auténtica trama urbana.

El enigma parecía haber llegado a su fin: Gadir por fin salía a la luz.

---

20 *Diario de Cádiz*, 23 de agosto de 2008, Virginia León, «Hallan numerosos restos de viviendas fenicias en todo el solar del Cómico».

II
MOMENTO IDEAL

El descubrimiento de la ciudad fenicia del Teatro Cómico cambió las coordenadas de las políticas culturales gaditanas. Casi desde el principio comenzaron a aparecer artículos que demandaban una puesta en valor ambiciosa y a la altura de la importancia de los hallazgos. El Cómico era «la oportunidad de llevar a los gaditanos y, sobre todo a quienes nos visitan, nuestra rica historia de una forma ordenada, lógica y expuesta de forma inteligente».[1] La ciudad tenía ante sí lo que siempre había anhelado: una manera incuestionable de demostrar, constatar y exhibir la enorme profundidad temporal de su larga e intensa historia.

Una vez asimilada la magnitud del hallazgo, Teófila Martínez y su equipo reaccionaron con celeridad para apropiarse (institucional y políticamente) de las excavaciones. Durante varios meses los integrantes del equipo de gobierno negociaron con los arqueólogos, hasta que en marzo de 2009, en

---
[1] *Diario de Cádiz*, 25 de agosto de 2008, José Antonio Hidalgo, «La casa de los títeres».

una rueda de prensa por todo lo alto, los representantes municipales presentaron un cambio radical en el proyecto del Teatro Cómico.[2] Los restos arqueológicos, según se señalaba, serían estudiados y preservados en el mismo lugar donde se encontraban, para que pudieran contemplarse por todos los gaditanos como el testimonio más antiguo de su ciudad. Para ello se construiría una sala subterránea equipada con las más modernas tecnologías museográficas, donde los visitantes podrían al mismo tiempo informarse sobre los orígenes de Cádiz y apreciar los vestigios de la época fenicia.

Este proyecto de excavación y exhibición *in situ* permitía al ayuntamiento ganarse a los arqueólogos y al sector patrimonialista de la ciudad, que desde ese momento se situarían a su lado en las polémicas que rodearían la puesta en valor. La excavación de la ciudad fenicia estuvo a cargo de un equipo dirigido por José María Gener y Juan Pajuelo. Ambos eran arqueólogos adscritos al Gobierno local y contaban con amplia experiencia en arqueología urbana de rescate. Durante los años anteriores habían trabajado en excavaciones en toda la ciudad, así como en otros emplazamientos de la provincia. Desde el principio habían estado a cargo de las operaciones en el Cómico y ahora veían su papel reconocido y consolidado.

Para entender la importancia del descubrimiento del Cómico hay que tener en cuenta el momento y el contexto político en que se produjo. Estos elementos explican por qué rápidamente se convirtió en algo más que un simple hallazgo arqueológico. Si la puesta en valor saltó al terreno de las disputas políticas fue porque los restos arqueológicos contribuyeron a alimentar una serie de debates no-científicos que se desarrollaban en paralelo a las excavaciones.

Los hallazgos de Gener y Pajuelo reconfiguraban las disputas en torno al pasado de la ciudad y sus vínculos con

---

2 *Diario de Cádiz*, 6 de marzo de 2009, «Encontradas marcas de sellos fenicios en el solar del Cómico».

el territorio circundante, pero también las diferencias sobre la gestión del patrimonio, a quién correspondía, bajo qué criterios debía patrimonializarse y en favor de quién. Esta inmediata y abrumadora imbricación entre política y ciencia es lo que hace que la ciudad fenicia del Teatro Cómico sea un caso emblemático de las guerras patrimoniales gaditanas.

* * *

Durante las últimas cuatro décadas la historia de Cádiz se resume en una crisis casi permanente. Por mucho tiempo la bahía había sido uno de los principales focos de producción industrial de Andalucía. La construcción naval articulaba la economía local y generaba un gran número de empleos de manera directa o indirecta. Su desarrollo se había visto favorecido por el bloqueo internacional y por la obsesión franquista por la autarquía. La mayoría de las empresas eran de titularidad pública y su producción se enfocaba en el mercado español. Se unía a ello un desarrollo portuario, centrado en la importación y exportación de mercancías.

Este dinamismo había permitido que la emigración hacia Madrid o Barcelona fuera en la bahía menor que en otras regiones españolas. Los gaditanos no solo no estaban obligados a ganarse la vida en otras latitudes, sino que la ciudad atraía a inmigrantes procedentes de las zonas pobres del norte de España o del entorno rural andaluz. Fue en esos años cuando Cádiz alcanzó su mayor desarrollo demográfico. En medio siglo duplicó su población y pasó de 75 000 habitantes en 1930 a 151 000 en 1981. El ensanche multiplicó su extensión y cubrió las últimas zonas rurales disponibles antes de llegar al istmo que une la ciudad con el continente. Chalets, chinchorros y barrios de casas bajas dejaron su lugar a nuevos edificios, mientras se consolidaban nuevos terrenos ganados al mar por el interior de la bahía. La periferia se asfaltó y la ciudad creció.

El ecosistema económico franquista entró en crisis a finales de los años setenta. La muerte del dictador supuso una reorientación de la economía española, que se liberalizó y comenzó a mirar hacia sus vecinos europeos. Incorporar el país a la entonces llamada Comunidad Económica Europea era el sueño de una generación de políticos reformistas. Para la economía gaditana este giro tuvo consecuencias agridulces. En cierto sentido se puede decir que la bahía es una de las regiones «perdedoras» del cambio de modelo económico que acompañó la transición del franquismo a la democracia. Si bien el nivel de vida de la población aumentó a un ritmo similar al de toda España, las actividades industriales que hasta ese momento habían sido el corazón de la ciudad declinaron. El trabajo desapareció y la ciudad comenzó a perder población.

La arcaica estructura de negocios hizo que las empresas navales asentadas en la bahía fueran extremadamente vulnerables ante los retos de la economía abierta y de la competencia internacional. La debilidad se acrecentó por la ausencia de una clase empresarial capaz de presionar en favor de la estabilización. A diferencia de otras regiones españolas, el auge industrial no había creado en Cádiz un tejido local poderoso, políticamente comprometido con el territorio. Las empresas eran de titularidad estatal y las decisiones se tomaban muy lejos de las factorías. En poco tiempo las tasas de desempleo se multiplicaron y toda la bahía de Cádiz entró en un periodo de intensa conflictividad social. Durante estos años, las huelgas y los cortes de carreteras eran el pan de cada día. No era raro encontrar el por entonces único puente de acceso a la ciudad bloqueado, mientras inmensas colas de vehículos esperaban a veces durante horas para reanudar la marcha. Más y más empresas cerraban, llevaban sus actividades a otras zonas mejor posicionadas y reducían su personal.

Con la aparición de los gobiernos autonómicos, Cádiz se convirtió en uno de los puntos calientes de la política andaluza. El mantra compartido por casi todas las organizaciones políticas era la necesidad de reindustrializar la bahía. Hacer que las empresas volvieran y que el empleo industrial retornase se veían como la única solución para evitar la decadencia de la ciudad. Para lograrlo se pusieron en marcha todo tipo de proyectos. Algunas iniciativas tenían como protagonista al Gobierno andaluz, mientras que otras estaban lideradas por el Gobierno español o contaban con el apoyo de los cada vez más importantes fondos de la CEE, a la que España había logrado incorporarse en 1986. Se construyeron nuevos polígonos industriales, se incentivó la llegada de empresas y se aprobaron ayudas para evitar el cierre de las que aún quedaban en la bahía. Pero ninguna de estas medidas logró cuajar y el sueño de la reindustrialización decayó poco a poco. Cádiz se convirtió en una ciudad de funcionarios, jubilados (muchos de ellos anticipadamente, gracias a las generosas ofertas de las primeras empresas deslocalizadas) y desempleados. Muchos desempleados, especialmente jóvenes, que tenían enormes problemas para encontrar sus primeros trabajos.

La degradación de la situación económica y social generó una avalancha de artículos y reportajes de prensa, centrados en los efectos de la reconversión industrial, el desempleo y la creciente marginalidad de la ciudad. Poco a poco Cádiz empezó a perder población y se impuso una atmósfera de pesimismo y frustración. Surgió en esos años un «paradigma catastrófico» en la narrativa de periodistas, intelectuales y políticos, que progresivamente permeó al conjunto de la sociedad local. El eje era la idea de una ciudad en decadencia, abandonada por los poderes públicos, que acumulaba fracaso tras fracaso, en la que todo salía mal. En sus diferentes variantes, este paradigma negativo acabó convirtiéndose en la narrativa hegemónica en la ciudad. Hasta la actualidad es una percepción compartida por la inmensa mayoría de los gaditanos, inunda las páginas de los periódicos y las tertulias radiofónicas y sirve para interpretar cada contratiempo político, económico e incluso deportivo.

El paradigma catastrófico genera un sesgo cognitivo que condiciona la política local. Funciona como una suerte de filtro que descarta los datos positivos y se valida a sí mismo mediante noticias cuidadosamente seleccionadas y anécdotas de la vida cotidiana, interpretadas como augurios o metáforas de la incontenible decadencia de la ciudad. Como una nube de humo negro que se cerniera sobre el horizonte, permanece incólume, contamina los imaginarios locales y desafía el paso del tiempo, de un gobernante a otro. Los políticos gaditanos se sienten cómodos con este discurso, que alienta el victimismo y les permite trasladar las culpas del declive económico ya sea a los «enemigos» externos de la ciudad o a unos difusos e irresolubles problemas del carácter local.

Esta manera de pensar está fuertemente asociada a una aguda conciencia sobre las peculiaridades geográficas de la ciudad. Cádiz se encuentra al sur del sur. Es el extremo meridional de Europa, el último rincón del continente, la periferia de la periferia. Esta excentricidad geográfica, según señalan los intelectuales locales inmersos en el paradigma catastrófico, explicaría su escaso peso político. Sería la razón detrás de la marginación de la provincia por parte de las autoridades españolas y andaluzas, así como de los constantes fracasos de las tentativas de reindustrialización.

La tensión entre las nociones de «ciudad más antigua de Occidente» y «último rincón de Europa» explica buena parte de las ansiedades e inquietudes que atenazan a los gaditanos. Es una de las claves persistentes del muy poderoso pensamiento localista. Estos dos polos configuran los extremos de un campo de fuerza, en el que la realidad está siempre desacompasada. A los ojos de su clase pensante, lo que Cádiz merecería ser por su historia está muy lejos de la pequeña, precaria y empobrecida ciudad realmente existente.

* * *

Para finales de los años noventa el espejismo de la reindustrialización comenzó a disiparse. A medida que una nueva generación de políticos locales sustituía a quienes habían protagonizado la Transición, comenzó a hablarse de la necesidad de cambiar los cimientos del modelo de desarrollo local. El sector servicios y sobre todo el turismo aparecieron entonces como alternativas para generar empleo y bienestar. Esta era una transformación que en esos mismos años se producía en muchas otras ciudades periféricas de toda Europa, a medida que las nuevas condiciones de la globalización deslocalizaban las industrias, bien hacia lugares donde la producción era más barata (en el caso de las industrias intensivas en mano de obra) o hacia las grandes ciudades globales, donde las economías de escala reducían costos, concentraban el talento y permitían mayores y más rápidas innovaciones. En esto el sur de Andalucía no era un caso excepcional: los procesos de deslocalización y tercerización fueron más intensos, pero siguieron pautas similares a las del resto del continente.

Hasta ese momento la bahía de Cádiz había sido un polo secundario para la «industria sin chimeneas». Aunque recibía cada año algunas decenas de miles de visitantes, las cifras estaban muy lejos de la popular Costa del Sol. Incluso eran inferiores a destinos como la costa de Huelva u otras zonas de la misma provincia de Cádiz, hacia donde todos los veranos se trasladaban miles de familias de las grandes ciudades españolas para pasar sus vacaciones. Los visitantes de la bahía eran sobre todo turistas sevillanos y madrileños, que buscaban una oferta barata de sol y playa. Se concentraban en la capital, que disfruta de las playas urbanas más extensas de Europa, y en localidades cercanas, como Puerto de Santa María y Sanlúcar de Barrameda.

A medida que la apuesta por el turismo iba siendo asumida por los habitantes de la bahía, el reto consistía en atraer más y «mejores» visitantes, que ayudaran a hacer la actividad más rentable. Fue entonces cuando el patrimonio cultural comenzó a verse como una potencial herramienta para el éxito de la deseada transición productiva. Cádiz, pensaban sus promotores, debía convertirse en un destino de turismo cultural e histórico. Era el momento de rentabilizar la densa historia local y convertirla en vector de desarrollo.

En pocos años se multiplicaron las propuestas para poner en valor diferentes aspectos del patrimonio gaditano. Faltaba, sin embargo, anudar todas estas iniciativas dentro de un relato unificado. La propia riqueza de la historia local hacía que los esfuerzos se dispersaran en múltiples direcciones. Mientras unos promovían la imagen de Cádiz como cuna de las libertades, otros pensaban en su condición de puente hacia América o en el pedigrí que otorgaba ser la ciudad «más antigua de Occidente». Esta última imagen era inmensamente popular en las proclamas oficiales y estaba firmemente asentada en los imaginarios de la población gaditana. Un monolito construido en 1954 celebraba en la misma plaza del Ayuntamiento los 3000 años de historia de la ciudad. Sin embargo, la ausencia de restos materiales concretos hacía que fuera imposible convertir esta antigüedad en el eje de la puesta en valor turística. De ahí que el hallazgo de la ciudad fenicia del Teatro Cómico fuera tan bien recibido por todos los estamentos de la ciudad.

Pero no solo se trataba del turismo. El descubrimiento del Cómico era doblemente afortunado, ya que coincidía también con un momento de auge de las políticas culturales en toda Andalucía. La consolidación de la descentralización política iniciada durante la Transición había favorecido las indagaciones en busca de referentes del pasado, que legitimaran a las nuevas instituciones regionales. Se habían creado universidades y centros de estudios que tenían un fuerte énfasis en la investigación local. La Junta de Andalucía había sido una de las entidades regionales que con mayor fuerza había reclamado para sí la gestión de las políticas culturales. Una serie de dispositivos legales emitidos en las décadas anteriores habían transferido casi todas las competencias en este ámbito al gobierno autonómico. A ello se unió a finales de los noventa una etapa de auge económico y relativa disponibilidad de fondos públicos, ya fuera para nuevas instalaciones o para realizar actividades culturales de todo tipo. La gestión del patrimonio se profesionalizó y comenzaron a aparecer en todo el país especialistas y empresas con la necesaria solvencia técnica para manejarse en el complejo entramado de las subvenciones públicas y de los fondos europeos de cooperación.

Defender lo propio se convirtió al mismo tiempo en una fuente de prestigio y en un buen negocio. Para una ciudad como Cádiz que desde la desindustrialización tenía altas tasas de desempleo, estas actividades se convirtieron en una salida para los licenciados de la joven universidad local, creada durante la Transición como segregación de la Universidad de Sevilla. La patrimonialización del pasado era una manera de evitar que el talento local tuviera que emigrar. Las empresas culturales gaditanas estaban a la vanguardia y entre las más creativas de toda Andalucía. El descubrimiento de la ciudad fenicia llegaba también en este sentido en el momento adecuado: cuando existían incentivos políticos para los discursos sobre la identidad local y la ciudad disponía de un entramado de actores locales capaces de aprovechar la oportunidad.

* * *

Todo esto no quiere decir que las cosas fueran perfectas.

Los debates sobre el cambio de modelo productivo de la bahía de Cádiz coincidían con una creciente incomodidad de los gaditanos con el Gobierno andaluz. El principal catalizador de estos sentimientos era el equipo que desde 1995 dirigía la ciudad. A su frente se situaba un personaje clave para entender las peculiaridades de la política gaditana de las últimas décadas: la líder conservadora Teófila Martínez. Tras dos décadas al frente del Gobierno local, su hegemonía era tan contundente como sorprendente. Todo lo que ocurría en la ciudad gravitaba en torno a su persona y su permanencia en el poder se había convertido en una verdadera obsesión para sus rivales, que no se explicaban cómo conseguía reelegirse una y otra vez con abrumadoras mayorías.

El predominio de Martínez era en cierto modo una anomalía histórica. Hasta su llegada al poder, Cádiz se consideraba una ciudad progresista. Este sesgo se atribuía a su condición de puerto y se reflejaba en el importante papel jugado por la ciudad en varios episodios clave de la historia española, en los que había demostrado su orientación liberal. En 1868 Cádiz había sido el escenario del levantamiento del almirante Juan Bautista Topete, que acabó con la dinastía borbónica que había gobernado España durante casi dos siglos. Fue también la primera localidad andaluza gobernada por un alcalde anarquista. Perteneciente a una de las familias más añejas de la ciudad y educado en Inglaterra, Fermín Salvochea llegó al extremo en julio de 1873 de proclamar la ciudad como cantón independiente. Esta iniciativa era parte de un movimiento más amplio, que en plena crisis de la Primera República se extendía por gran parte del sur de España, pero también evidenciaba la singularidad de la ciudad.

La independencia gaditana duró solo unos días, ya que fue sofocada por tropas enviadas desde otras partes de Andalucía. Salvochea fue apresado y enviado al exilio, pero su memoria permaneció viva en Cádiz, donde fue recibido en olor de multitudes a su regreso. Su figura simboliza hasta la actualidad el compromiso de la ciudad con la libertad y la voluntad de diferenciación de los gaditanos respecto a su entorno geográfico inmediato. Es el héroe de la izquierda local y uno de los principales referentes del movimiento libertario ibérico.

La afiliación de Cádiz a las filas progresistas se mantuvo durante la mayor parte del siglo pasado. Durante la Transición, el primer alcalde de la ciudad fue el socialista Carlos Díaz, quien permaneció 16 años al frente del consistorio. Su derrota a manos de Teófila Martínez en 1995 supuso una enorme sorpresa, que pocos esperaban. Nacida en Santander, Martínez era una atípica representante de la derecha española. Era políticamente conservadora y autoritaria, pero también sorprendentemente hábil e intuitiva para conectar con el electorado de una ciudad en permanente crisis económica. Su carrera política se basaba en una combinación de personalismo, mano izquierda y demagogia localista. Era capaz de tejer alianzas con quien hiciera falta, pero no dudaba en aplastar a sus rivales cuando lo creía necesario. En 1995 ganó su primera elección con el 50 por ciento de los votos, en 1999 subió hasta un impresionante 63 por ciento y cuatro años después se mantuvo en el 61 por ciento, cifra que repitió en 2007. En total, cuando la ciudad fenicia del Teatro Cómico salió a la luz Martínez sumaba cuatro mayorías absolutas consecutivas, lo que constituía un récord entre las grandes ciudades andaluzas.

El estilo de Martínez apelaba a una retórica populista y victimista, que iba más allá de las ideologías. Se desenvolvía con la misma soltura con las clases altas y con los sectores populares. Sus discursos tenían una fuerte carga emocional y abundaban en referencias a la idiosincrasia gaditana. Achacaba al Gobierno andaluz, controlado por los socialistas, ser el culpable del atraso de la ciudad. Era el odio de este partido lo que había llevado a que Cádiz quedase al margen de las grandes inversiones públicas. Los socialistas, recelosos de la proyección política de Martínez, boicoteaban los proyectos de los gaditanos y preferían financiar otras ciudades más fieles a su proyecto político.

Sus amplísimas mayorías absolutas le permitían a Martínez gobernar sin apenas oposición. Ni las altas tasas de desempleo de la ciudad, ni las acusaciones de autoritarismo de sus rivales mellaban su popularidad. La falta de apoyo del Gobierno andaluz la suplía con apelaciones directas al gobierno de Madrid, especialmente en el periodo comprendido entre 1996 y 2004, cuando los conservadores estuvieron al frente del país. En esos años se emprendieron varios proyectos emblemáticos que transformaron la ciudad y que le permitieron a Martínez consolidar su capital político. El más destacado era el soterramiento del ferrocarril, que partía en dos el ya de por sí exiguo territorio del ensanche de Cádiz. También promovió mejoras sustanciales en la limpieza urbana y emprendió remodelaciones integrales de amplios sectores de la ciudad. Aunque muchas de estas iniciativas eran posibles gracias al financiamiento de fondos europeos, del Gobierno español o incluso del propio Gobierno andaluz, el estilo personalista de Martínez hacía que se los atribuyera, ante la impotencia de sus opositores, que una y otra vez fracasaban en sus intentos por apartarla del poder.

La hegemonía de Martínez en Cádiz contrastaba con el absoluto predominio que el Partido Socialista tenía en la Junta de Andalucía desde el inicio de la autonomía. Esta hegemonía era un hecho inédito en el conjunto de España. Cuando se descubrió la ciudad fenicia del Cómico, Andalucía era la única comunidad autónoma que aún no había conocido alternancia política, tras casi cuatro décadas de democracia. Tres presidentes socialistas se habían sucedido de manera ininterrumpida al frente del ejecutivo (Rafael Escuredo, José Rodríguez de la Borbolla y Manuel Chaves) y dos más estaban por venir (José Griñán y Susana Díaz).

Los intentos de otras formaciones por arrebatar el poder regional a los socialistas habían sido infructuosos. Uno tras otro, los candidatos conservadores habían chocado con un muro infranqueable. Entre quienes habían fracasado se encontraba la propia Teófila Martínez, quien en dos ocasiones había aceptado el desafío y en ambos casos había resultado ampliamente derrotada en su asalto a la presidencia andaluza. La magia de su figura política parecía evaporarse al salir de la bahía. Aun así, el mero hecho de haber tratado de despojar a los socialistas del Gobierno andaluz había consolidado su imagen de opositora al partido gobernante. Sus relaciones con Sevilla eran extremadamente tensas y estaban repletas de acusaciones mutuas de sabotaje y falta de lealtad institucional.

* * *

En 2007, casi coincidiendo con el hallazgo de la ciudad fenicia del Teatro Cómico, una década de crecimiento y expansión del presupuesto público llegó abruptamente a su fin. Si bien fue un fenómeno global, la Gran Recesión tuvo especial impacto en España y particularmente en Andalucía. En esta parte de la península ibérica el crecimiento económico estaba vinculado con el sector inmobiliario. Las ciudades habían crecido y amplias porciones del litoral se habían urbanizado o estaban a punto de urbanizarse. La expansión inmobiliaria tenía un triple efecto positivo en las economías locales: generaba recursos para la administración pública, creaba empleo para la población y aseguraba la llegada cada año de miles de veraneantes, que conformaban el otro gran pilar de la economía gaditana.

Con la crisis, esta cadena aparentemente virtuosa de construcción de viviendas, turismo, crecimiento económico y abundancia de fondos públicos para actividades culturales y de puesta en valor del patrimonio, estalló con violencia. En pocos meses toda Andalucía quedó sumida en un marasmo económico. Con la disminución de la actividad bancaria, desaparecieron los créditos y las hipotecas que alimentaban el modelo económico. Todo lo demás se desmoronó a continuación. La tasa de desempleo de Cádiz, que antes de la crisis ya se encontraba entre las más altas de Andalucía, la región con más desempleo de toda España, se disparó. Una parte sustantiva de la población local pasó a depender de las ayudas estatales, de las redes familiares y en menor medida del trapicheo y la economía sumergida.

En el estrecho de Gibraltar se incrementaron las actividades de contrabando y narcotráfico, a un nivel que incluso amenazaba con desbordar las estructuras del Estado.

Estas circunstancias llevaron a que el debate sobre el nuevo modelo de ciudad se intensificara. El tema protagonizó las elecciones locales de 2007, que coincidieron con las primeras etapas de la excavación del Teatro Cómico. Un aspecto reseñable es que en ese momento todas las fuerzas políticas se mostraban favorables a incentivar la llegada de visitantes a la ciudad. A diferencia de otras partes de España, en Cádiz no existía aún un movimiento de resistencia frente al turismo, ni en el ámbito social ni en el académico. Es posible que esa falta de perspectiva crítica se debiera a que, pese a que la llegada de visitantes empezaba a notarse, aún no se traducía en una transformación significativa de las dinámicas urbanas. Aún no se percibía la gentrificación de barrios populares, ni tampoco se podía hablar de una expropiación de espacios públicos para uso turístico. La convivencia era tranquila y los gaditanos no sentían que los visitantes les hubieran arrebatado su ciudad.

Entre las iniciativas de las autoridades locales para incentivar la llegada de visitantes destacaba el proyecto de convertir Cádiz en un puerto de referencia para los cruceros internacionales. La ciudad contaba con varios puntos a su favor, tales como instalaciones portuarias de primer nivel, poco utilizadas desde la reconversión industrial, y la propia fisonomía urbana. El puerto mercantil se halla en pleno centro histórico, en el lateral de una de las plazas más emblemáticas de la ciudad, donde se ubica la sede del ayuntamiento. A estas ventajas se unió la decisión de mantener las tasas de atraque a niveles más bajos que en otros puertos cercanos, por lo que en pocos años se multiplicó el número de llegadas y comenzó a ser habitual ver a centenares de turistas procedentes de los países anglosajones y del norte de Europa recorriendo las calles gaditanas, sobre todo en los días en que dos o más cruceros coincidían en el puerto.

En una ciudad que apenas sumaba 120 000 mil habitantes y con una geografía muy concentrada, era imposible que los visitantes pasaran desapercibidos. En ellos se cifraban buena parte de las esperanzas de las autoridades. En un escenario de intensa crisis, creciente tensión política y reorientación de la economía local hacia el turismo, para Martínez y su equipo el hallazgo de la ciudad fenicia era un inesperado golpe de suerte.

III
VALENTÍN

Los restos del Teatro Cómico no eran las primeras evidencias de presencia fenicia que veían la luz en Cádiz. Uno de los hallazgos más espectaculares se había producido una mañana de finales de invierno de 1887, en la zona conocida como la Punta de la Vaca, por entonces casi en las afueras de la ciudad.

Cádiz había sido escogida poco antes por el Gobierno español como sede de la Exposición Marítima Nacional, un evento que pretendía dinamizar la ciudad y potenciar su modernización. Esa mañana, como parte de las obras de habilitación, los operarios descubrieron inesperadamente un sarcófago antropomorfo de grandes dimensiones labrado en piedra. Su enorme peso hizo que fueran necesarias casi una decena de personas para moverlo. La efigie representaba un rostro masculino con barba y pelo ensortijado. Su aspecto era innegablemente oriental, lo que hizo que al principio se pensara que podía tratarse de una pieza de origen egipcio. Sin embargo, los especialistas pronto determinaron que era un sarcófago fenicio. Piezas similares se habían encontrado en Tiro, la ciudad libanesa de la que según la tradición provenían los fundadores de Cádiz, y en algunas partes de Italia.

Este fue el primer indicio de la existencia de una necrópolis fenicia en el subsuelo de Cádiz. En los años posteriores se realizaron más descubrimientos. Uno de sus promotores fue el cónsul francés, quien además de financiar algunos trabajos, contribuyó a difundir los hallazgos de Cádiz mediante artículos y exposiciones en los cenáculos académicos internacionales. Por parte española, la supervisión de las excavaciones correspondía a la Real Academia de la Historia de Madrid. Los arqueólogos sacaron a la luz varios idolillos de pequeño tamaño con imágenes talladas que representaban deidades egipcias, aretes, anillos y pulseras de oro de estilo oriental. Gracias a estos hallazgos, poco a poco el pasado fenicio de la ciudad adquirió materialidad tangible.

Aunque su datación correspondía a una etapa tardía de la ocupación fenicia, el sarcófago masculino se convirtió en uno de los emblemas de Cádiz. En torno a él se conformó el primer museo arqueológico, que abrió sus puertas en diciembre de 1889.[1] Los esfuerzos para crear el repositorio se habían iniciado décadas antes, pero solo ahora las autoridades se habían decidido a conceder los fondos necesarios. El museo tenía en total 129 piezas, que comprendían las diferentes etapas de la historia de la ciudad. Las fotografías de la época dejan ver el sarcófago apoyado en una de las paredes, junto a pedestales romanos y estatuas barrocas de reyes españoles. Los responsables habían tratado de ordenar los fondos siguiendo el modelo del museo arqueológico de Sevilla, pero la escasez de medios y la falta de experiencia daban al conjunto un aire de precariedad y confusión. Poco después, los hallazgos de origen fenicio se juntaron en

---
1 Juan Alonso de la Sierra, «El Museo Arqueológico Provincial de Cádiz (1887-1970)», *Boletín del Museo Arqueológico Nacional*, vol. 35, 2017, pp. 29-42.

una sala especial dedicada a esta cultura. El elemento más destacado de la decoración era el vano de acceso, de forma trapezoidal y con imágenes de divinidades egipcias, que incluía un enorme ojo de Ra en la parte superior.

El sarcófago masculino puso a Cádiz en el mapa de la arqueología española y volvió a abrir la cuestión nunca resuelta de quiénes eran los fenicios, cuándo llegaron a la Península y hasta dónde se expandió su presencia. El descubrimiento coincidió con una época de interés internacional por esta cultura, que hasta entonces era poco considerada por los estudiosos europeos. Entre quienes contribuían a este conocimiento incipiente, se encontraba Jorge Bonsor, un arqueólogo aficionado de origen belga, con una participación clave en los primeros esfuerzos por desarrollar una arqueología científica en Andalucía. Bonsor era uno de los principales defensores de la teoría del poblamiento oriental del valle del Guadalquivir.[2] Según sostenía, los fenicios habían desarrollado una auténtica colonización de amplias porciones del territorio andaluz. Lejos de estar únicamente interesados en el comercio, como sostenía el tópico, habían incursionado también en la agricultura en las zonas cercanas al gran río andaluz. Otros autores, en cambio, consideraban que los colonos orientales únicamente se habían asentado en pequeños reductos costeros, sin entrar en el interior del territorio continental, que habría permanecido en manos de los pueblos indígenas locales.

Este debate se mantuvo durante décadas, con predominio de una u otra versión según las épocas. Para los arqueólogos los fenicios eran un pueblo esquivo, «evanescente».[3] El registro material asociado a su presencia en la Península era limitado, fragmentario y controvertido. Los especialistas

---

[2] George Bonsor, *Las colonias agrícolas prerromanas del valle del Guadalquivir*, Sevilla, Gráficas Sol, 1899.

[3] Alfredo Mederos Martín, «Fenicios evanescentes: nacimiento, muerte y redescubrimiento de los fenicios en la península ibérica. I. (1780-1935)», *Saguntum*, vol. 26, 2001, pp. 37-48.

dudaban muchas veces de si la factura de los objetos se debía a los navegantes orientales o si se trataba de imitaciones «orientalizantes» realizadas por artesanos locales influidos por el prestigio de los talleres del otro lado del Mediterráneo. De ahí que no se pusieran de acuerdo sobre cómo debían leerse los hallazgos que se realizaban, ni sobre la adscripción de los yacimientos.

Tampoco ayudaba el hecho de que, pese a eventuales momentos de auge, los fenicios siguieran siendo un tema secundario en la arqueología europea. No tenían el glamour de los romanos o los griegos, ni tampoco se les consideraba los antecesores míticos de ninguna nación occidental. Su nombre evocaba la imagen de unos comerciantes inteligentes, avezados, un poco tramposos incluso, que no podían estar más lejos del canon habitual de antepasados heroicos.

Sin embargo, las ciudades no siempre pueden elegir sus ancestros, por lo que Cádiz debió construir su relato de origen sobre el mito fenicio.

* * *

La arqueología gaditana vivió su primera edad de oro con la llegada a la ciudad de Pelayo Quintero Atauri. Incansable y con una larga barba que le daba cierto aire de científico loco, este arqueólogo nacido en Ucles, un pequeño pueblo de Cuenca, es un personaje clave no solo para las investigaciones sobre el pasado de la bahía, sino para la memoria colectiva de los profesionales locales, que hasta la actualidad lo consideran su principal referente y modelo. Durante su estancia en Cádiz entre 1904 y 1939, condujo sucesivas campañas en busca de los vestigios de la colonización fenicia de la ciudad y fue el primero que identificó correctamente la necrópolis situada en la zona del ensanche gaditano.

Quintero excavó diversas tumbas sacadas a la luz por los temporales marítimos, que tan pronto desvelaban vestigios arqueológicos como los destruían. Se desempeñó además como delegado de la Junta Superior de Excavaciones y Antigüedades, director del Museo Provincial de Bellas Artes, académico de número de la Academia de Bellas Artes y vocal de la Comisión de Monumentos. Era para remate el cónsul de Colombia en la ciudad. Parte importante de su prestigio se debía al rigor con el que editaba y publicaba los resultados de sus excavaciones. En una ciudad en la que los arqueólogos casi siempre han escrito menos de lo que deberían, Quintero era una excepción.

Uno de los objetivos de Quintero era hallar la contraparte femenina del sarcófago masculino de la Punta de la Vaca. Según creía, esta pieza debía estar en algún lugar del subsuelo gaditano. Encontrarla se convirtió en una obsesión, que consumió gran parte de sus energías. Aunque no tuvo éxito, la búsqueda le permitió elaborar las primeras hipótesis científicamente contrastadas sobre la topografía del antiguo archipiélago gaditano. Recuperó un gran número de joyas, cerámicas y piezas de todo tipo y estableció una tipología de enterramientos que durante varias décadas sirvió de referencia para sus sucesores. Aun así, se lamentaba con frecuencia del escaso apoyo que recibía de las autoridades. Su gran temor era que, por la desidia y el abandono, los hallazgos arqueológicos que afloraban a medida que la ciudad se expandía acabaran siendo pasto de saqueadores e inaprensivos.

Quintero era un activista incansable en defensa del patrimonio, un agitador de la vida cultural gaditana, que no dudaba en acumular responsabilidad tras responsabilidad, incluso a edad muy avanzada.[4] Su talante inconformista y su ideología monárquica hicieron que después de la Guerra

---

[4] Manuel J. Parodi Álvarez, «Pelayo Quintero: luz en la arqueología provincial» en Manuel J. Parodi Álvarez, coordinador, *Arqueólogos por el bajo Guadalquivir en la primera mitad del siglo XIX. Actas de las III Jornadas de arqueología del Bajo Guadalquivir*, Sanlúcar de Barrameda. Ayuntamiento de Sanlúcar de Barrameda, 2016, pp. 93-118.

Civil se enfrentara con las nuevas luminarias de la arqueología franquista, cercanas al fascismo. Especialmente complicada fue su relación con Julio Martínez Santa Olaya, con quien le separaban cuestiones generacionales, científicas y políticas. Mientras Santa Olaya estaba obsesionado por demostrar el carácter ario de los antiguos españoles, Quintero continuaba enfrascado en el estudio de las colonizaciones orientales. Con más de setenta años a sus espaldas se vio obligado a trasladarse al norte de Marruecos, entonces bajo control español, un destino poco apreciado por los arqueólogos, mientras dejaba a Santa Olalla el control de los estudios de la orilla norte del Estrecho.

La partida de Quintero supuso la paralización de los estudios sobre el pasado fenicio de Cádiz, que tardaron varias décadas en reanudarse. En 1947 la explosión de un arsenal mal cuidado y saturado con proyectiles sobrantes de la Guerra Civil destruyó los barrios situados fuera de las murallas. Las víctimas se contaron por centenares. Las llamas se llevaron por delante los restos de la necrópolis púnica, que dos décadas antes ya había resultado seriamente afectada por un temporal marítimo. De nada sirvió que, siguiendo la recomendación de Quintero, las autoridades hubieran contratado a un vigilante permanente para las ruinas. Debido a todos estos problemas, la ciudad permaneció casi al margen de la profesionalización de la arqueología española ocurrida en las últimas décadas de la dictadura franquista. Tampoco participó en la oleada de nuevos trabajos que en esos años renovaron los estudios sobre las colonizaciones orientales de la Península. Los pocos gaditanos interesados en estudiar científicamente el pasado de la ciudad debían emigrar a Madrid o Barcelona, para formarse y trabajar en las universidades y museos de aquellas ciudades.

Cádiz recuperó su protagonismo en los estudios fenicios en 1981, cuando por fin apareció el sarcófago femenino que tan afanosamente había buscado Quintero. Una vez más el descubrimiento se produjo de manera casual, durante la remoción de tierra para construir un edificio de apartamentos. Como en 1887 el hallazgo suscitó el interés de la prensa, que en los siguientes días detalló los esfuerzos de los arqueólogos para trasladar la inmensa mole de piedra a un lugar donde se la pudiera estudiar con detalle. La operación estuvo a cargo de Ramón Corzo, quien por entonces era director del Museo Provincial. El pelo de la figura femenina era rizado, al igual que el de su contraparte masculina, aunque su rostro estaba tallado de manera más fina y lustrosa. El análisis mostró que los dos sarcófagos eran obras independientes, realizadas con varias décadas de diferencia. Sin embargo, mostraban evidentes semejanzas, por lo que desde su descubrimiento se exhibieron juntos y se convirtieron en uno de los emblemas de la ciudad.

* * *

El descubrimiento del sarcófago femenino coincidió con un cambio de época en la arqueología gaditana. Con la autonomía, aumentaron las excavaciones y se profesionalizó la práctica de la disciplina. El museo despertó de un largo letargo y comenzó a modernizarse. El siguiente gran hito se produjo en 1997 en la llamada Casa del Obispo, una edificación barroca situada junto a la catedral de la ciudad, que debía su nombre a su uso por los responsables del consistorio eclesiástico local. Unas obras de remodelación dejaron al descubierto en uno de los sótanos restos de monumentos funerarios de la élite fenicia de los primeros siglos de la ciudad. Aunque desde el punto de vista visual las piezas no tenían la espectacularidad de los sarcófagos antropomorfos, su mayor antigüedad era el primer indicio de que la fundación de la ciudad podía acercarse a las fechas propuestas por las fuentes escritas.

Las tumbas de los dignatarios fenicios se encontraban estratégicamente situadas entre la catedral vieja y la catedral nueva de Cádiz. Había indicios, además, de que la zona era un centro de peregrinación y ofrenda, quizás vinculado a algún tipo de templo o monumento ritual. Esta peculiaridad llevó a los arqueólogos a plantear la existencia de un espacio sacro, que habría permanecido como tal desde la época fenicia hasta la actualidad. Se trataría del corazón espiritual de la ciudad, inmutable a lo largo de los siglos. Su permanencia mostraría que, más allá de los cambios de época, existían líneas de continuidad desde los tiempos fenicios hasta la actualidad en cuanto a la topografía simbólica del territorio gaditano.

Pero aún no había vestigios de la ciudad primitiva en sí misma. Los hallazgos de la Casa del Obispo probaban una ocupación sacra, pero no había evidencia de residencias permanentes durante la primera etapa de presencia fenicia. De ahí la importancia de los descubrimientos del Teatro Cómico. Los restos hallados por Gener y Pajuelo eran genuinamente civiles. Mostraban que la antigua Gadir no solo había sido un espacio sacro, sino también una comunidad asentada de manera estable desde fecha temprana. Por primera vez existían evidencias tangibles que iban más allá de materiales simbólicos y rituales. En el antiguo Cádiz fenicio también habían vivido personas corrientes, que se dedicaban a sus negocios y actividades cotidianas. El trabajo de los arqueólogos sacó a la luz estructuras habitacionales, hornos para preparar pan y tinajas para conservar los alimentos. «Ni en nuestras expectativas más optimistas soñábamos con encontrar tantos restos y de tanta importancia, en tan poco espacio», se congratulaba uno de los arqueólogos a cargo de las excavaciones.[5]

El avance de los trabajos estaba acompañado de continuas visitas de las autoridades. A medida que los hallazgos se acumulaban y se hacían más importantes, tanto la alcaldesa como los representantes locales de la Junta de Andalucía se esforzaban por visibilizar su apoyo a los arqueólogos.[6]

---
[5] *La Voz de Cádiz*, 28 de octubre de 2008, «El Cómico suma un horno fenicio a su colección de hallazgos sorprendentes».
[6] Por ejemplo, *Diario de Cádiz*, 28 de octubre de 2008, José Antonio Landi, «El solar

En octubre de 2010 en una multitudinaria rueda de prensa en los locales municipales los arqueólogos presentaron los resultados de tres años de trabajo.[7] Como no podía ser menos, política y ciencia se dieron la mano en el evento. Las autoridades locales destacaron que la excavación había sido posible «gracias a la decidida apuesta del ayuntamiento, que ahora ve cumplido su objetivo, pese a las escasas ayudas» recibidas de parte de las autoridades regionales.[8]

El trabajo de los arqueólogos demostraba la existencia de un asentamiento estable en el periodo fenicio arcaico y ponía fin a la polémica sobre la ubicación de la primitiva Gadir. Su antigüedad era inferior a la que auguraban las fuentes escritas, pero aun así sensiblemente superior a cualquier otra ciudad fenicia del Mediterráneo occidental. Cádiz demostraba la primacía que sus habitantes siempre habían pensado que tenía. El Cómico era «un lugar repleto de tesoros que esconden las claves de la fundación de una ciudad con tres mil años de historia».[9]

Era el gran titular que políticos y periodistas estaban esperando.

* * *

Para apuntalar sus ideas los arqueólogos presentaron durante la rueda de prensa un audiovisual con una reproducción en tres dimensiones de tres viviendas fenicias del Cómico. Los hallazgos incluían restos de hornos y de los pavimentos de las viviendas. Destacaba la presencia de elementos de la vida cotidiana, que daban al yacimiento un particular sabor de autenticidad: los restos de un gato muerto duran-

---

del Cómico sigue destapando el pasado fenicio de la ciudad de Cádiz».
[7] *La Voz de Cádiz*, 7 de octubre de 2010, Ana Leñador, «Una auténtica ciudad fenicia a la altura de Doña Blanca».
[8] *Diario de Cádiz*, 7 de octubre de 2010, Virginia León, «La ocupación urbana más antigua de Cádiz resurge bajo el Cómico».
[9] *La Voz de Cádiz*, 7 de octubre de 2010, Ana Leñador, «Una auténtica ciudad fenicia a la altura de Doña Blanca».

te un incendio o pisadas de bueyes que habían quedado sepultadas bajo las cenizas. Varios grafitis en ánforas y sellos dejaban fuera de toda duda el origen mediterráneo oriental de la población que habitaba las ruinas. Quienes habían caminado por las ruinas del Cómico eran los anhelados fenicios que habían fundado Gadir.

El uso de la tecnología permitía traducir en un lenguaje sencillo e intuitivo la complejidad de los hallazgos. Gener se dio cuenta de esta potencialidad desde el primer momento. En la rueda de prensa resaltó el potencial del yacimiento para difundir una nueva versión, ahora ya sí completa, de la historia local. Su deseo era evitar que el debate sobre la patrimonialización se restringiera a un reducido círculo de especialistas. Era imprescindible que los arqueólogos supieran tejer alianzas con otros sectores, para asegurar la relevancia social de su trabajo. El desafío consistía en convencer al mismo tiempo a sus colegas arqueólogos, al público y a las autoridades que financiaban las excavaciones.

Las noticias sobre los descubrimientos avivaron el interés en la ciudad por el mundo fenicio. Varios artículos de prensa exigieron la rápida puesta en valor de los hallazgos. «Está muy bien que celebremos por todo lo alto el Bicentenario —señalaba un intelectual local— pero no nos olvidemos del Trimilenario. Doscientos años no son nada al lado de tres mil».[10] En la misma línea apuntaba un representante del Gobierno local, para quien la ciudad fenicia del Teatro Cómico permitía corroborar «los famosos tres mil años de ocupación de la ciudad».[11] Desde su punto de vista, el yacimiento era el gran filón de la arqueología gaditana. Destacaba sobre todo la importancia de los grafitis inscritos en varias cerámicas de los estratos más antiguos, que contenían el nombre de sus propietarios. Se trataba del primer antropónimo de la época arcaica conocido por los arqueólogos, ya que «no

---

10 *Diario de Cádiz*, 7 de noviembre de 2010, José Joaquín León, «Fenicios gaditanos».
11 *Diario de Cádiz*, 11 de noviembre de 2011, Virginia León, «El primer testimonio en grafito de una firma fenicia, en el Cómico».

existen testimonios en la epigrafía fenicio-púnica conservada de nombres propios».

La euforia desatada por los hallazgos del Cómico se complementaba con la aparición de nuevos restos en otras partes de la ciudad. Era el caso del barrio de chinchorros situado en la parte nueva. Estas eran viviendas precarias construidas después de la Guerra Civil, que acogían a la población de bajos recursos. La modernización del entramado urbano las había vuelto obsoletas y en su lugar se pretendían edificar modernos edificios multifamiliares. Las excavaciones permitieron hallar los restos de un ajuar funerario del siglo VIII a.C., compuesto por un arete y un colgante de oro, cinco cuentas de plata y trozos de un pectoral de plata. Estos objetos estaban acompañados de otros más numerosos pertenecientes a la época romana. Para la delegada provincial de cultura el hallazgo confirmaba que Cádiz atravesaba «una buena racha de hallazgos fenicios que permite ir acercando el registro arqueológico a lo que dicen los textos».[12]

Los debates sobre el pasado ancestral de la ciudad cristalizaron en octubre de 2011, cuando en una nueva rueda de prensa se presentaron los resultados de los análisis científicos de los restos humanos hallados en el Teatro Cómico.[13] El grupo más destacado pertenecía a un hombre de unos 30 años y una altura por encima de la media (1,77 metros), cuyo cuerpo apareció boca abajo y con un brazo sobre la cabeza. Los datos indicaban que había fallecido en siglo VI a.C., probablemente como producto de un incendio, en el mismo lugar donde los investigadores lo encontraron. Estos datos sirvieron a los arqueólogos para recordar que las fuentes clásicas relataban un asalto violento a Gadir, que

---

12 *Diario de Cádiz*, 19 de marzo de 2009, Virginia León, «Presentan el ajuar fenicio de un personaje de gran relevancia».

13 *Diario de Cádiz*, 17 de abril de 2011, Virginia León, «El hogar fenicio en 3D»; *La Voz de Cádiz*, 18 de octubre de 2011, Ana Leñador, «El fenicio que murió sepultado»; y *Diario de Cádiz*, 18 de octubre de 2011, «Valentín destapa la historia del asalto al Cádiz fenicio».

había culminado con la destrucción parcial de la ciudad, debido a las desavenencias entre los fenicios y sus vecinos del continente. En este punto, las dataciones del Cómico coincidían con testimonios arqueológicos de otras partes de la provincia que evidenciaban que el siglo vi a.c. había sido una época de gran inestabilidad y violencia.

La aplicación de métodos científicos de vanguardia a los restos hallados en las excavaciones permitió a los arqueólogos dar un salto cualitativo en la difusión de sus hallazgos. Hizo posible contar una historia capaz de cautivar al público y dotar a los restos arqueológicos de mayor densidad emocional. Permitió también que por primera vez los investigadores pudieran trazar un puente entre las fuentes escritas y los restos materiales. Este era un dilema que hasta entonces había marcado las políticas culturares gaditanas de una manera profunda. Si bien existía un número relativamente amplio de relatos sobre la ciudad en las fuentes griegas y romanas, casi nada de lo escrito parecía coincidir con lo que los arqueólogos encontraban en el subsuelo de la ciudad. Los especialistas se dividían entre aquellos que creían que se debían priorizar las fuentes escritas (bajo el supuesto de que el registro material era siempre incompleto y más en una ciudad con tantas capas de historias superpuestas), quienes por el contrario sostenían que el registro material debía primar, aun cuando ello supusiera dejar de lado los relatos griegos y romanos, cuya elaboración podía deberse a miles de causas diferentes, y quienes trataban infructuosamente de elucubrar soluciones que permitieran encajar todas las piezas del puzle. Con los hallazgos del Cómico parecía que lo que hasta entonces había sido imposible, ahora estaba al alcance de la mano.

El personaje fenicio fallecido en el incendio recibió el nombre de Valentín, por haberse empezado a realizar los análisis el día 14 de febrero. El nombre hizo fortuna y rápidamente Valentín se convirtió en el «primer gaditano».[14] La his-

---

14 *Diario de Cádiz*, 19 de octubre de 2011, Tamara García, «Muerte en Gadir»; y

toria que narraban sus restos protagonizó artículos de prensa y todo tipo de materiales de divulgación.

Valentín también comenzó a aparecer en artículos y viñetas gráficas, caracterizado como el ancestro de los actuales habitantes de la ciudad. El hecho de que hubieran transcurrido casi treinta siglos desde su muerte hasta la autopsia sirvió a algunos comentaristas para criticar el deterioro de los servicios de salud andaluces debido a la crisis económica. Para otros, en cambio, era un ejemplo de la afición de los gaditanos por ir al médico. «Lo acostumbrados que estamos en Cádiz al estado de bienestar —leemos— que aquí un fenicio lo primero que hace cuando lo descubren después de estar enterrado más de un milenio y medio es ir al seguro para que le hagan una radiografía».[15] Tampoco faltaban quienes señalaban que la postura original de los huesos, recostado sobre la arena con un brazo cubriendo su rostro, era un reflejo de la práctica local de dormir la siesta en la playa en los días de sol, demostrándose de esa manera el carácter inequívocamente gaditano del fenicio.[16]

La construcción de personajes arqueológicos es una estrategia utilizada con frecuencia por los arqueólogos para difundir sus hallazgos y asegurar la relevancia social de su trabajo. He analizado en detalle algunos de estos casos en anteriores trabajos.[17] Personalizar la puesta en valor permite construir un relato sobre el pasado en términos inteligibles y seductores. Valentín permitía hilar lo que hasta entonces habían sido datos inconexos dentro de una narrativa coherente, atractiva y fácil de transmitir.

El relato fue un paso más allá gracias al ADN mitocondrial. El análisis genético de los restos hallados en el Cómico evi-

---

La Voz de Cádiz, 20 de octubre de 2011, Ana Leñador, «Valentín se hace popular».
15 Diario de Cádiz, 21 de octubre de 2011, Fernando Santiago, «Valentín».
16 La Voz de Cádiz, 23 de octubre de 2011, José Monforte, «Valentín fue al seguro».
17 Raul H. Asensio, Señores del pasado: arqueólogos, museos y huaqueros en el Perú, Lima, Instituto de Estudios Peruanos, 2018.

denció que la ciudad primitiva tenía una notable diversidad étnica.[18] El ADN mitocondrial permite rastrear la afinidad de un individuo con otros contemporáneos, anteriores o posteriores con un alto grado de precisión. Es parte de la carga genética trasmitida por línea materna y sus mutaciones son fácilmente rastreables. Los arqueólogos averiguaron que Valentín tenía marcadores genéticos orientales, junto con otros procedentes de una línea muy habitual en Occidente, lo que sugería que quizás fuera de madre peninsular y padre fenicio. Otro de los sujetos analizados era fenicio de primera o segunda generación, es decir, hijo de padres fenicios asentados en Cádiz, ya que en su ADN predominaban cepas propias de Oriente.

Esta era la primera vez que un análisis genético de semejante grado de complejidad y sofisticación se llevaba a cabo en Andalucía. Su difusión permitía a los arqueólogos gaditanos reivindicarse como pioneros en el desarrollo regional de la ciencia. Para las autoridades era una oportunidad para presumir y sacar lustre a sus aportaciones para el desarrollo de la ciudad. La capa sellada y prensada de tierra que cubría los cadáveres casi desde el momento del fallecimiento había permitido el milagro de su conservación. Los científicos habían podido reconstruir sus perfiles genéticos y a partir de estos datos deducir las trayectorias familiares de cada individuo. «Se trata de personas de las que por fin tenemos su carné de identidad», declaraba eufórico el especialista encargado del equipo científico.[19]

La noción de Valentín como un «mestizo», producto del intercambio entre navegantes orientales y peninsulares, se convirtió en un elemento central en la puesta en valor de la ciudad fenicia del Teatro Cómico. Los arqueólogos podían ahora sostener de manera fundamentada el carácter au-

---
18 *Diario de Cádiz*, 15 de febrero de 2012, Virginia León, «El ADN de los habitantes de Gadir».
19 *La Voz de Cádiz*, 15 de febrero de 2012, Ana Leñador, «Los arqueólogos del Cómico presentan los restos del gaditano más antiguo».

tóctono del personaje y al mismo tiempo presumir de su vínculo con los míticos fenicios, que según las crónicas griegas y romanas habían fundado Gadir.

Valentín simbolizaba y reforzaba una idea muy asentada en los imaginarios gaditanos: su condición de *axis mundi*. Cádiz sería hasta la actualidad, según sostiene esta manera de pensar, una encrucijada de destinos, un lugar de encuentro donde confluyen gentes procedentes de todos los rincones del mundo: Europa, África, el Mediterráneo oriental y América. La personalidad de la ciudad, diferente de otras urbes andaluzas, provendría de este carácter fronterizo. Los gaditanos serían cosmopolitas, bulliciosos, optimistas, preparados por su larga historia para sobrevivir a todo tipo de crisis políticas y económicas.[20] Su genio singular provendría de la interacción entre Oriente y Occidente.

Valentín representaba y (de manera literal) encarnaba este imaginario, al tiempo que lo sustentaba científicamente. Su hallazgo sirvió para reforzar los imaginarios culturales que por entonces se estaban construyendo. Era un descubrimiento sensacional, pero que sin embargo también dejaba damnificados, tanto en el terreno académico como en la gestión cultural. Si el Cómico probaba que Gadir estaba donde las fuentes clásicas decían que estaba, eso quería decir que los arqueólogos que hasta entonces habían dudado estaban equivocados. No eran pocos los que iban a tener que reformular sus carreras para adaptarse a estas nuevas realidades.

---

20 *Diario de Cádiz*, 15 de septiembre de 2011, Joaquín Fernández Pérez-Lila, «La ciudad histórica de Cádiz Patrimonio de la Humanidad».

I III
DOÑA BLANCA

Cuando el descubrimiento del Cómico tuvo lugar, los estudios sobre el pasado prerromano de Andalucía se encontraban en un momento de transición. Coincidiendo con un cambio generacional y con la aparición de nuevas tecnologías, como las empleadas para analizar el legado genético de Valentín, teorías que habían sido enterradas por los arqueólogos volvían a considerarse, se reevaluaban las evidencias y surgían nuevas interpretaciones del pasado peninsular. Estas novedades afectaban tanto al pueblo fenicio como al otro gran protagonista del mundo arcaico andaluz: Tartessos.

La valoración académica de tartesios y fenicios parece estar ligada por vasos comunicantes: cuando una de estas culturas está en auge, la otra parece perder relevancia. Esto se debe a que fenicios y tartesios compiten por el mismo nicho histórico. Ambos son los referentes del periodo prerromano en el suroeste de la península ibérica, una época para la que el registro material es sumamente oscuro y difícil de interpretar. Según las coyunturas políticas y académicas, los mismos vestigios pueden atribuirse a una u otra cultura. El resultado es un tira y afloja de la fortuna académica, que se inicia a finales del siglo xix y continúa en la actualidad.

Analizar las cambiantes valoraciones e interpretaciones sobre lo fenicio y lo tartesio no solo ayuda a contextualizar la importancia del hallazgo de la ciudad fenicia del Teatro Cómico. Es también imprescindible para entender los dilemas de la puesta en valor, sus repercusiones políticas y la situación relativa en la que quedaba el que hasta entonces era el gran referente arqueológico de la bahía de Cádiz: el yacimiento de Doña Blanca.

* * *

Tartessos es una de las culturas más misteriosas del mundo antiguo. El principal problema que afecta a su conocimiento es la falta de correspondencia entre las fuentes escritas y el registro material. El mismo problema que en Gadir, pero multiplicado varias veces.

Las referencias de los autores griegos y romanos a Tartessos son numerosas, aunque tardías y difíciles de interpretar, por lo que los especialistas no se ponen de acuerdo ni sobre los orígenes de los tartesios, ni sobre su proyección territorial, ni sobre su idiosincrasia cultural. Para algunos se habría tratado de una cultura indígena, genuinamente peninsular. Otros, en cambio, sostienen que su génesis habría sido resultado de la fusión entre las culturas locales y la influencia de griegos y fenicios: un ejemplo de etnogénesis resultado del hecho colonial.

Esta falta de consenso ha permitido que la imagen de Tartessos haya sido utilizada por proyectos políticos e ideológicos muy diferentes. Desde la Edad Moderna esta antigua civilización ha servido para alentar fantasías nacionalistas, regionalistas y localistas de todo tipo. Las fuentes griegas presentaban Tartessos como un estado territorial situado en el extremo occidental del Mediterráneo, cuya capital podía competir con las más importantes ciudades orientales en riqueza y población. El comercio de metales aseguraba la riqueza de una casta de reyes-sacerdotes, famosos por su longevidad y por la justicia de sus leyes. La feracidad de las tierras y las bondades del clima completaban un retrato de prosperidad y bienestar, que los griegos consideraban un ejemplo para sí mismos y para otros pueblos.

Esta imagen de Tartessos configura un paradigma mítico que impregna los imaginarios populares y es la inspiración de novelistas y artistas. Sin embargo, en el campo académico existen muchas dudas sobre su exactitud. Los restos de la famosa y fabulosa capital tartesia nunca han aparecido. Una de las hipótesis de mayor éxito es la defendida por el arqueólogo alemán Adolf Schulten, quien sostenía que los restos de Tartessos estaban ocultos en algún lugar de las marismas que rodean la desembocadura del Guadalquivir. Como en el caso de la bahía de Cádiz, esta parte de Andalucía ha cambiado significativamente desde la edad antigua. De ahí, planteaba Schulten, que fuera posible que la mítica ciudad estuviera en la actualidad sumergida, lo que explicaría por qué sus afanosos buscadores no han sido capaces de hallarla, a pesar de los ingentes esfuerzos realizados durante siglos.

Schulten llegó por primera vez a España en 1902, en un momento en el que la arqueología aún estaba dando sus primeros pasos en el país. Fascinado por el mito de Numancia, realizó varias campañas y llegó a considerarse (de manera muy discutible) como el descubridor del verdadero emplazamiento de la antigua ciudad celtíbera que tan bravamente había desafiado al poder romano. Sin embargo, poco a poco su interés fue girando hacia el sur de la Península. Tras la Primera Guerra Mundial, con el apoyo inicial del Institut d'Estudis Catalans inició una peregrinación por la costa mediterránea, para preparar una nueva edición de la *Ora marítima* de Avieno. Desde entonces Tartessos se convirtió en su obsesión principal. Según creía, se trataba de una civilización originada por la mezcla de elementos nativos y griegos, que había cristalizado a partir de la llegada de estos últimos al sur de la península ibérica. La agreste geografía había permitido el desarrollo de un estilo de vida singular, ni oriental ni occidental, que sobrevivió hasta la llegada de los romanos. Los tartesios eran un pueblo culto y rico, con un sofisticado aparato legal y una escritura derivada de la griega, y controlaban amplias porciones de territorio, desde donde comerciaban con griegos y fenicios, asimilando parte de su cultura, pero manteniendo siempre una identidad diferenciada.

La publicación en 1945 de la traducción al español de la obra de Schulten sobre Tartessos tuvo un enorme éxito, que consolidó y cristalizó una imagen de los antiguos pobladores del sur de la Península que se convirtió en canónica durante largo tiempo.[1] El éxito se debió tanto al potencial evocador de las ideas de Schulten como a la coyuntura concreta en que se publicó. El libro coincidió con un momento en el que, tras la Guerra Civil, la arqueología española estaba inmersa en la búsqueda de nuevas narrativas nacionales al servicio del régimen franquista. Fuera su intención o no, lo que Schulten decía coincidía con lo que las autoridades del momento querían oír. Era el discurso adecuado en el momento adecuado. Este apoyo tácito de las autoridades, sumado a una fuerte personalidad, colérica y autoritaria, hizo que el arqueólogo alemán fuera tan respetado como temido por sus colegas. «Su palabra —escribe un especialista— tanto la escrita como la hablada, era considerada por la inmensa mayoría de sus contemporáneos como un criterio de autoridad, casi un dogma de fe, que al venir emanado de su figura no tenía por qué ponerse en duda».[2]

---

1 Adolf Schulten, *Tartessos: contribución a la historia más antigua de occidente*, Madrid, Espasa Calpe, 1945.

2 Jacobo Vázquez Paz, «Adolf Schulten: un alemán entre las dunas», en Manuel J. Parodi Álvarez, coordinador, *Arqueólogos por el bajo Guadalquivir en la primera mitad del siglo xix. Actas de las III Jornadas de arqueología del Bajo Guadalquivir*, Sanlúcar de Barrameda, Ayuntamiento de Sanlúcar de Barrameda, 2016, pp. 63-75.

Las ideas de Schulten parecían dar la razón a quienes defendían la existencia de una identidad española arraigada en las profundidades del tiempo.[3] Demostraban que antes de la llegada de los romanos, Tartessos (y por ende España) había sido una civilización brillante y original, a la altura de las más importantes del Mediterráneo.

Esta coincidencia ideológica y funcional no quiere decir, sin embargo, que todos los especialistas estuvieran de acuerdo con Schulten. Dentro del entramado cultural franquista había diferentes corrientes de arqueólogos afines al régimen, que competían entre sí por posicionar sus propias versiones del pasado remoto español. Todos estaban de acuerdo en que existía un genio nacional ancestral, pero discrepaban sobre qué pueblo representaba esa esencia. Según a quien se le preguntara, la clave de la singularidad española se hallaba en los tartesios, los íberos, los celtas o en los celtíberos, resultado de la fusión de indígenas peninsulares y emigrantes del norte de Europa. Cada una de estas versiones ganaba o perdía fuerza según la fortuna política de sus defensores. Tartessos era uno más entre estos referentes, con sus defensores y sus detractores. Desde el poder se estimulaba la difusión de las ideas de Schulten porque contribuían a engrandecer el pasado de España, pero siempre en equilibrio con otras narrativas sobre el pasado ancestral que también apuntaban al mismo objetivo.

La apropiación de Tartessos por parte del discurso nacionalista español y el prestigio de las tesis de Schulten hizo que muchos de los descubrimientos arqueológicos que se realizaron durante el franquismo en el suroccidente de Andalucía se asociaran con esta cultura. Incluso piezas que previamente se consideraban fenicias, ya fueran importadas o elaboradas en las colonias peninsulares, pasaron a verse como ejemplos de la adaptación de patrones orientales por

---

3 Alfredo Mederos Martín, «Estratigrafías para Tartessos: Doñana, Mesas de Asta, Carteia, Carmona, Huelva», *SPAL*, vol. 17, 2008, pp. 97-136.

parte de los propios tartesios o de sus sucesores turdetanos. El caso más emblemático fue el llamado tesoro de El Carambolo, descubierto en las afueras de Sevilla en 1957. Se trataba de un conjunto de abalorios de oro y plata de gran calidad artística, hallados casualmente durante la preparación de terrenos para una obra cerca de la capital andaluza. La excavación estuvo a cargo de Juan de Mata Carriazo y Arroquia, quien siguiendo las tendencias de la época identificó los restos como pertenecientes al universo tartesio. Se trataba, desde su punto de vista, de un tesoro «digno de Argantonio», el mítico rey de esta cultura que según los relatos había gobernado durante cien años.[4]

Carriazo había nacido en Jaén y había tenido una tortuosa carrera profesional. Tras pasar unos meses en la cárcel durante la Guerra Civil por sus simpatías con un partido de izquierda moderada, había logrado salir adelante y reubicarse en el mundo académico franquista.[5] Como Schulten, atribuía a Tartessos un papel clave en la historia antigua de España, pero discrepaba del alemán al analizar sus orígenes. Carriazo, siguiendo las ideas de su mentor Manuel Gómez-Moreno Martínez, sostenía que Tartessos derivaba directamente de las tradiciones peninsulares de la Edad del Cobre y era, por lo tanto, mucho más antigua de lo postulado por Schulten.

En una suerte de profecía autocumplida, los restos de El Carambolo se convirtieron en un patrón que sirvió para que otros descubrimientos con características similares se consideraran también como tartesios. Esta asimilación permitió

---

4 ABC, 16 de noviembre de 1958, Juan de M. Carriazo, «Joyas de oro prehistóricas del cerro de El carambolo (Sevilla)». Sobre el contexto del hallazgo y la interpretación de Carriazo, véase: Manuel Álvarez Martí-Aguilar, «Carriazo y su interpretación de los hallazgos de El Carambolo en el contexto de los estudios sobre Tartessos», en María Luisa de la Bandera Romero y Eduardo Ferrer Alberda, coordinadores, El Carambolo: 50 años de un tesoro, Sevilla, Universidad de Sevilla, 2010, pp. 53-97.

5 Alfredo Mederos Martín, «Una trayectoria rota. Juan de Mata Carriazo, catedrático de Prehistoria e Historia de España antigua y media de la Universidad de Sevilla», SPAL, nº 19, 2010, pp. 61-96.

a los arqueólogos resolver un problema que desde tiempo atrás había intrigado a cuantos se acercaban al pasado remoto de Andalucía. Si bien Tartessos se mencionaba en múltiples fuentes escritas, sobre el terreno no existía un registro material claramente identificado con esta cultura. Los debates sobre la ubicación de la capital o sobre la expansión territorial del presunto reino eran altamente especulativos. Las hipótesis se basaban en correspondencias lingüísticas, análisis de topónimos o sesudas exégesis de los textos griegos y latinos. El Carambolo dotaba de materialidad a la cultura tartesia y trasladaba el debate al terreno estrictamente empírico.

* * *

Un problema adicional se refería a las relaciones entre tartesios y fenicios. ¿Eran la misma civilización? ¿Habían interactuado entre sí? ¿Eran rivales? Las opiniones se dividían entre quienes identificaban ambas culturas como una sola realidad cultural, disminuyendo hasta la mínima expresión el papel de los comerciantes orientales, y quienes pensaban que se trataba de dos culturas diferentes, cada una de ellas con entidad propia, aunque sobre el terreno estuvieran íntimamente vinculadas.

La primera posición era defendida por Antonio García y Bellido, un arqueólogo muy vinculado al régimen franquista, obsesionado por reivindicar el genio hispánico, quien consideraba que Argantonio era el primer ejemplo de monarca español, sabio, justo y ponderado. Entre los adalides de la segunda mirada estaba Joan Maluquer de Motes i Nicolau, un joven profesor formado en la Universidad de Barcelona, cuyo impulso resultaría clave para la renovación de los estudios de las colonizaciones orientales.[6] Maluquer había parti-

---

6 Sobre estas visiones contrapuestas: Mederos Martín, «Fenicios evanescentes Ib», op. cit. Sobre la admiración de García Bellido por Argantonio: Alberto Duplá, «El franquismo y el mundo antiguo: una revisión historiográfica», en Carlos Forcadell e Ignacio Peiró, editores, *Lecturas de la historia: nueve reflexiones sobre historia de la historiografía*, Zaragoza, Institución Fernando el Católico, 2001, pp. 167-190.

cipado brevemente en las excavaciones de El Carambolo y era el motor central del colectivo que impulsaba los estudios sobre esta cultura. Sus ideas se diferenciaban tanto de Schulten como de Carriazo, ya que pensaba que la cultura tartesia había estado influida en sus orígenes por los pueblos celtas llegados de Centroeuropa.

Un paso fundamental para avanzar en estos debates fueron los trabajos de Miquel Tarradell i Mateu, otro de los jóvenes arqueólogos de la escuela catalana, quien en 1955 popularizó el concepto de «círculo del Estrecho», para definir la particular idiosincrasia de las colonizaciones fenicias en el sur de la Península.[7] Como muchos de sus colegas de la inmediata posguerra, Tarradell era un arqueólogo con dos caras: trabajaba en el ámbito oficial, pero al mismo tiempo mantenía una peligrosa actividad clandestina cercana al nacionalismo catalán. Su desempeño profesional le llevó a pasar varios años al frente del servicio arqueológico del Marruecos español, donde excavó numerosos emplazamientos fenicios protohistóricos. Fue allí donde desarrolló la idea de una unidad cultural entre el sur de la Península y el norte de África, que habría cristalizado en el periodo inmediatamente posterior a la caída de Tiro, cuando las colonias occidentales se independizaron de la ciudad madre y optaron por seguir su propio camino. Los fenicios occidentales, según creía Tarradell, conformaban una entidad cultural original, diferente de su contraparte oriental, cohesionada por vínculos religiosos, económicos y quizás también políticos.

Tarradell poseía una personalidad desbordante. Era uno de los pocos arqueólogos españoles de la época capaces de hablar de igual a igual con sus colegas franceses y an-

---

7 Miguel Tarradell, «El estrecho de Gibraltar ¿puente o frontera? (sobre las relaciones posneolíticas entre Marruecos y la península ibérica», *Tamuda*, vol. 7, 1959, pp. 123-138; y Miguel Tarradell, «El problema de las relaciones prehistóricas entre España y África: nuevas perspectivas», *Archivos del Instituto de Estudios Africanos*, n° 75, 1965, pp. 19-34. Una revisión sobre el concepto en: Enrique Gonzalbes Craviotto, «El círculo del Estrecho en la Antigüedad: una revisión historiográfica», *Índice Histórico Español*, vol. 128, 2015, pp. 175-209.

glosajones. Poco después de defender su tesis había completado su formación con estancias en París y Nueva York, donde había forjado numerosos contactos. Había conocido entre otros a Pere Bosch Gimpera, el gran prehistoriador catalán, obligado a exiliarse y despojado de la nacionalidad española por Franco, que trabajaba en México y colaboraba con la Unesco y otras instituciones multilaterales por entonces en formación.

Tanto por su talante como por sus ideas políticas, Tarradell se consideraba un discípulo de Bosch, aunque esto no siempre se pudiera decirlo en voz alta. Su conocimiento era enciclopédico y no se limitaba a la arqueología. Nacido en el seno de una familia de clase media barcelonesa, desde fecha muy temprana se había vinculado a la resistencia cultural catalana. Sus ideas se plasmaban en grandes síntesis que incluían referencias históricas, antropológicas y literarias, lo que las dotaba de una enorme capacidad de seducción. En 1946 había sido uno de los fundadores de la revista *Ariel*, que con el tiempo se convertiría en uno de los referentes del catalanismo. Era un firme convencido de la singularidad cultural de los Países Catalanes, que consideraba una entidad histórico-cultural diferente del resto de la península ibérica, cuyas fronteras superaban los límites de la Cataluña administrativa, para abarcar Valencia, Baleares, parte de Aragón, el sureste de Francia, Córcega y Cerdeña. En años posteriores, tras abandonar Marruecos, Tarradell se trasladó a Valencia, donde contribuyó a articular una red de intelectuales pancatalanistas, que tendría gran influencia tras la muerte del dictador.[8]

El punto de partida de Tarradell era la noción de círculos culturales preconizada por la escuela difusionista de Viena. Esta corriente planteaba que la civilización se había desarrollado en un pequeño puñado de áreas culturales, cada

---

8 Sobre las ideas y la dimensión política de Tarradell, véase: Marta Prevosti, «Miquel Tarradell: arrelat i trasgressor», *Butlletí de la Societat Catalana d'Estudis Històrics*, nº 22, 2011, pp. 349-385.

una de ellas con rasgos singulares, a partir de las cuales se había extendido a las zonas adyacentes. El Estrecho, según sostenía Tarradell, había sido una zona con activas redes comerciales, marcada por el intercambio de mercancías, personas e ideas. Más que separar, unía a ambos continentes. Sus teorías se asimilaban a la historia de larga duración que preconizaban Fernand Braudel y sus seguidores de la escuela francesa de los Annales. El puente entre ambas corrientes (la historia cultural vienesa y la historia de larga duración francesa) era el historiador catalán Jaume Vicens Vives, quien en esos mismos años estaba escribiendo una serie de trabajos que iban a renovar la manera de concebir la historia de España. Aunque no habían estudiado juntos, Vicens Vives y Tarradell compartían afinidades y se movían en círculos similares.[9] El propio Tarradell señaló en varias ocasiones que su visión de la arqueología era más cercana a los historiadores sociales que a los historiadores del arte, a los que parecían querer asimilarse muchos de sus colegas de otras partes de España.[10]

Según pensaba Tarradell, los territorios fenicios del círculo del Estrecho incluían asentamientos bien conocidos por los arqueólogos, como Gadir, Asido, Baelo Claudia, Carteia, Malaka, Sexi y Abdera. Al otro lado del mar se sumaban Lixus, Kouass, Tingis, Tamuda y Rusadir. Cada uno de estos emplazamientos habría conformado una ciudad-Estado, independientes entre sí, pero con fuertes vínculos culturales. Gadir habría sido la más influyente y poderosa de estas ciudades. Sin llegar a ser la capital de un estado territorial unificado, habría ejercido una suerte de liderazgo y tutela sobre las demás poblaciones de ambas orillas del Estrecho.

---

9 Sobre la influencia de Vicens en Tarradell, Carmen Aranegui Gascó, «Miquel Tarradell en el centenari de Jaume Vicens Vices: Tarradell a la Universitat de València», Butlletí de la Societat Catalana d'Estudis Històrics, nº 22, 2011, pp. 337-347.

10 Citado en Núria Rafel i Forntanals, «Les arrels... i el seu autor», Cota Zero, nº 18, 2003, pp. 11-17.

La noción de círculo del Estrecho permitía a Tarradell anudar sus inquietudes académicas y políticas. Daba sentido a las similitudes que había percibido entre los restos materiales de la cultura fenicia de ambas orillas y al mismo tiempo fundamentaba su nacionalismo catalán, al avalar las tesis que sostenían la existencia de profundas diferencias culturales, desde tiempos arcaicos, entre las distintas partes de la península ibérica. Si existía un círculo del Estrecho que amalgamaba el norte de África y el sur de la Península, esto significaba que el norte, donde se encontraba Cataluña, derivaba de un proceso cultural completamente distinto. Esta era una idea defendida por los nacionalistas catalanes desde el siglo XIX. Mientras que en la Cataluña prerromana predominaba la influencia griega trasmitida a través de la colonia de Ampurias, sostenían los defensores de la identidad catalana diferenciada, el resto de la Península se habría caracterizado por la influencia púnica (en el sur) y celta (en el noroeste y centro). Estas singularidades se habrían mantenido a lo largo del tiempo, hasta dar lugar a nacionalidades diferentes. Si bien Tarradell, como arqueólogo que era, desconfiaba de las versiones extremas de esta narrativa, sus ideas se alimentaban de ella y contribuían a reforzarla.

* * *

Las ideas de Tarradell impactaron profundamente en los arqueólogos andaluces, que tras la muerte de Franco comenzaron a reconsiderar los viejos dilemas sobre Tartessos. Esta mítica civilización primigenia sufrió una trasmutación político-ideológica y de precursora de la nación española pasó a ser el referente de la nación andaluza.

La nueva versión del viejo mito tenía que ver con al menos tres elementos que en la década comprendida entre 1975 y 1985 se reforzaban entre sí: (i) la entrada en escena de una nueva generación de arqueólogos, muchos de ellos andaluces o que trabajaban en universidades andaluzas, que por primera vez comenzaron a complementar y competir con sus colegas madrileños y catalanes a la hora de interpretar el pasado del sur de la Península; (ii) el auge dentro de la disciplina arqueológica a nivel global de las interpretaciones autoctonistas, que tendían a rebajar la importancia de las influencias externas y las migraciones de largo recorrido como mecanismo para explicar el cambio social, a diferencia de las décadas anteriores, marcadas por el predominio del difusionismo cultural; y (iii) la elaboración por parte de la recién creada Junta de Andalucía de un discurso de legitimación basado en la idea de un pueblo andaluz ancestral, con características singulares que lo diferenciaban de los habitantes de otras regiones de España.

Estos tres procesos eran independientes y respondían a sus propios condicionantes y dinámicas, pero se retroalimentaron para renovar de manera radical los estudios sobre Tartessos. La nueva autonomía encontró en esta cultura uno de sus principales referentes, por lo que los estudios se multiplicaron. La gran diferencia era que, por primera vez, los debates tenían como protagonistas a arqueólogos que trabajaban en universidades andaluzas y pensaban en clave regional, a diferencia de sus predecesores, casi siempre más preocupados por los debates culturales madrileños y catalanes.

Esta no era la primera vez que Tartessos seducía a los intelectuales andaluces. Antes de su apropiación por el nacionalismo español, Argantonio y sus epígonos ya habían sido incorporados en una versión previa del pensamiento regionalista. En *Ideal andaluz*, el libro de Blas Infante publicado en 1911 que se convirtió con el tiempo en la biblia oficial del discurso nacionalista andaluz, esta civilización tenía una presencia importante. Infante era un notario e historiador aficionado, nacido en un pueblo de Málaga, que había consagrado su vida al activismo andalucista, hasta su asesinato en agosto de 1936 por militares sublevados contra la Segunda República. Su obra planteaba la existencia de un genio andaluz que había madurado a lo largo del tiempo, con tres momentos clave de conformación: la civilización tartesia, el periodo romano (que, según sostenía Infante, en Andalucía había tenido características singulares) y el periodo Omeya. Cada uno de estos momentos había supuesto una experiencia histórica singular, cuyo resultado sería una identidad andaluza idiosincrática.

Infante fue recuperado durante la Transición y se convirtió en emblema del nuevo Gobierno andaluz. El aniversario de su muerte se convirtió en una conmemoración cívica y fue declarado por el parlamento autónomo como «padre de la patria andaluza». Tanto la bandera bicolor como el himno de Andalucía fueron diseñados por él. Sus planteamientos eran más políticos que científicos y no convencían a historiadores y arqueólogos, pero de todas maneras se convirtieron en el sustrato sentimental de un discurso regionalista que durante la autonomía se expandió a través de libros de texto, escuelas e intervenciones culturales, hasta convertirse en la narrativa oficial del nuevo gobierno: el llamado «andalucismo».

A diferencia de otros nacionalismos periféricos españoles, el andalucismo ha sido siempre un nacionalismo blando. Esto se debe en parte a que su principal promotor ha sido el Partido Socialista, que durante la Transición cooptó e incorporó a muchos sectores e intelectuales andalucistas. Los socialistas también gobernaban en Madrid y muchos de sus principales dirigentes eran andaluces, por lo que las relaciones eran fluidas. Si bien desde la Junta se reclamaba una identidad singular andaluza, esta afirmación no se traducía en reivindicaciones independentistas. Salvo en el caso de algunos grupos políticamente marginales, tampoco el resto de las formaciones apuntaban en esa dirección. Aun así, se trata hasta el presente de un discurso cultural sólido, con gran apoyo social, que influye en la formulación de narrativas sobre el pasado y en la puesta en valor de los vestigios arqueológicos.

La consagración de Tartessos como parte del discurso andalucista hizo que gran parte de los restos arqueológicos del periodo prerromano siguieran atribuyéndose a esta cultura, convertida ahora en emblema de lo andaluz. Por el contrario, la presencia fenicia siguió relegada en los discursos oficiales, subsumida en la denominación genérica de círculo del Estrecho. Este era un concepto atractivo para el nacionalismo andaluz porque, además de minimizar la importancia de las migraciones orientales, permitía resaltar otro de los aspectos más queridos del andalucismo progresista: el vínculo singular que Andalucía habría tenido a lo largo de toda su historia con el norte de África.

Estas ideas estaban acompañadas de un consenso académico casi total sobre el limitado papel de los fenicios en la península ibérica. Según se sostenía, su influencia había sido importante pero indirecta. Los territorios bajo su control se habían limitado a unas pocas colonias costeras, como Gadir. Los restos materiales similares que podían hallarse dispersos por la costa y el valle bajo del Guadalquivir se atribuían a un proceso de orientalización de la población local, que habría adoptado los patrones fenicios, pero sin llegar a perder su propia esencia. Incluso en las propias colonias fenicias, se sostenía, habría existido una nutrida población de origen local junto a los descendientes de los navegantes orientales.

Para los defensores de la centralidad de Gadir en el mundo prerromano esta evolución de los discursos académicos suponía un reto. ¿Había sido Gadir realmente una colonia fenicia? ¿Quiénes habían sido sus pobladores? O incluso, ¿había existido la Gadir fenicia de la que hablaban griegos y romanos? En pocos lugares estos dilemas se percibían tan claramente como en el que hasta el descubrimiento del Teatro Cómico era el gran referente arqueológico de la bahía de Cádiz: Doña Blanca.

* * *

Doña Blanca se sitúa a menos de media hora en auto de la capital provincial, a medio camino entre Puerto de Santa

María y Jerez de la Frontera. En la época prerromana esta zona correspondía al seno interior de la bahía, mucho más extensa que en la actualidad. Visto en perspectiva es un yacimiento emblemático de la arqueología de la Transición. Por sus protagonistas, por los discursos historiográficos que generó y por los avatares de su puesta en valor, ejemplifica tanto los aspectos positivos (profesionalización de la arqueología, auge de instituciones científicas locales, excavaciones de largo plazo) como las limitaciones (escaso interés en la puesta en valor, publicaciones escasas y tardías, excesiva carga ideológica de algunas interpretaciones, personalismo de los arqueólogos) de aquella época.

Doña Blanca es en gran parte una creación personal de Diego Ruiz Mata. Aunque madrileño de nacimiento, desde su llegada a la ciudad a finales de los setenta este arqueólogo se convirtió en uno de los principales referentes de los estudios sobre la bahía. Su base de operaciones era la Universidad de Cádiz, recién creada en esos años, de donde era profesor. Para Ruiz Mata, Doña Blanca era importante porque demostraba que gran parte de la historia que nos habían contado no era cierta. Sostenía que Gadir no estaba en el lugar donde todos suponían que estaba y que Doña Blanca era la evidencia de este error.

La actual Doña Blanca es una localidad que no casa con la imagen andaluza arquetípica. Las calles están trazadas de manera regular y geométrica, como corresponde a un genuino poblado de colonización. Las casas son de una sola planta y todas se parecen unas a otras. Aquí se albergaron los trabajadores que llegaron a Cádiz para construir la base militar de Rota, operada por el ejército de los Estados Unidos a partir de los acuerdos de 1953. Una plaza desangelada da paso a la iglesia, que cuando se construyó era el punto focal de la localidad, como mandaban los cánones del nacionalcatolicismo franquista. En las calles casi nunca hay nadie, pues todos sus habitantes trabajan en Jerez, Puerto de Santa María o Cádiz.

Para llegar a las ruinas hay que seguir un camino lateral que da a la carretera que conecta con Jerez. La entrada se encuentra en un recodo que es fácil pasar por alto si el conductor no está avisado. En la actualidad el recinto forma parte de la Red de Espacios Culturales de Andalucía gestionada por el gobierno autonómico. Esto hace que se encuentre abierto al público, aun cuando su musealización es precaria. Hay senderos que facilitan el tránsito, pero los paneles informativos son escasos y solo ofrecen datos generales sobre la importancia y características de las ruinas. Esta frugalidad es un problema importante, ya que se trata de vestigios visualmente complejos y muy difíciles de interpretar. Los restos de viviendas, muros y calles se superponen unos a otros, generando una imagen general de confusión. Tampoco ayuda el hecho de que algunas zonas hayan sido excavadas más que otras. Hacerse con una idea general del yacimiento es complicado. La vista se vuelve una y otra vez hacia el único elemento fácil de reconocer e interpretar: una torre circular que domina la llanura que lleva hasta la bahía. Se trata, sin embargo, de un aditamento muy posterior a la época de las colonizaciones fenicias, ya que la torre fue construida a finales de la Edad Media.

El día que visito Doña Blanca estoy casi solo. Un guardián espera aburrido a los pocos visitantes detrás del mostrador de entrada. Hace un fuerte viento de levante característico de esta zona de Andalucía, así que me avisa para que me ponga protector solar. La combinación de viento y sol puede ser terrible. La temperatura es alta y en el recorrido apenas hay un par de árboles con sombra. La primera pista sobre los restos la produjo un estudiante de la Universidad de Cádiz, quien en mayo de 1979 se puso en contacto con Ruiz Mata para hablarle de las ruinas, que por entonces nadie sabía a qué época pertenecían ni cuán antiguas eran.[11] Según lo que los arqueólogos saben ahora, se trata de un

---

11 *La Voz de Cádiz*, 31 de marzo de 2012, Diego Ruiz Mata, «El poblado fenicio del castillo de Doña Blanca».

yacimiento de unas 7 hectáreas de extensión, sin incluir otros vestigios situados en las inmediaciones, con una larga secuencia de ocupación.

De acuerdo con Ruiz Mata, Doña Blanca estuvo habitado desde muy antiguo.[12] Los primeros pobladores se habrían asentado aquí a finales de la Edad del Cobre, en el tercer milenio antes de Cristo. De esta época datan una serie de fondos de cabañas circulares, con zócalos de mampostería y paredes de tapial, con abundante material cerámico en su interior. También se atribuye a estos primeros pobladores la construcción de un altar situado en la cercana sierra de San Cristóbal, al que se accede mediante unos escalones. Es probable que el lugar estuviera destinado a realizar sacrificios o a otro tipo de ceremonia ritual.

La ocupación fenicia data de finales del IX o principios del VIII a.C.[13] Habría sido al principio un emplazamiento estrictamente defensivo. Las viviendas poseían muros de mampostería encalados. Los suelos eran rojos y las techumbres vegetales descansaban sobre vigas de madera. Sofisticados hornos permitían cocinar los alimentos. Siguiendo la costumbre de las ciudades orientales, las calles eran estrechas e irregulares. Para asegurar su protección, el poblado se rodeó de una muralla de mampuesto, revestida de barro y precedida de un amplio foso que obstaculizaba los ataques. No era, desde luego, lo que se dice una ciudad pacífica.

Esta fisonomía se habría mantenido durante varios siglos. Los arqueólogos piensan que se habría tratado de un emporio comercial, en donde era posible encontrar productos locales, norteafricanos, orientales e incluso griegos. Hacia el siglo IV a.C. se construyó una nueva muralla de estilo carta-

---

12 Un amplio resumen de las ideas de Ruiz Mata en: Diego Ruiz Mata, «Visión actual de la fundación de Gadir en la bahía gaditana. El castillo de Doña Blanca en el Puerto de Santa María y la ciudad de Cádiz. Contrastación textual y arqueológica», *Revista de Historia de El Puerto*, nº 21, 1999, pp. 11-86.

13 *La Voz de Cádiz*, 14 de abril de 2012, Diego Ruiz Mata, «Más sobre el castillo de Doña Blanca».

ginés, probablemente a consecuencia de la inestabilidad bélica derivada de la rivalidad entre la ciudad norteafricana y el naciente poder romano. Antes de eso ya existían trazas de destrucciones parciales de las infraestructuras defensivas, que coincidían en el tiempo con el abandono del asentamiento antiguo de Gadir. El abandono definitivo de Doña Blanca se habría producido hacia el siglo III a.C., sin que sepamos con exactitud las razones. Quizás tuviera que ver con la inutilización del puerto por los aluviones del río, con un tsunami particularmente violento o con la intensificación de las tensiones bélicas.

Fuera de los muros de la ciudad, esta secuencia arqueológica se complementa con la necrópolis descubierta en 1982 en la sierra de San Cristóbal. El hallazgo se produjo cuando unos excursionistas se vieron obligados a refugiarse de la lluvia en lo que resultó ser una tumba excavada en la roca. Se calcula que la necrópolis tiene 200 hectáreas, pero en la actualidad solo se han excavado en profundidad dos tumbas: un hipogeo y un montículo artificial con 80 enterramientos. El hipogeo es muy anterior a la época de los fenicios. De su interior se han exhumado restos de casi 30 individuos, con ajuares de cerámica, piezas de bronce, cuentas de plata y piedras importadas. Su datación se calcula en los siglos XVII o XVI a.C. El túmulo es más reciente, ya que pertenece a los inicios de la época fenicia, probablemente del siglo VIII a.C. Bajo la estructura yace un espacio funerario circular, de más de 300 metros cuadrados delimitado por losas, cuyo centro lo ocupa la pira para las incineraciones. A su alrededor hay más de ochenta tumbas excavadas en la roca.

La presencia de Ruiz Mata en Doña Blanca se prolonga hasta 1999. Fueron en total casi dos décadas de excavaciones intermitentes, que sacaron a la luz una ciudad hasta entonces desconocida. La importancia del hallazgo llevó al arqueólogo a sostener que habría sido aquí, en Doña Blanca, donde se habría situado la primera fundación de Gadir. Para defender esta hipótesis Ruiz Mata se apoyaba en una serie de estudios paleogeográficos que demostraban que la línea del litoral era en aquella época muy diferente de la actual. El mar penetraba hacia el interior, ocupando zonas que actualmente son humedales y salinas. Esta línea de costa más amplia habría facilitado el acceso directo al poblado. El antiguo puerto de Doña Blanca se situaría a unos centenares de metros de las ruinas, aunque su ubicación exacta era objeto de debate.

Estas teorías le permitieron a Ruiz Mata consolidar su carrera profesional. Durante muchos años se convirtió en el arqueólogo de referencia en los estudios sobre el pasado prerromano de la bahía de Cádiz. Como profesor universitario tejió una red de colaboradores y socios profesionales que no tenía comparación en la ciudad. Esto no quiere decir que su desempeño estuviera exento de críticas. Por el contrario, era una figura muy polémica dentro y fuera de la universidad. Sus detractores reprochaban a Ruiz Mata un manejo poco cuidadoso de la información de las excavaciones de Doña Blanca. Pese a los numerosos requerimientos de autoridades y colegas, no habría entregado las memorias de las excavaciones hasta mucho tiempo después de realizadas. Al no contar con los datos precisos de los hallazgos, los demás arqueólogos se veían imposibilitados para discutir o refutar sus interpretaciones. Doña Blanca era lo que Ruiz Mata decía que era.

* * *

El descubrimiento de la ciudad fenicia del Teatro Cómico supuso para Ruiz Mata un serio contratiempo. Doña Blanca era ya en ese momento un yacimiento que necesitaba potenciar su dotación museográfica. Incluso se pensaba en construir un centro de interpretación junto a las ruinas.[14] A pesar de los esfuerzos de su descubridor, nunca había llegado a alcanzar en los imaginarios locales la importancia que tenía en el mundo académico.

---

14 *La Voz de Cádiz*, 9 de noviembre de 2006, Iván Bernal, «El yacimiento de Doña Blanca contará con un centro de interpretación en primavera».

Pocos gaditanos conocían Doña Blanca y menos aún habían visitado el sitio arqueológico. Las teorías de su descubridor no gustaban a todos. La idea de que Gadir no fuera la actual Cádiz hería profundamente el sentimiento localista, a lo que se unía el hecho de que, pese a residir tantos años en la ciudad, Ruiz Mata seguía siendo percibido como un foráneo. Quizás por esa razón las autoridades no se habían preocupado de dotar al yacimiento de una señalética adecuada. Tampoco habían invertido en la conservación de los restos ni en su difusión turística.

La reacción de Ruiz Mata tras el descubrimiento del Cómico apuntó a defender su trabajo y la importancia del yacimiento al que había dedicado casi toda su vida profesional. El objetivo era evitar que las ruinas quedaran opacadas y se desvanecieran ante el fulgor de los nuevos hallazgos. Aunque ya no estaba a cargo de las excavaciones de Doña Blanca, cada quince días publicaba una columna en un influyente medio local, en donde analizaba las novedades arqueológicas y el pasado de la bahía. Desde esta tribuna expresó en un principio sus dudas sobre la atribución de los hallazgos del Cómico a la antigua Gadir. Según sostenía, este habría sido un topónimo tardío, que solo se habría usado en la época helenística.[15] Los textos que lo mencionaban eran «tardíos, tópicos y confusos», por lo que era necesario evaluar el registro arqueológico de manera desapasionada y científica, sin caer en tópicos localistas o en mistificaciones sin fundamento.[16]

Cuando la importancia de los hallazgos del Cómico se confirmó, Ruiz Mata reaccionó con un anuncio de similar magnitud: el descubrimiento de los restos del puerto de Doña Blanca.[17] El hallazgo había sido posible gracias a fotografías aéreas que mostraban en la periferia del enclave

---

15 *La Voz de Cádiz*, 14 de octubre de 2007, «Un topónimo reciente».
16 *La Voz de Cádiz*, 16 de marzo de 2012, Diego Ruiz Mata, «¿Fundaron los fenicios Gadir en 1100 a.C.?».
17 *Diario de Cádiz*, 25 de febrero de 2008, Carlos Benjumeda, «Descubiertas las estructuras del antiguo puerto fluvial de Doña Blanca».

fenicio un recinto amurallado situado junto a un muelle de unos 140 metros.[18] Ruiz Mata relacionaba estos datos con uno de los grandes enigmas de las excavaciones de Doña Blanca: un muro que aparecía en las fotografías aéreas antiguas pero que los arqueólogos nunca habían logrado hallar sobre el terreno. La sorpresa consistía en constatar que no era un puerto marítimo, sino un embarcadero fluvial. Los restos estaban varios centenares de metros tierra adentro. Incluso teniendo en cuenta los cambios en la línea litoral ocurridos en los últimos siglos, el puerto se situaba bastante más cerca de la ciudad de lo que inicialmente se pensaba.

El hallazgo del puerto permitía resituar a Doña Blanca dentro de los debates sobre la puesta en valor del patrimonio. Ruiz Mata quería poner en marcha un ambicioso proyecto que desde su punto de vista revolucionaría toda el área de la bahía, el llamado Phoenix Mediterráneo, anunciado en diciembre de 2010.[19] Era una iniciativa mastodóntica, de más de 200 hectáreas de extensión, que incluía museos, áreas recreativas y una reconstrucción integral de la antigua ciudad fenicia de Doña Blanca.[20] El referente eran los proyectos de puesta en valor y recreación lúdica de restos arqueológicos realizados en el norte de Europa y Escandinavia.

Phoenix Mediterránea debía atraer tanto a turistas como a los propios gaditanos interesados en conocer su pasado. Para su construcción Ruiz Mata proponía recurrir a fondos públicos, convocatorias de ayudas europeas y aportes de la empresa privada. El objetivo era transformar la arqueología en una fuente de riqueza para la bahía de Cádiz. Solo así la ciudad lograría salir de la pavorosa crisis económica en la que se hallaba sumida desde la desaparición de la industria naval.

---

18 *La Voz de Cádiz*, 29 de mayo de 2008, Daniel Pérez, «Imágenes inéditas revelan 140 metros de almacenes sin excavar en Doña Blanca».
19 *La Voz de Cádiz*, 11 de diciembre de 2010, Ana Leñador, «Doña Blanca albergará un gran complejo cultural y hostelero».
20 *La Voz de Cádiz*, 20 de enero de 2011, Ana Leñador, «Esperanza a golpe de piedra».

El proyecto condensaba las ideas de Ruiz Mata sobre la protohistoria andaluza. Según pensaba, esta parte del mundo había jugado un papel crucial en la cristalización de la civilización occidental. Había sido aquí donde los aportes de Oriente y Occidente confluyeron, dando origen a los desarrollos sociales, políticos, económicos y culturales propios del mundo occidental. La clave para el éxito de la puesta en valor consistía en trasmitir esta idea a los visitantes. «El problema es que lo culto siempre se asocia a lo elitista y minoritario, pero no es así», señalaba uno de los promotores de la iniciativa.[21] Desde su punto de vista, «el patrimonio nacional es del pueblo», por lo que eran necesarias iniciativas como Phoenix, que fueran capaces de traducir los hallazgos de los arqueólogos en experiencias lúdicas, accesibles al común de la población.

Ruiz Mata difundió su proyecto a través de conferencias y artículos de prensa. Incluso llegaron a crearse varias fundaciones en cooperación con la universidad para realizar los estudios previos a la construcción del parque. Para una sociedad en crisis, Phoenix era un ejemplo de «esperanza a golpe de piedra».[22] Su puesta en marcha debía de «contagiar a la ciudadanía el orgullo de ser poseedor de un patrimonio cultural de incalculable valor, que se extiende por la provincia y que debería promocionarse de igual manera que las bellas playas gaditanas o sus exquisiteces gastronómicas». Se calculaba que el proyecto generaría 1700 empleos directos y que atraería 2 millones de pernoctaciones en 4 años.

Sin embargo, las cosas no salieron como el arqueólogo esperaba. Los apoyos quedaron por debajo de lo esperado y ninguna autoridad llegó a pronunciarse sobre el tema. Ruiz Mata tampoco logró convencer a los escasos empresarios

---

21 *La Voz de Cádiz*, 11 de diciembre de 2012, Ana Leñador, «Doña Blanca albergará un gran complejo cultural y hostelero».
22 *La Voz de Cádiz*, 20 de enero de 2011, Ana Leñador, «Esperanza a golpe de piedra».

gaditanos con capacidad económica para desarrollar un proyecto de semejante calibre. Un problema era que, pese a los esfuerzos de Ruiz Mata por desmentirlo, Phoenix Mediterránea recordaba a los parques temáticos que habían estado de moda antes de la crisis económica. Pese a las expectativas generadas, estas iniciativas habían demostrado ser casi siempre inviables. Habían dejado fuertes deudas, asumidas por las instituciones públicas que ingenuamente las habían avalado. De ahí que nadie quisiera mojarse con el proyecto.

Tras unos meses de especulaciones Phoenix Mediterránea cayó en el olvido y Doña Blanca desapareció de la agenda pública. No solo se trataba de que la ciudad fenicia del Teatro Cómico hubiera conquistado los imaginarios de los gaditanos, sino que también comenzaron a aparecer nuevos restos fenicios. Doña Blanca y el Cómico tenían compañía: había más fenicios en la bahía.

|| |||
SUBE LA MAREA

Es una mañana de septiembre, hace calor y estoy un poco confundido, ya que no termino de dar con lo que pensaba encontrar. Estoy en Chiclana, una pequeña ciudad del sur de la bahía de Cádiz, y he venido hasta aquí para ver los restos del llamado Cerro del Castillo, descubiertos en 2006 por un equipo dirigido por la arqueóloga Paloma Bueno. He quedado con ella junto al lugar donde se supone que están las ruinas, detrás de la iglesia principal de la localidad, subiendo por una empinada calle lateral hacia la parte más alta de Chiclana. Pero solo veo puertas que a esta hora del día están cerradas. Tras algunos paseos arriba y abajo, cuando estoy a punto de irme, finalmente veo a Bueno abrir una de las puertas. Me acerco y me presento. Ella no me recuerda, pero hace casi veinte años, cuando ambos terminábamos la universidad, nos conocimos en un recorrido por varios lugares arqueológicos de la sierra de Cádiz. He recordado este episodio la tarde anterior, mientras me preparaba para la entrevista, al encontrar entre mis papeles viejos un libro suyo de aquella época.

El Cerro del Castillo es otro de esos yacimientos arqueológicos que para el profano son difíciles de interpretar. Situado en un altozano sobre el río Iro, a simple vista no parece gran cosa. Lejos de ser monumentales, los restos se dividen en tres emplazamientos diferentes separados por unos centenares de metros. Los arqueólogos sospechan que la parte más importante queda aún por desenterrar. Lo que está a la vista son unos muros de piedra de reducidas dimensiones. Solo un ojo experto puede calibrar su importancia, que deriva de su antigüedad y de las peculiares técnicas constructivas. Se trataría, explica pacientemente Bueno, de la prueba de un asentamiento fenicio fundado en esta parte de la bahía de Cádiz durante el siglo VIII a.C. La solidez de la muralla de casi 38 metros lineales de longitud evidenciaría su condición de baluarte defensivo en una zona que probablemente era hostil a los recién llegados. Las ruinas incluyen también vestigios romanos y de épocas posteriores, así como pavimentos, un horno de pan y una gran tinaja decorada con motivos orientales.[1]

El descubrimiento del Cerro del Castillo supuso un cambio radical en los discursos sobre el origen de Chiclana. Desde el primer momento las excavaciones se desarrollaron en medio de una gran expectativa. El propio alcalde no dudó en acercarse en persona apenas tuvo noticia de los hallazgos.[2] Chiclana es una ciudad de unos 70 000 habitantes situada a media hora de camino al sur de la capital provincial. De manera estricta no corresponde al ámbito de la bahía, pero social y económicamente forma parte de la misma conurbación. Hasta ese momento su historia tenía pocos elementos destacados. Se pensaba que había sido una zona rural, casi completamente deshabitada hasta el asentamiento cristiano durante la conquista del Reino de Sevilla. El descubrimiento de los restos fenicios retrotraía sus orígenes más de

---

1 *La Voz de Cádiz*, 6 de septiembre de 2007, Daniel Pérez, «El castillo encantado».
2 *La Voz de Cádiz*, 4 de octubre de 2006, Jesús M. Aragón, «Chiclana también tiene 3000 años».

dos mil años y colocaba a la localidad en el mapa de los estudios del período prerromano gaditano.³

Más importante que este impacto local, el descubrimiento del Cerro del Castillo tuvo un impacto estructural en el ecosistema arqueológico gaditano. Por la manera en que el hallazgo se produjo (en el curso de una excavación de arqueología de contrato) y por el lugar donde los restos se hallaron (en un emplazamiento donde no había referencias previas de poblamiento fenicio) desafiaba los sentidos comunes preexistentes sobre el mundo prerromano. Desafiaba también la jerarquía académica de la provincia y el modelo dominante de puesta en valor del pasado. Era una pieza inesperada que complejizaba el puzle de las políticas culturales locales en un momento en que, en paralelo, los hallazgos del Cómico comenzaban a salir al público. En este sentido, se trata de dos historias paralelas, que con sus semejanzas y diferencias evidencian las condiciones reales de la práctica de la arqueología en la provincia.

* * *

El renacido interés por la ocupación fenicia del sur de Andalucía tiene que ver con la llegada al escenario de una nueva generación de arqueólogos, que aspiraban a hacerse un sitio en la arqueología andaluza, desplazando a la generación precedente. Si Ruiz Mata había sido el protagonista local de la generación de arqueólogos de la Transición, ahora le tocaba el turno a una nueva hornada, que como carta de presentación planteaba un doble desafío a la arqueología gaditana: la renovación de las ideas sobre el pasado de la provincia y la renovación de los estilos de puesta en valor de los restos arqueológicos.

Como había ocurrido durante los años de auge de los arqueólogos de la Transición, en esta nueva transformación convergían factores de diferente índole: académicos y po-

---

3 *La Voz de Cádiz*, 6 de septiembre de 2007, Daniel Pérez, «El castillo encantado».

líticos, locales y globales. Frente a las teorías autoctonistas, que atribuían casi todos los procesos históricos a la evolución interna de las sociedades, vuelven a ponerse de moda enfoques difusionistas, que enfatizaban la importancia de la expansión cultural a larga distancia. Lo que dos décadas atrás eran teorías anticuadas o incluso políticamente incorrectas, se veían ahora como hipótesis renovadoras, rupturistas y plagadas de potencial heurístico.

En el caso andaluz estas trasformaciones se tradujeron en un auge de los estudios sobre los fenicios, un tema al que la generación de la Transición había prestado poca atención. La renovación comenzó con las excavaciones de José Luis Escacena Carrasco a partir del año 2002 en El Carambolo. Este era un yacimiento emblemático de la narrativa tartesia, ya que el tesoro hallado allí en 1957 por Carriazo había servido para dotar a esta cultura de un referente material fácil de reconocer, tanto para los arqueólogos como para el gran público. Las excavaciones de Escacena demostraron, sin embargo, que la historia era más compleja de lo que se pensaba.[4]

Escacena sostenía, contra lo que pensaban sus predecesores, que El Carambolo era un santuario levantado por los fenicios en honor a la diosa Astarté. Sus orígenes estaban en la segunda mitad del siglo IX a.C. Al principio había sido una estructura muy modesta, que había crecido hasta convertirse en el mayor santuario construido por los fenicios en el sur de la Península. El tesoro no era una colección de adornos reales, como Carriazo pensaba, sino parte del atalaje de toros destinados al sacrificio en rituales religiosos de origen oriental. Una prueba de ello eran los altares hundidos en forma de piel de toro hallados por Escacena. Estos vestigios habían sido descubiertos por Carriazo, quien sin embargo se había equivocado al interpretarlos. Lo que en un principio se

---

4 José Luis Escacena Carrasco, «El Carambolo y la construcción de la arqueología tartésica», en María Luisa de la Bandera Romero y Eduardo Ferrer Alberda, coordinadores, *El Carambolo: 50 años de un tesoro*, Sevilla, Universidad de Sevilla, 2010, pp. 99-149.

pensaba que eran restos de fogones y hogares de los antiguos tartesios, eran en realidad estructuras religiosas, vinculadas con la expansión oriental en el suroeste de Andalucía.

El trabajo de Escacena era una carga de profundidad. Su enfoque sostenía que la interpretación predominante en las décadas anteriores (la influencia fenicia indirecta en un territorio controlado por poblaciones locales orientalizadas) se basaba en bases empíricas muy endebles. Era fundamentalmente un constructo ideológico, que había logrado consolidarse porque convergía con las necesidades del discurso andalucista. En su lugar Escacena postulaba un poblamiento fenicio más amplio y profundo, con colonias estables en el interior, que se habrían mantenido durante varios siglos. Los fenicios no solo habrían influido de manera indirecta, sino que habrían dejado su huella directa en gran parte del actual territorio andaluz.

Esta nueva visión del pasado aún es controvertida. No todos los especialistas están de acuerdo con la caracterización de El Carambolo como un santuario fenicio. Escacena atribuye estas resistencias a la idiosincrasia del mundo académico, siempre reticente a los cambios de paradigma, sobre todo cuando se vinculan con renovaciones generacionales y disputas por espacios académicos.[5] En la misma línea apuntarían las inercias mentales derivadas de la profunda inserción del mito tartesio en los discursos nacionalistas andaluces. Como resultado muchos repositorios andaluces aun basan su museografía en las interpretaciones tradicionales. Es el caso del museo provincial de arqueología de Sevilla, donde el tesoro de El Carambolo aún se exhibía la última vez que lo visité, en el verano de 2016, como un ajuar real tartesio.

La posible existencia de colonias fenicias en el valle del Guadalquivir obligaría a reescribir partes significativas de la historia regional. El panorama se complica aún más con la aparición en los últimos años de restos de nuevas colonias

---

5 Escacena Carrasco, *El Carambolo*, op. cit. p. 51.

fenicias, de las que solo se contaba con unas pocas o ninguna referencia. El mejor ejemplo eran los restos hallados en pleno centro de la ciudad de Huelva, la provincia más occidental de Andalucía.[6] La importancia de este hallazgo residía en verificar de manera incontrovertible la presencia oriental en una zona donde hasta entonces no estaba registrada. Era, por lo tanto, un aval indirecto a las ideas de Escacena, ya que sugería que el poblamiento fenicio era más antiguo y complejo de lo que hasta entonces se suponía.

Los descubrimientos de Huelva también desafiaban la posición simbólica de Cádiz.[7] Para los intelectuales locales sostener que Huelva era más antigua era un agravio, además de un error histórico. Para el equipo de la alcaldesa Martínez la antigüedad de los hallazgos de la provincia vecina cuestionaba su campaña para posicionar Cádiz en el mercado internacional como la gran urbe fenicia occidental. Los arqueólogos eran más prudentes. Gener reconocía en una entrevista que los restos hallados en Huelva eran más antiguos que los gaditanos, aunque matizaba que se trataba de cerámicas, y no de estructuras, por lo que aún estaba por demostrar la existencia de un asentamiento fenicio estable.[8] Sostenía, además, que en los niveles inferiores del Teatro Cómico, a los que no habían podido llegar los arqueólogos por problemas de seguridad, podían existir restos cerámicos aún más antiguos que los hallados en la ciudad vecina.

Sea como fuera, todos estaban de acuerdo en que esta suma de nuevos hallazgos y reinterpretaciones del registro material obligaba a repensar el papel de Cádiz en el mundo antiguo. Si bien la revalorización académica favorecía los

---

6 Sobre estos hallazgos: Alfredo Mederos Martín, «Fenicios en Huelva, en el siglo x a.C., durante el reinado de Hirām I de Tiro», *SPAL*, nº 15, 2006, pp. 167-188; y Aurelio Padilla Monge, «Huelva y el inicio de la colonización fenicia de la península ibérica», *Pyrennae*, vol. 47, nº 1, 2016, pp. 95-117.

7 *La Voz de Cádiz*, 10 de abril de 2015, «El alcalde de Huelva defiende que su ciudad es la más antigua de Occidente».

8 *La Voz de Cádiz*, 5 de abril de 2014, Rocío Vázquez, «José María Gener. Nos jugamos la vida con el ansia de testimoniar la existencia de construcciones fenicias».

imaginarios locales, la proliferación de colonias y vestigios fenicios cuestionaba la presunta excepcionalidad de Gadir y suscitaba inquietantes preguntas: ¿hasta qué punto era cierta la imagen de Gadir como la gran colonia fenicia de la Península?, ¿cómo habían sido las relaciones de la bahía con las demás colonias fenicias?, ¿cuál era la configuración política del mundo fenicio?

Estas no eran preguntas nuevas. Gaditanos y arqueólogos se las habían hecho durante muchos años. Pero ahora tenían que volver a planteárselas. La tradición local sostenía que Gadir había sido el centro político, económico y religioso de los fenicios occidentales. Había sido el poder dominante en el Estrecho hasta la expansión de Cartago. Las dudas surgían a la hora de caracterizar qué tipo de formación política era la que Gadir había liderado. Los más tradicionalistas hablaban de un estado territorial, más o menos extenso, cuya capital estaba en la bahía, bajo el cobijo del templo de Melkart. Otros, en cambio, eran más sutiles y planteaban que no había existido un estado territorial fenicio unificado, sino una suerte de confederación: la liga púnico-gaditana.

El concepto liga púnico-gaditana fue acuñado por Oswaldo Arteaga en 1984 y tuvo una rápida acogida. Al menos en parte, su éxito se debía a que era una solución de compromiso entre las expectativas locales y los estudios de los arqueólogos de la época, como Diego Ruiz Mata, que relativizaban el papel de la urbe fenicia. Arteaga sostenía que, si bien no cabía hablar de un estado fenicio con capital en Gadir, el asentamiento había tenido un papel político predominante al frente de una alianza de colonias fenicias del área del Estrecho.[9] El prestigio derivado de su antigüedad y el control sobre el templo de Melkart hacía que los gaditanos tuvieran una posición privilegiada en el ámbito reli-

---

9 Oswaldo Arteaga Matute, «La liga púnica gaditana: aproximación a una visión histórica occidental para su contrastación con el desarrollo de la hegemonía cartaginesa en el mundo mediterráneo», *Treballs del Museu Arqueologic d'Eivissa e Formentera*, nº 33, 1994, pp. 23-58.

gioso, comercial y político. La liga púnico-gaditana incluía el sur de la península ibérica y el norte de África. Tanto en la vertiente mediterránea como en las colonias situadas en el océano Atlántico, se habría sentido su influencia.

A la vuelta del nuevo siglo, la liga púnico-gaditana permitía reconciliar los discursos populares sobre la grandeza de Cádiz con las evidencias arqueológicas que mostraban una expansión de las colonias fenicias mucho más amplia de lo que hasta entonces se había supuesto. Para los gaditanos era una manera de mantener vigente el pasado idealizado de su ciudad. En los últimos años, sin embargo, esta visión del mundo fenicio cada vez convence menos a los arqueólogos.[10] En su lugar cobra fuerza una perspectiva más compleja, que apuesta por un conglomerado descentralizado y atomizado de colonias, con poder e influencia semejantes, que a veces se coaligaban y a veces se enfrentaban entre sí y con los indígenas de tierra adentro. Ciudades-estado de las que Gadir era solo una más y quizás ni siquiera la más importante y antigua.

Una de las evidencias que apoyaban con más fuerza este nuevo enfoque del mundo fenicio peninsular era precisamente el Castillo descubierto por Bueno y su equipo en Chiclana. La presencia de un asentamiento fenicio de semejante magnitud tan cerca de Cádiz y de Doña Blanca evidenciaba que el poblamiento de la bahía había sido más complejo de lo que los imaginarios locales habían considerado en las décadas pasadas.

* * *

Desde el principio, Bueno y su equipo presentaron sus hallazgos como un acontecimiento de dimensión histórica. El Cerro del Castillo era una oportunidad para recuperar la

---
[10] Por ejemplo, Manuel Álvarez Martí-Aguilar, «Definiendo Tartessos: indígenas y fenicios», en Juan M. Campos y Jaime Alvar, editores, *Tartessos: el emporio del metal*, Córdoba, Almuzara, 2013, pp. 223-246.

identidad perdida de Chiclana y para catalizar un proceso de desarrollo local, en línea con la ilusión del turismo cultural en marcha en el resto de la bahía. Las excavaciones permitían «retroceder los orígenes de la localidad en más de dos mil años e incluirla entre las ciudades trimilenarias de la bahía».[11]

Según Bueno, los restos no tenían nada que envidiar a los hallazgos fenicios de Cádiz o Doña Blanca. Eran tan antiguos y significativos como cualquier otro vestigio oriental encontrado en Andalucía. El Castillo mostraba que desde el principio Chiclana estuvo a la vanguardia de los desarrollos sociales y políticos de esta parte de la península ibérica. El propio nombre del río Iro, situado a pocos metros del emplazamiento, era una prueba de la antigüedad de la fundación. «Resulta esclarecedor —señalaba Bueno— porque Ir es un término de raíz indoeuropea, lo cual nos indica el origen prerromano del término».[12]

Tras unas primeras semanas de vacilación respecto a la naturaleza de los restos, estas ideas quedaron sólidamente asentadas. Desde muy pronto se construyó una narrativa que marcaría los discursos y orientaría la búsqueda de nuevos restos. Siguiendo el ejemplo de lo que en paralelo ocurría con los restos del Teatro Cómico de Cádiz, Bueno y su equipo propusieron realizar nuevas excavaciones para sacar a la luz la totalidad de los vestigios del Cerro del Castillo, para posteriormente musealizarlos *in situ*. Incluso pidieron derribar el colegio anexo al solar de los descubrimientos para continuar las excavaciones y ampliar el volumen de los restos a exhibir.[13]

Para Bueno, los descubrimientos de su equipo probaban que el asentamiento fenicio se extendía por toda la bahía

---

11 *La Voz de Cádiz*, 6 de septiembre de 2007, Daniel Pérez, «El Castillo encantado».
12 *Diario de Cádiz*, 25 de junio de 2010, Daniel Pérez, «Tan antigua como Doña Blanca».
13 *La Voz de Cádiz*, 29 de septiembre de 2007, «Estudian derribar el colegio El Castillo para completar las excavaciones arqueológicas».

de Cádiz, con varios núcleos de población diferentes. Más que una única ciudad en el sentido clásico del término, Gadir habría sido un entorno descentralizado y densamente poblado. Chiclana había tenido un papel central en esta configuración territorial, gracias a su cercanía al templo de Melkart. El Castillo era un emplazamiento vinculado al templo o bien un baluarte defensivo para asegurar el control del río. La solidez de las murallas probaba, como en Doña Blanca, que se trataba de un entorno peligroso, en el que las relaciones no siempre eran pacíficas. También existían sugerentes coincidencias en cuanto a la cronología de destrucciones y reconstrucciones de las infraestructuras defensivas. Todo indicaba que hacia el final del siglo vi a.C. la bahía de Cádiz experimentó un periodo de intensa actividad bélica, que dio al traste con el primer periodo de ocupación fenicia, obligando a los invasores a replantear su estrategia de ocupación territorial.

Para Bueno su trabajo era parte de la renovación generacional de la arqueología gaditana. Hasta entonces había predominado una «historia escrita por catedráticos», es decir, por profesores universitarios más preocupados por debatir con sus colegas que por proporcionar un sentido social a sus hallazgos. Este enclaustramiento académico había llevado a que se tratara de encubrir o disminuir la importancia de los hallazgos del Cerro del Castillo. Solo la fuerza de las evidencias y la positiva acogida de las ideas de Bueno por los especialistas de fuera del ámbito gaditano, habían logrado que poco a poco los arqueólogos locales asumieran las nuevas perspectivas abiertas por su hallazgo. «La historia del pasado fenicio de Cádiz —enfatizaba Bueno en una entrevista concedida a un medio de prensa en 2010— parecía que ya estaba escrita y les costó reconocer y cambiar todo lo escrito».[14]

---

14 *Diario de Cádiz*, 8 de septiembre de 2010, Ana Leñador, «Chiclana dedicará una muestra a los hallazgos de El Cerro del El Castillo».

Estas inquietudes de Bueno tenían que ver con su precaria ubicación en el escalafón simbólico de la arqueología gaditana. Así como Chiclana era una localidad periférica de la bahía, ella era una profesional periférica dentro de la disciplina. Aunque participaba en congresos y era conocida por sus trabajos previos sobre el poblamiento fenicio de la bahía, hasta entonces no formaba parte de la élite profesional. Tampoco pertenecía al restringido grupo de arqueólogos que salían en los medios de comunicación y protagonizaban los grandes debates sobre la puesta en valor del patrimonio. Era ajena a lo que Niveau de Villedary llama la «arqueología a golpe de artículo de prensa».[15] Su irrupción suponía un doble desafío: a las teorías predominantes sobre el pasado prerromano de la bahía (centradas en Gadir y Doña Blanca) y a la jerarquía de la arqueología local.

Como en otras muchas partes, en los últimos años en Andalucía la práctica de la arqueología se divide en dos ramas radicalmente diferenciadas: la arqueología académica desarrollada en las universidades y la arqueología de contrato, vinculada a proyectos de urbanismo e intervenciones de urgencia. Aunque formada en las universidades de Cádiz y Sevilla, Bueno se había desempeñado casi toda su carrera profesional en este segundo campo. Junto con otros colegas, formaba parte de una empresa que se dedicaba a realizar las excavaciones arqueológicas que la ley establecía en las obras públicas y privadas. El propio descubrimiento del Castillo había tenido lugar en el curso de una de estas intervenciones. Los hallazgos ocurrieron de manera casual durante la preparación del terreno para la construcción de un bloque de viviendas. «Esperábamos encontrar algo, porque es la parte más antigua de la ciudad y porque la toponimia popular así lo indicaba, pero no esperábamos esto», recuerda en la entrevista que le hago durante mi vi-

---

15 Ana María Niveau de Villedary y Mariñas, «Deconstruyendo paradigmas. Una (re)visión historiográfica crítica al modelo interpretativo tradicional del Cádiz fenicio-púnico a la luz de los nuevos datos, *Mainake*, vol. 32, nº 1, 2010, pp. 619-671.

sita. La magnitud del hallazgo y su rápido salto a los medios de comunicación hicieron que se paralizara la obra y comenzaran a explorarse mecanismos para que los terrenos pasaran a propiedad municipal.

Los profesionales que se dedican a la arqueología de contrato son muchas veces vistos con recelo por sus colegas universitarios. Se les achaca que sus excavaciones son apresuradas, que están sujetas a la presión de los promotores y que casi nunca concluyen en publicaciones científicas, perdiéndose valiosa evidencia por el camino. La desconfianza académica se extiende también hacia las propuestas de puesta en valor que inciden en la espectacularidad de los descubrimientos o que buscan ángulos excesivamente mediáticos. Desde las trincheras universitarias, estas prácticas reciben acerbas críticas e incluso se las considera contrarias a la deontología profesional. «Muchos colegas expresan sus éxitos arqueológicos magnificando la gran cantidad de hallazgos en la prospección de un término municipal, o describiendo la excavación de un enterramiento como el más grande, o diciendo que tenían la mejor cisterna romana», señala un académico adscrito a la universidad local, para quien «patrimonio histórico es un concepto mucho más amplio que todo eso».[16] Desde su punto de vista, más que apuntar a un titular periodístico o enfocarse en un objeto concreto, los arqueólogos deberían centrarse en reconstruir los procesos históricos mediante un trabajo sistemático de documentación, contextualización y análisis de los restos excavados.

Para defender sus ideas, Bueno se vio obligada a un reciclaje profesional. Tuvo que convertirse en una arqueóloga académica, con todo lo que ello implicaba. Comenzó a recibir invitaciones para todo tipo de eventos y se convirtió en una voz frecuente en los medios de comunicación locales. En 2013 presentó en el Congreso Internacional de Estudios

---

[16] Citado en *La Voz de Cádiz*, 12 de noviembre de 2008, Daniel Pérez, «Investigadores documentan 156 yacimientos prehistóricos solo en la campiña litoral y en la banda atlántica de la provincia».

Fenicios, celebrado en la isla de Cerdeña, los resultados de sus estudios ante un auditorio compuesto por los más importantes especialistas internacionales sobre el tema.[17] Lo mismo ocurrió en otras citas nacionales e internacionales.

Este salto de proyección pública implicaba para Bueno varios desafíos: debía aprender a desenvolverse en los ambientes de élite profesional y al mismo tiempo estaba obligada a defender su propio territorio. A medida que se confirmaba la importancia de los hallazgos, la ciudad fenicia de Chiclana comenzaba a atraer a otros especialistas, con más cartones, recursos y apoyo institucional que Bueno. Se trataba de un asunto especialmente sensible. En Andalucía no es raro que un arqueólogo dedique toda su carrera profesional a trabajar en un único emplazamiento. Se trata de un fenómeno de híper-especialización profesional que tiene dos vertientes: los arqueólogos se concentran en un solo yacimiento y, al mismo tiempo, cada yacimiento tiene un único arqueólogo de referencia. Un propietario intelectual, si se quiere decir de esa manera.

Esta es una estrategia defensiva propia de las arqueologías periféricas. Es un mecanismo para preservar los beneficios (materiales y simbólicos) que generan los grandes yacimientos, evitando que caigan en manos de profesionales o instituciones foráneos más prestigiosos o con mayores recursos.[18] La contrapartida negativa es una circulación de información restringida. Los datos de las excavaciones se publican cuándo y cómo el arqueólogo responsable lo cree oportuno. Son constantes las disputas en torno a la «propiedad» o el derecho de acceso a los yacimientos más

---

17 *Diario de Cádiz*, 15 de septiembre de 2013, Antonio F. González, «El Castillo, en el Congreso Internacional Fenicio».

18 He analizado con detalle estos mecanismos en el caso peruanos en Raúl Asensio, *Señores del pasado: arqueólogos, museos y huaqueros en el Perú*, Lima, Instituto de Estudios Peruanos, 2018. En general, situaciones similares se dan en muchas otras arqueologías periféricas, donde los arqueólogos locales deben defender su territorio frente a arqueólogos provenientes de instituciones más poderosas académica y económicamente.

importantes. Los criterios técnicos o académicos se suman a redes de contactos e influencias, en polémicas que pueden llegar a tener una notable virulencia e incluso saltar al debate público. El peculiar sistema político español, con diversas administraciones superpuestas, gobiernos autonómicos con muchas competencias en los ámbitos culturales y alcaldes con notable proyección política, contribuye a complejizar el asunto, ya que los arqueólogos tratan de apoyarse en una u otra institución, según sus afinidades políticas, sus redes de contactos y su encuadre profesional.

El Castillo de Chiclana quedó atrapado en estas dinámicas contradictorias, a lo que se sumaba la escasez de fondos para la puesta en valor. Bueno y su equipo habían logrado posicionar el sitio dentro del mapa mental de los expertos en el mundo fenicio, pero les faltaba proyectarse al resto de la sociedad, que en gran medida seguía ajena al nuevo relato que se estaba construyendo sobre el periodo prerromano de la bahía.

* * *

El descubrimiento del Castillo desafiaba la versión precedente del poblamiento fenicio de la bahía de Cádiz en dos sentidos: mostraba que habían existido desde época muy antigua varios asentamientos, en lugar de una única urbe, y ponía en cuestión el vínculo directo entre Cádiz y el templo de Melkart. Situado en el límite del actual término de Chiclana, el templo estaba mucho más cerca del Cerro del Castillo que de la metrópoli gaditana. El carácter militar de los restos encontrados por Bueno evidenciaba además una relación conflictiva de los fenicios con las poblaciones cercanas, fueran estas también fenicias o de otras culturas.

Estas ideas contradecían tanto a quienes sostenían que Gadir se situaba en Cádiz como a quienes, en la línea de Ruiz Mata, postulaban que la verdadera ciudad antigua había sido Doña Blanca. Los descubrimientos de Chiclana planteaban otra posible hipótesis, que algunos arqueólogos ya habían postulado en los años anteriores: ¿había sido la antigua Gadir una urbe dispersa, con varios centros de poblamiento diferentes extendidos a lo largo de la bahía?, ¿y si en lugar de una única ciudad el topónimo designaba un territorio con varias ciudades en su interior?

Para responder a estas preguntas era necesario seguir con las excavaciones, algo que no era nada sencillo en un momento de fuerte crisis económica. Bueno debía resistir la ofensiva de otros colegas que también querían trabajar en el yacimiento. Al provenir del mundo de la arqueología de contrato y carecer de una afiliación académica estable, tenía aún más difícil conseguir fondos por su cuenta para proseguir con las excavaciones. La inestabilidad política de Chiclana, que en pocos años cambió varias veces de alcalde, tampoco ayudaba. Cada nueva administración debía ser instruida en la importancia del yacimiento y quería desarrollar su propio proyecto de puesta en valor.

El principal desafío al control de Bueno sobre las ruinas del Cerro del Castillo se produjo en mayo de 2011, en el peor momento de la crisis económica, cuando el Ayuntamiento de Chiclana anunció su deseo de firmar un convenio con la Universidad de Cádiz para investigar y poner en valor el yacimiento.[19] El acuerdo estipulaba que el centro de estudios gestionaría la búsqueda de fondos europeos a cambio de la participación de arqueólogos universitarios en las excavaciones. La alianza debía permitir una puesta en valor rápida y eficiente, que situara a la ciudad fenicia de Chiclana entre los atractivos turísticos de la bahía.

Las negociaciones se llevaron a cabo sin la presencia de Bueno, quien interpretó este acuerdo como un movimiento hostil, dirigido a expulsarla del yacimiento. Ni el Teatro Cómico, ni el Cerro del Castillo estaban dentro del campo de

---

19 *Diario de Cádiz*, 28 de abril de 2011, «Un convenio pondrá en valor el yacimiento fenicio de El Castillo».

influencia de la universidad, que veía así como sus especialistas perdían relevancia en la disputa por generar sentidos en torno al pasado de la bahía. El convenio era una manera de devolver el golpe.

Para Bueno la maniobra traslucía una falta de ética profesional. Si bien reconocía que ninguna norma establecía el monopolio de un arqueólogo sobre un yacimiento, sostenía que «sí hay un vínculo especial generado por el hecho de ser su cuidadora desde el momento en que apareció».[20] Frente a las pretensiones de la universidad de erigirse como garante de la calidad de las excavaciones, defendía que su trabajo y el de su equipo merecían «el respeto ético y moral de la propiedad intelectual por parte de todos aquellos interesados en poner en valor este yacimiento arqueológico».

En su defensa Bueno sostenía que su trabajo cumplía con los más altos estándares profesionales. La intervención de la universidad no era necesaria desde el punto de vista científico. Solo se explicaba por motivos políticos y de competencia profesional. «Este equipo —señalaba— ha velado por el cuidado y la protección del yacimiento, ha publicado los resultados de las primeras intervenciones en revistas de universidades españolas y ha presentado en prestigiosos congresos de ámbito internacional la importancia del hallazgo y de Chiclana como ciudad fenicia de la bahía de Cádiz, teoría que ha sido avalada por la comunidad científica y aplaudida como nuevo campo de estudio para la investigación de la colonización fenicia». No era necesario que llegaran arqueólogos universitarios para hacer lo que ella ya estaba haciendo.

Estos argumentos permitieron a Bueno construir una línea de defensa que apelaba al orgullo local y al reconocimiento del trabajo previo. Pero las autoridades municipales veían las cosas de una manera diferente. En medio de la crisis

---
20 *Diario de Cádiz*, 3 de mayo de 2011, «Los técnicos critican que no cuenten con ellos para poner en valor el yacimiento».

económica, Bueno tenía pocas posibilidades para conseguir por su cuenta fondos para la puesta en valor. Al carecer de un encuadre universitario, tenía vedadas las convocatorias de las que habitualmente se nutren los arqueólogos académicos. Carecía de los contactos y de la experiencia necesarios para desenvolverse en las grandes ligas de las convocatorias científicas internacionales. Para las autoridades de Chiclana este era un problema significativo, en tanto que también ellas carecían de estos recursos. No tenían la experiencia ni el capital humano necesarios para emprender por su cuenta la puesta en valor. Su situación era muy diferente a la de Cádiz, donde el ayuntamiento contaba con una planta de arqueólogos municipales capaces de hacerse cargo de excavaciones tan desafiantes como el Teatro Cómico.

Al final la situación quedó en tablas. El convenio entre la universidad y el ayuntamiento no llegó a cristalizar, en parte por la reacción de Bueno y en parte por el colapso generado por la crisis económica. Pero la manera en que se habían llevado a cabo las negociaciones evidenciaba la fractura que existía entre los integrantes de la comunidad arqueológica gaditana. La condición periférica de Bueno y su equipo les impedían dar el salto de escala necesario para iniciar un proceso de puesta en valor a la altura de la importancia de los descubrimientos, pero al mismo tiempo se resistían a perder el control de unas ruinas descubiertas por ellos en un lugar donde nadie pensaba encontrarlas.

En Cádiz la historia iba a ser diferente. En el peor momento de la crisis económica global, los fenicios iban a convertirse en un salvavidas para las autoridades. Iban a permitir a un Gobierno local desgastado y en decadencia elaborar una nueva narrativa y recuperar la iniciativa política. Dondequiera que hubiera estado la ciudad primitiva, los fenicios reaparecían para dar una nueva oportunidad a sus descendientes.

||| |||
IMAGINANDO ANTEPASADOS

En las últimas dos décadas, en Cádiz, como en casi cualquier parte, imaginar antepasados se ha convertido en una actividad productiva. Sin embargo, esto no siempre ha sido así. Las políticas culturales se desarrollan en la ciudad sobre bases muy endebles. Pese a su larga historia, solo en las últimas dos décadas el patrimonio cultural comienza a movilizar recursos y a suscitar el interés de las autoridades. Este tardío despertar del patrimonialismo se debe a una multitud de circunstancias asociadas entre sí. Una explicación que aparece con frecuencia en el análisis de periodistas, intelectuales y expertos locales es la falta de sensibilidad de los gaditanos hacia sus riquezas. Estos se habrían acostumbrado a vivir en un entorno sumamente rico de monumentos, vestigios del pasado y tradiciones orales. El resultado sería una suerte de versión local del síndrome de Stendhal: la insensibilización por sobreabundancia de exposición al patrimonio.

La costumbre de convivir todos los días con los restos materiales del pasado haría que los gaditanos no lo apreciaran adecuadamente. No serían conscientes de su importancia y menos aún de su significado histórico. «No hemos sabido explicar —se lamentaba un análisis en esta línea— no ya al turismo, sino a nosotros mismos, que formamos parte con derecho propio del espacio fundacional del mundo contemporáneo».[1]

Entre quienes experimentaron las consecuencias de este enfoque reduccionista estaba el propio Pelayo Quintero Atauri, el arqueólogo que a inicios del siglo pasado realizó los primeros estudios científicos sobre el pasado de la ciudad. En una carta de 1914 se quejaba de que el entonces gobernador civil de la provincia se negaba a paralizar la labor de una cantera situada en los glacis de extramuros, a pesar de que pocos años antes se habían descubierto en ese lugar varias tumbas fenicias.[2] Los restos amenazaban con ser destruidos o incluso saqueados por los desaprensivos. Tiempo después repetía sus lamentos con motivo de una consulta de la Real Academia de la Historia sobre la posible declaratoria de las ruinas de Baelo Claudia (una población romana cercana al estrecho de Gibraltar) como monumento nacional. Quintero era escéptico, en tanto «siempre he creído que de nada sirve que se declaren monumento nacional aquellas ruinas si se dejan abandonadas por completo y sin su guarda correspondiente».[3] Ni la Comisión de Monumentos que Quintero presidía tenía presupuesto para proteger el emplazamiento, ni se podía contar con las corporaciones municipales, «pues los que las forman actualmente no comprenden la utilidad de estas cosas».

[1] *Diario de Cádiz*, 28 de diciembre de 2014, Juan Carlos Rodríguez, «De Asiria a Iberia».

[2] «Oficio de 30 de marzo de 1914, en el que comunica que al notificar al gobernador-presidente de la Comisión de Monumentos de Cádiz que un contratista estaba extrayendo piedra en los terrenos donde se encuentra un grupo de tumbas de la necrópolis fenicia se le respondió que no tenía por qué intervenir en ese asunto», Real Academia de la Historia, Madrid, CACA/9/7949/079 (22).

[3] «Carta de 22 de diciembre de 1924, en la que expone diversas quejas sobre las excavaciones en Baelo Claudia y su escepticismo ante la declaración de Monumento Nacional del yacimiento, así como del estado del Museo Arqueológico de Cádiz», Real Academia de la Historia, Madrid, CACA/9/7949/094 (10).

Junto a la falta de sensibilidad y el inmediatismo de autoridades y ciudadanos, un segundo argumento que los especialistas apuntan cuando tratan de explicar el tardío desarrollo del patrimonialismo gaditano es la falta de una élite local dispuesta a apropiarse (física y simbólicamente) de los vestigios del pasado, defendiéndolos y poniéndolos en valor. Ni siquiera en los tiempos de la bonanza industrial del franquismo tardío logró consolidarse en la ciudad un entramado empresarial capaz de aglutinar recursos económicos y relevancia social. Este hecho con frecuencia se cita como el origen de todos los males de Cádiz, de su falta de dinamismo económico y de su escaso peso político. A diferencia de otras ciudades con mayor tejido social, no existiría una masa crítica capaz de reivindicar los monumentos, promover su inserción en discursos políticos socialmente relevantes y asegurar su conservación y puesta en valor.

* * *

El descubrimiento del Cómico supuso un punto de quiebre en esta historia previa. Por primera vez el patrimonio se convirtió en un tema central de la agenda pública. En un momento de crisis, los descubrimientos arqueológicos fueron un salvavidas para la alcaldesa Martínez. Le permitieron promover un nuevo proyecto de ciudad y, al mismo tiempo, apropiarse de un ámbito, la puesta en valor del patrimonio, que hasta entonces era competencia exclusiva de sus rivales políticos de la Junta de Andalucía. Durante sus dos últimos periodos al frente del Gobierno local, desde 2007 en adelante, esta fue una de sus principales líneas de acción.

Pocas veces se había visto a políticos más interesados por la arqueología. Al menos, no en Cádiz. La alcaldesa acudía a las excavaciones, donde los profesionales la instruían sobre los nuevos hallazgos, inauguraba exposiciones arqueológicas, asistía a cuantas ferias de turismo podía y se hacía presente en los foros internacionales vinculados al mundo fenicio. Cuando ella no podía acudir, eran el teniente de alcalde u otros concejales quienes representaban a la ciudad. Pero Cádiz siempre estaba presente. A diferencia de los años anteriores la ciudad aspiraba a protagonizar los foros turísticos y científicos que pudieran servir para promover la nueva identidad turístico-cultural fenicia.

Martínez no estaba sola en este empeño. Uno de sus principales aliados era la prensa local. A pesar de su reducida población, Cádiz tiene una prensa dinámica, que alimenta y actúa como altavoz de la clase ilustrada local. Una parte significativa de este sector, así como muchos de los propios periodistas, comparten un discurso localista que enfatiza el victimismo comparativo y exalta la importancia de la ciudad y su pasado glorioso, en ocasiones de manera muy exagerada. El agudo sentido de orgullo local se traduce en la pervivencia de imaginarios y representaciones que no siempre coinciden con el conocimiento arqueológico.

• Cuando contradicen los sentidos comunes localistas, las nuevas teorías arqueológicas tienen grandes dificultades para abrirse camino. Esto, sin embargo, no ocurrió con la puesta en valor del Teatro Cómico. A diferencia de las excavaciones de Doña Blanca, que siempre habían sido vistas con desconfianza por no atenerse al canon local, y del Cerro del Castillo, que casi nadie sabía cómo interpretar, la ciudad fenicia reforzaba y validaba lo que los gaditanos pensaban de su ciudad. La retórica que envolvía la puesta en valor buscaba consciente o inconscientemente capturar la esencia del discurso localista tradicional, la afirmación de la importancia y singularidad de Cádiz, revistiéndolo de una pátina de legitimidad científica. De ahí que tuviera un amplio apoyo en toda la ciudad.

La puesta en valor del Cómico derivó en una auténtica fiebre fenicia que durante unos años fue más allá de la propia arqueología. Redescubrir y poner en valor esta parte de la historia local eran un componente esencial del prometido «cambio de modelo de ciudad». Eran, en concreto, cuatro las ideas que conformaban este discurso oficial: (i) la existencia de una herencia fenicia que constituiría la esencia idiosincrática de los gaditanos frente al resto de los andaluces; (ii) la necesidad de convertir ese hecho diferencial en el eje de un nuevo modelo de ciudad, recuperando un pretendido «espíritu fenicio» y poniendo en valor los restos materiales de aquella civilización; (iii) la necesidad de dar a conocer al mundo estas singularidades, que habrían quedado opacadas por los discursos culturales de la Junta de Andalucía, que enfatizaban otras épocas o periodos de la historia regional; y (iv) la denuncia de la actuación de la Junta que discriminaba a Cádiz frente a otras provincias andaluzas, por motivos políticos o por simples rivalidades locales.

Estas cuatro ideas no necesariamente eran compartidas por todos los expertos locales y menos aún por los arqueólogos y especialistas del mundo antiguo, para quienes la historia de Gadir seguía teniendo numerosos puntos oscuros, a pesar de los avances de los últimos años. Sin embargo, constituían el eje de un discurso público poderoso. El resultado fue un «momento fenicio» que se inició hacia 2008 y que alcanzó su máxima proyección entre 2011 y 2014. «El secreto del éxito para Cádiz —señalaba un comentarista local— sería convertir al fenicio en la solución».[4]

En su formulación más sencilla, la exaltación fenicia era una narrativa turístico-cultural dirigida a posicionar la ciudad en el mercado turístico global. Pero a medida que se consolidaba y expandía también iba más allá, ya que adquiría connotaciones políticas e ideológicas. En su formulación más desinhibida era un discurso de identidad colectiva, que postulaba y defendía la existencia de una idiosincrasia gaditana singular, basada en la herencia fenicia, que distinguía (o debía distinguir) a la ciudad frente al resto de la región. Los fenicios eran (o debían ser) al mismo tiempo una fuente

---

4 *Diario de Cádiz*, 2 de febrero de 2014, José Joaquín León, «Elogio del Cádiz fenicio».

de orgullo, un ejemplo y el fundamento de un proyecto de afirmación localista.

Esta confluencia de política, arqueología, intereses económicos, veleidades académicas y narrativas de identidad no es algo excepcional del caso gaditano. Ejercicios similares son frecuentes en toda Europa en las últimas décadas. La proliferación de discursos de identidad basados en civilizaciones ancestrales de las que apenas se conocen algunos restos arqueológicos (o con suerte unos pocos datos de fuentes escritas) se debe en parte a una tendencia mundial, propia de la globalización. Influyen también los incentivos localistas y regionalistas derivados de la arquitectura político-administrativa de la Transición y el giro turístico que experimentan muchas ciudades afectadas por la crisis económica, especialmente las capitales de provincia pequeñas y medianas. Sin salir de España, los pueblos prerromanos comienzan desde los años noventa a exaltarse como vectores de identidades «redescubiertas» en Valencia, Cantabria, Navarra, Galicia, Asturias y León, además, por supuesto, de los ejemplos mucho más conocidos y estudiados de Cataluña y el País Vasco.[5]

En el caso de Cádiz, más que un proyecto coherente se trata de una trama de personas e ideas, de un conjunto de apelaciones retóricas que a fuerza de repetirse en discursos oficiales cristaliza en sentidos comunes compartidos y reinterpretados por las autoridades de acuerdo con las coyunturas políticas. En palabras de una periodista local, fracasados los anteriores intentos, los fenicios eran una nueva (y quizás última) oportunidad, puesto que «ya lo hemos intentado

---

[5] Algunos ejemplos son: Tono Vizcaíno Estevan, «Roma no es suficiente. La invención del origen ibérico en el relato identitario de Valencia», *Revista Arkeogazte Aldizkaria*, n° 6, 2016, pp. 55-73; Josu Santamarina Otaola, «Más acá de la frontera: Arqueología y nacionalismo(s) en la "Nabarra" del siglo XXI», *ArqueoWeb*, n° 17, 2016, pp. 239-267 y Pablo Alonso González y David González Álvarez; «Construyendo el pasado, reproduciendo el presente: identidad y arqueología en las recreaciones históricas de indígenas contra romanos en el Noroeste de España», *Revista de Dialectología y Tradiciones Populares*, vol. 68, n°2, 2013, pp. 305-330.

con la ciudad medieval, con la romana, con la liberal, con la ilustrada y de poco nos ha servido».[6]

Reivindicar el papel de los fenicios no era algo nuevo en Cádiz. Esa cultura había formado parte por mucho tiempo de los imaginarios y del folclore local. La novedad consistía en la centralidad que ahora tenía en los relatos oficiales. Hasta ese momento los fenicios habían estado opacados por lo que podríamos llamar un «discurso romano», que enfatizaba ese periodo como el más brillante de la larga trayectoria histórica de la ciudad. Cádiz había sido una colonia modélica del imperio, sostenían sus defensores. Había sido una de las primeras ciudades peninsulares en romanizarse, más por propia convicción que por imposición. Gaditanos destacados como Lucio Cornelio Balbo y su sobrino del mismo nombre habían llegado a ser elegidos cónsules romanos en el periodo de transición de la república al imperio. Este último había sido el primer general nacido fuera de Roma al que se le había tributado el honor de una entrada triunfal en la ciudad, tras su victoria sobre los garamantes del norte de África. El testimonio de este esplendor eran las ruinas romanas repartidas por toda la provincia: Baelo Claudia y Carteia, cercanas al estrecho de Gibraltar, Asinipo y Occuri en la sierra, las villas señoriales de la bahía, etc.

Para la Junta de Andalucía la exaltación del pasado romano gaditano era funcional a sus intereses. Le permitía afianzar los discursos sobre la historia de la región elaborados por el Gobierno autonómico a partir de la triada Tartessos-Bética-Al-Ándalus. También facilitaba desplegar de una manera más eficiente sus políticas culturales, ya que los principales monumentos romanos de la provincia estaban bajo su control. De ahí que el protagonismo de los fenicios propugnado por Martínez y su equipo fuera muchas cosas al mismo tiempo. Era una estrategia de promoción turística de la ciudad, que aprovechaba la coyuntura crítica de la

---

6 *La Voz de Cádiz*, 26 de enero de 2014, Yolanda Vallejo, «El sueño de Valentín».

«primavera árabe», con su reguero de inestabilidad política en el norte de África, para posicionar Cádiz en las rutas de los cruceros. Pero era también una manera de diferenciarse y oponerse a las políticas culturales de la Junta de Andalucía. Apostar por la cultura fenicia hacía posible resaltar la singularidad de Cádiz y permitía al Gobierno local abrir un nuevo campo de batalla contra las autoridades socialistas de Sevilla.

La múltiple funcionalidad del discurso fenicio se evidencia en la destacada participación de Cádiz en la Liga de las Ciudades Cananeas, Fenicias y Púnicas. Esta era una institución promovida por Unesco, que pretendía fomentar la colaboración cultural entre las ciudades del Mediterráneo oriental y occidental. Se trataba de una iniciativa internacional, que superaba el marco de las guerras patrimoniales gaditanas. Martínez supo atisbar la oportunidad que ofrecía para la promoción de su proyecto y se convirtió desde el principio en una de las participantes más entusiastas. En representación de Cádiz asistió a la reunión inaugural celebrada en París en marzo de 2009. Le acompañaban autoridades de Marsella, Túnez, Larnaca, Tartous, Palermo, Cagliari, Biblos y un representante de Beirut. La alcaldesa aprovechó la oportunidad para hacer profesión de fe sobre los orígenes fenicios de Cádiz. «Llevamos a gala ser ciudad fenicia —dijo según una nota de prensa— y para nuestros ciudadanos es motivo de orgullo tener el origen de los grandes pueblos que antaño habitaron nuestro mar común».[7]

La liga pretendía salvaguardar el legado fenicio. En ese momento Cádiz era la única ciudad del grupo situada en el Atlántico. Según Martínez, esto hacía de ella un enclave fenicio particular. Entre quienes asistieron al evento se encontraban personajes de reconocido prestigio, que con su presencia avalaban a la recién creada liga, como el direc-

---
7 *La Voz de Cádiz*, 31 de marzo de 2009, «Cádiz funda en la Unesco la Liga de las Ciudades Cananeas, Fenicias y Púnicas».

tor general de la Unesco, Koichiro Matsuura, la subdirectora de Cultura de esta institución, Françoise Riviere, el ministro de Asuntos Exteriores de Francia, Bernard Kouchner, o el ex secretario de la ONU, Boutros Boutros-Ghali.

Unos meses después de la fundación de la Liga Cananea se celebró en El Líbano la primera conferencia plenaria. El teniente de alcalde y José María Gener, el arqueólogo a cargo de las excavaciones del Teatro Cómico, integraron la delegación gaditana. Para ese momento la liga se había expandido, con la incorporación de Oristano y Cabra (Cerdeña), Marsala (Sicilia), Trípoli (Libia) y Tetuán (Marruecos). Cádiz, seguía siendo la única representante andaluza. Aun así, la ciudad logró hacerse elegir sede para la segunda reunión del grupo, que debía celebrarse en 2012, en el marco de la conmemoración del bicentenario de la Constitución. Se trataba de un éxito político para Martínez, que la prensa local se encargó de resaltar adecuadamente.[8]

La Liga Cananea permitía a Martínez contar con una caja de resonancia internacional. Era un canal para difundir su nuevo proyecto de ciudad al margen de la Junta de Andalucía. La alcaldesa podía codearse en reuniones internacionales y presumir de los descubrimientos arqueológicos, con el valor añadido de la cobertura de Unesco. De ahí que la puesta en valor del patrimonio se convirtiera en uno de los temas centrales de las elecciones municipales de mayo de 2011.[9] La conjunción de cultura y turismo se veía como un potencial camino para superar el marasmo económico.

* * *

Martínez aspiraba a ganar su quinta elección consecutiva. La orientación turística de la ciudad estaba fuera de

---

[8] *Diario de Cádiz*, 3 de noviembre de 2009, «Cádiz, capital de la Liga de las Ciudades Cananeas, Fenicias y Púnicas en 2012».

[9] *La Voz de Cádiz*, 23 de febrero de 2011, Rocío Vázquez, «Las piedras como recurso turístico y cultural».

discusión. Era algo en lo que coincidían todos los sectores y grupos políticos. A diferencia de otras ciudades españolas, donde existía un profundo debate sobre los efectos positivos y negativos del turismo, en Cádiz la unanimidad era en ese momento casi absoluta. La crisis había golpeado duramente y las últimas esperanzas de reindustrialización se habían esfumado. Las diferencias se referían a las estrategias de posicionamiento y al tipo de medidas que debían tomar las autoridades locales para promover la llegada de visitantes.

Al grupo conservador se le achacaba apostar por un modelo que beneficiaba sobre todo a las grandes empresas turísticas y a los comerciantes locales, pero que tenía escaso impacto en los grupos medios y bajos de la ciudad. Los proyectos de Martínez para recuperar el pasado fenicio eran solo un barniz que no escondía el escaso compromiso de la alcaldesa con la cultura. Nada se había hecho para mejorar las condiciones del alicaído patrimonio cultural gaditano. La ciudad no contaba con equipamientos de primer orden, acordes con la riqueza de su pasado, ni tampoco disponía de un monumento icónico de referencia.

Para algunos especialistas lo que subyacía en esta polémica era una suerte de maldición de la abundancia. Cádiz tenía un largo, complejo y rico proceso histórico. La superposición de culturas y civilizaciones a lo largo de más de treinta siglos había generado un legado heterogéneo y muy peculiar. No existía una imagen emblemática de la ciudad, ni una referencia fácilmente reconocible e identificable por los potenciales visitantes.

Al ser muchas cosas a la vez, Cádiz no era nada en concreto. Cada narrativa del pasado estaba condicionada por lecturas políticas subyacentes, por lo que no estaba claro cómo debía promocionarse la ciudad: ¿como una ciudad fenicia?, ¿como la capital del liberalismo español?, ¿como el puente entre la Península y América?, ¿como el más acabado ejemplo de la cultura romana peninsular?, ¿como una cultura viva singular, expresada a través de manifestaciones como el carnaval, el flamenco y la semana santa? Todas estas posibilidades estaban abiertas, sin que ninguna de ellas generara la suficiente unanimidad para imponerse sobre las demás como imagen icónica de la ciudad.

En una ciudad con escaso capital humano y menos recursos económicos, estos dilemas tenían consecuencias prácticas derivadas de la necesidad de priorizar los esfuerzos. Azuzada por las rivalidades políticas, la casi infinita diversidad de potenciales intervenciones patrimoniales podía desembocar en controversias paralizantes. En estas aguas revueltas Martínez volvió a salir victoriosa y logró una nueva mayoría absoluta (56 por ciento). Nada pudieron hacer sus rivales socialistas (22 por ciento) y comunistas (9 por ciento). En lo profundo de la crisis económica, era uno de los pocos alcaldes de capital de provincia que había logrado reelegirse. Con esta sumaba cinco victorias consecutivas. Para desesperación de sus rivales, seguía siendo imbatible. Ni las espectaculares tasas de desempleo de la ciudad, ni el desgaste de los largos años de gobierno parecían hacer mella en ella. Su mágica combinación de populismo, autoritarismo y olfato político aún seducía a los gaditanos.

Unos meses después llegaba a Cádiz Maha El-Khalil Chalabi, directora de la Fundación Tiro y encargada de organizar la reunión de la Liga Cananea prevista para el año siguiente.[10] Esta fundación había nacido al interior de Unesco en 1983 como un intento para salvaguardar el patrimonio histórico de la costa libanesa, amenazada por la guerra civil de aquel país y la posterior invasión israelí. Ahora era una de las más activas integrantes de la Liga Cananea. Chalabi era una activista con una larga trayectoria a nivel local e inter-

---

10 *La Voz de Cádiz*, 2 de octubre de 2011, «Reuniones y visitas para descubrir el pasado de la ciudad».

nacional, vinculada primero con los movimientos de mujeres de los países árabes y posteriormente con temas culturales. Su visita se consideraba un acontecimiento de primer nivel en Cádiz.

Durante su estancia en la ciudad Chalabi aprovechó para pronunciar una conferencia titulada «Diálogo y tolerancia en el Mare Nostrum, desde la Antigüedad a hoy».[11] Entre los asistentes se encontraban la propia alcaldesa y la plana mayor de los arqueólogos de la provincia, quienes resaltaron la importancia de los invitados y el hecho de que Cádiz se estuviera convirtiendo poco a poco en una referencia en los debates internacionales sobre la revalorización de la herencia fenicia.

No todos estaban, sin embargo, de acuerdo con estas apreciaciones. Unos días después de la conferencia Diego Ruiz Mata publicó una reseña en la que reprochaba la vaguedad de los conceptos que sustentaban las actividades de la Liga Cananea.[12] Desde su punto de vista, Chalabi promovía un discurso reduccionista sobre la cultura fenicia, que no tenía en cuenta las diferencias entre fenicios orientales y occidentales. Aplaudía la idea de constituir la Liga Cananea, pero acusaba a sus responsables de alinearse con las tesis tradicionalistas, que asociaban Gadir con la ciudad de Cádiz, sin tener en cuenta los trabajos realizados por otros arqueólogos, como él mismo y Paloma Bueno, que apuntaban a un poblamiento fenicio más complejo, con varios establecimientos en diferentes puntos de la bahía. Estos errores de Chalabi se debían, en opinión de Ruiz Mata, a la ausencia de especialistas españoles en el comité técnico de la liga. Los intereses políticos, señalaba, habían primado sobre los científicos.

El verdadero objetivo de la crítica de Ruiz Mata era la propia alcaldesa de Cádiz. Aunque nadie ponía en duda la

---
11 *La Voz de Cádiz*, 1º de octubre de 2011, Ana Leñador, «Puentes por la tolerancia».
12 *La Voz de Cádiz*, 4 de octubre de 2011, Diego Ruiz Mata, «Phoenix Mediterránea».

pertinencia de pertenecer a la Liga Cananea, sus detractores achacaban a Martínez el uso partidista de la institución. Esta opinión era compartida por casi todos los partidos de oposición y estaba en ocasiones acompañada de críticas a los gastos derivados de los viajes y la organización de los eventos de la liga. También se le reprochaba a Martínez que con su obsesión por identificar Gadir y Cádiz estaba desaprovechando una gran oportunidad de transmitir y popularizar los nuevos descubrimientos sobre el mundo fenicio andaluz. El mensaje turístico era una simplificación excesiva y corría el riesgo de tergiversar la historia y perpetuar tópicos que los arqueólogos ya habían desechado.

En su defensa, las autoridades locales apelaban al patriotismo local y llamaban a cerrar filas para evitar que la imagen de Cádiz se viera afectada en el exterior. Todos los actores sociales debían remar en la misma dirección si se quería consolidar la ciudad como destino turístico. Solo así Cádiz podía hacer frente a quienes desde fuera de la ciudad trataban de impedir que se consolidara como un referente turístico, al nivel de otras ciudades andaluzas que contaban con el apoyo de la Junta.

* * *

La visita de Chalabi se percibió como un respaldo internacional a los proyectos de Martínez. En un contexto de crisis y ansiedad por la reconfiguración del tejido económico local, los fenicios eran un modelo para los gaditanos contemporáneos. Los nuevos retos exigían un cambio radical de mentalidad, para adaptar la ciudad a su nueva posición como destino de cruceros, en competencia con otras localidades con pretensiones similares. Cádiz, se sostenía, necesitaba recuperar el ethos fenicio. Solo así, señalaba un artículo publicado en esos días, se podía evitar que «al dios Melkart se le cayese la cara de vergüenza».[13]

---

13 *La Voz de Cádiz*, 16 de abril de 2009, Ana Mendoza, «Redaños fenicios».

El segundo congreso de la Liga Cananea se llevó a cabo en noviembre de 2012. Los participantes se dividieron en cuatro comisiones, que como Ruiz Mata había señalado evidenciaban el sesgo de la liga hacia la promoción turística, en perjuicio del componente científico: cultura y educación, artesanía tradicional, turismo cultural y desarrollo. Para la inauguración estaba prevista la presencia de la directora de Unesco, Irina Bokova, acompañada del presidente de la Fundación para una Cultura de Paz, Federico Mayor Zaragoza, y de Philippe Cantraine, consejero de educación de la Organización Internacional de la Francofonía. Las ciudades participantes ascendían ya a cuarenta y siete, entre ellas varias españolas, como Ceuta, Cartagena e Ibiza, que se habían sumado a la iniciativa en los meses anteriores, en parte por gestiones de la propia alcaldesa de Cádiz.

Los resultados quedaron por debajo de lo esperado. Para disgusto de Martínez, Bokova y Mayor Zaragoza declinaron a última hora la invitación, por lo que los gaditanos debieron conformarse con escuchar mensajes grabados, cuyo contenido tampoco resultó del agrado de todos. Mayor Zaragoza contrapuso el valor intrínseco del patrimonio con su creciente mercantilización.[14] Se trataba de un enfoque muy tradicional y poco acorde con la apuesta de las autoridades locales. Parecía haber salido de las profundidades del tiempo, de los años setenta cuando estaban vigentes las corrientes patrimonialistas más duras, aderezado con dosis de crítica contemporánea al turismo como factor destructor de la autenticidad de las ciudades. No podía estar más alejado de los postulados del equipo municipal.

Los delegados tampoco lograron concretar proyectos de cooperación entre las ciudades de la liga. Todos eran conscientes de la importancia de trabajar juntos para atraer

---

14 *Diario de Cádiz*, 24 de noviembre de 2012, Virginia León, «Las sinergias de una historia común».

fondos europeos para la puesta en valor de los monumentos fenicios. Pero las diferencias entre los integrantes de la liga eran demasiadas. Era un colectivo demasiado heterogéneo para funcionar. Se trataba de ciudades con trayectorias, problemas y capacidades muy diferentes. Desde muy pronto se hicieron patentes las diferencias entre quienes provenían del mundo del patrimonialismo y quienes provenían del turismo. Cada grupo tenía su propio lenguaje, concebía la Liga Cananea de diferente manera y apuntaba a objetivos distintos.

Al margen de estos desacuerdos, la reunión cumplió con sus funciones de propaganda y proyección pública de la imagen de la alcaldesa Martínez y del nuevo relato de la identidad local. Los arqueólogos gaditanos presentaron sus descubrimientos ante una nutrida representación internacional. Era un paso más en la consolidación de Cádiz en el mapa de los estudios sobre la colonización fenicia en el Mediterráneo occidental. José María Gener y Diego Ruiz Mata hablaron respectivamente sobre el Teatro Cómico y Doña Blanca. Fuera del programa quedó, sin embargo, Paloma Bueno, la descubridora del Castillo de Chiclana. Su menor peso académico y político explicaba esta ausencia.

Las sesiones concluyeron con la firma de la llamada *Carta de Cádiz*, un documento que recogía el compromiso de las ciudades integrantes de la Liga Cananea para revalorizar el legado fenicio.[15] Los firmantes se comprometían a reactivar los antiguos vínculos entre ambos extremos del Mediterráneo. Era un acuerdo de mínimos, pero al menos servía para salvar la cara de los organizadores. Para reafirmar la importancia de este pasado común compartido, en paralelo al foro se presentó una exposición del fotógrafo gaditano Gonzalo Höhr, con imágenes de El Líbano, Grecia, Túnez y España. Las fotografías resaltaban las similitudes en los estilos

---

15 *Diario de Cádiz*, 26 de noviembre de 2012, «La Liga de Ciudades Cananeas, Fenicias y Púnicas acuerda la carta de Cádiz».

de vida de las ciudades retratadas, todas ellas marcadas por el protagonismo del mar, que era fuente de riqueza e identidad marinera. Estas coincidencias eran, según el autor de las fotografías, un testimonio de la vitalidad de los «fenicios del siglo XXI».[16]

---

[16] *Diario de Cádiz*, 27 de noviembre de 2012, «La *carta de Cádiz* acuerda la revalorización del legado fenicio».

MATTAN

La puesta en valor del patrimonio fenicio permitió a la alcaldesa Martínez reinventar su gobierno en un momento en que su posición política se debilitaba por la crisis económica y el cuestionamiento general de los partidos que se habían repartido el poder desde la Transición. El fracaso de sus tentativas por hacerse con la Junta la había enfrentado con los socialistas y también con buena parte de sus colegas conservadores de otras partes de Andalucía, que recelaban de su estilo autoritario y personalista. Cádiz había dejado atrás su pico demográfico y desde principios de siglo perdía población. Muchos jóvenes se tenían que ir de la ciudad por la falta de oportunidades económicas y por las dificultades para encontrar vivienda en el saturado término municipal. Tras años de acumular una mayoría tras otra, la gobernante parecía haberse quedado sin capacidad de iniciativa.

Todos estos factores explican por qué el Gobierno local se volcó hacia el turismo. La idea era convertir Cádiz en un destino similar a los grandes referentes andaluces: Sevilla,

Granada, Córdoba y Málaga. Los fenicios eran parte de esta apuesta. Servían para dotar a la ciudad de un relato y una imagen singulares, en comparación con sus competidoras. Para la alcaldesa era también una oportunidad para recuperar la iniciativa, reconfigurar su perfil político y volver a codearse con figuras internacionales, aunque fueran de segundo nivel, como las invitadas al congreso de la Liga Cananea.

A finales de 2012 esta estrategia comenzaba a dar sus primeros frutos. Una destacada periodista cultural se congratulaba de que por fin el alma fenicia de Cádiz estaba tomando cuerpo.[1] La apuesta de Martínez por el pasado fenicio era bien vista por los empresarios turísticos y por gran parte de los gaditanos, que la percibían como una oportunidad para mejorar la alicaída economía local. En 2012 la ciudad alcanzó por primera vez los 300 000 visitantes.[2] Más importante aún era el hecho de que casi la mitad de ellos fueran extranjeros, rompiendo lo que hasta entonces había sido un perfil nítidamente nacional del turismo.

El discurso catastrófico habitual de los medios de comunicación dejó paso a un tibio optimismo. «Hemos dejado de tener un papel secundario en favor de otras localidades de la costa», señalaba un artículo.[3] «El turismo llega y se queda. Todo ello es empleo para la ciudad. Y riqueza. A lo mejor no tanta como cuando la industria funcionaba, pero es el primer paso para la recuperación».[4] «Antes eran las playas y ahora son los fenicios», se congratulaba un operador turístico en relación con el nuevo enfoque promovido por las autoridades.[5]

---

1 *Diario de Cádiz*, 30 de diciembre de 2012, Virginia León, «El alma fenicia toma cuerpo».

2 *Diario de Cádiz*, 19 de enero de 2014, José Antonio Hidalgo, «Cádiz busca su marca».

3 *Diario de Cádiz*, 5 de mayo de 2014, José Antonio Hidalgo, «Cádiz, capital del turismo».

4 *Diario de Cádiz*, 5 de mayo de 2014, José Antonio Hidalgo, «Cádiz, capital del turismo».

5 *Diario de Cádiz*, 19 de enero de 2014, José Antonio Hidalgo, «Cádiz busca su marca».

Aunque existían dudas sobre el alcance real que podía tener el mundo fenicio como factor de atracción y hasta qué punto podía convertirse en un referente eficaz en el competitivo mundo del turismo andaluz, los empresarios celebraban que el Gobierno local tuviera por fin una estrategia clara de posicionamiento internacional de la ciudad. «Lo que sí pido es que se sea consecuente y se mantenga un mismo discurso durante un tiempo», concluía este mismo operador.

* * *

En febrero de 2013 el ayuntamiento anunció el plan definitivo de puesta en valor de la ciudad fenicia del Teatro Cómico.[6] Martínez y su equipo apostaban por la musealización *in situ* de los restos. Eran conscientes, sin embargo, de que se trataba de ruinas cuyo valor era sobre todo informativo y testimonial. En sí mismas eran poco espectaculares, por lo que requerían de una adecuada presentación y contextualización. La propuesta consistía en crear un espacio expositivo subterráneo, que funcionara en paralelo al Teatro Cómico. Esta solución permitía cumplir la promesa original de dotar de una sede permanente al teatro de títeres y al mismo tiempo exhibir las evidencias del pasado ancestral gaditano descubiertas por los arqueólogos.

La musealización de la antigua Gadir tenía un doble objetivo: convertir Cádiz en el «centro de referencia para los investigadores de la cultura fenicia» y «posicionar a la ciudad en los circuitos arqueológicos de España y Europa».[7] Ambas cosas debían ir de la mano. El nuevo recinto debía atraer turistas, pero también convertirse en una referencia para los expertos. Como había ocurrido durante la excavación, buena parte de los recursos provenían de los fondos de cohesión europeos. Si bien el consistorio municipal era la

---

6 *Diario de Cádiz*, 23 de febrero de 2013, V. León y E. López, «Tecnología punta para hacer del Cómico un centro fenicio de referencia».
7 *La Voz de Cádiz*, 18 de abril de 2013, «La puesta en valor de El cómico, sin pausa».

entidad ejecutora, la propuesta contaba con el aval de la Junta de Andalucía, ya que así lo establecían los requisitos de la convocatoria.[8] Las obras estaban a cargo de una empresa privada, que se comprometió a tener todo listo en el plazo de un año.

El siguiente paso para consolidar el proyecto turístico-cultural fenicio era negociar con las ciudades españolas que participaban en la Liga Cananea la creación de una Ruta Fenicia Nacional, un proyecto de ciudades portuarias vinculadas a la tradición oriental que pudiera hacerse con un hueco en la oferta de viajes de las empresas de cruceros. Las conversaciones se llevaron a cabo en enero de 2014, durante la Feria Internacional de Turismo de Madrid, una de las más importantes del mundo, con la presencia de representantes de Cartagena, Ceuta y Puerto de Santa María.[9] En esta última ciudad se ubicaba el yacimiento de Doña Blanca, que pese a haber perdido visibilidad con la aparición de Gadir se seguía contando entre los testimonios más notables de la presencia oriental en el sur de la Península. Faltaban, sin embargo, los representantes de Ibiza. La extraordinaria potencia turística de la isla hacía que no necesitara de este tipo de alianzas para promoverse. Para la Liga está ausencia era un duro golpe, ya que Ibiza era un eslabón fundamental para la promoción internacional de la ruta que se pretendía crear. Con mucha diferencia, era el destino más conocido de cuantos integraban la propuesta.

Esta mala noticia se vio compensada por el éxito de la otra iniciativa que el Gobierno local había reservado para la feria: la presentación de Mattan, una versión renovada y potenciada de Valentín, el personaje fenicio creado a par-

---

8 *Diario de Cádiz*, 22 de febrero de 2013, «Aprobado el proyecto para poner en valor el yacimiento arqueológico del Teatro de Títeres»; y *La Voz de Cádiz*, 23 de febrero de 2013, N.A. y R.V., «El Consistorio aprueba el proyecto para la puesta en valor del yacimiento del Cómico».

9 *Diario de Cádiz*, 18 de enero de 2014, «El yacimiento fenicio "Gadir" centrará la oferta municipal en Fitur 2014».

tir de los restos humanos hallados por los arqueólogos en el Teatro Cómico. El nuevo nombre respondía al deseo de dotar al personaje de una pátina de autenticidad fenicia.[10] A estas alturas a nadie escapaba que los huesos eran mucho más que simples huesos. Eran un jugoso botín que permitía proyectar tanto narrativas científicas como políticas.

Mattan no había sido escogido al azar. Los arqueólogos habían encontrado el nombre en el interior de un recipiente de cerámica cercano a los huesos.[11] Era imposible asegurar que perteneciera a la misma persona, ya que era de una época distinta, pero se trataba del nombre real de un fenicio que había vivido en el antiguo Gadir. La investigación arqueológica permitió además realizar algunas inferencias, que contribuyeron a dotar a Mattan de una personalidad singular. Según se sostenía, había sido un sacerdote vinculado a los cercanos templos de Baal y Melkart. Esta hipótesis se apoyaba en nuevos análisis médicos, que mostraban una deformación craneana congénita, que ocasionaba que el personaje sufriera constantes dolores de cabeza, probablemente acompañados de estados de conciencia alterada y visiones. Poco antes de morir, Mattan se había fracturado una pierna, quizás tratando de huir del incendio que evidenciaban los restos arqueológicos cercanos al cadáver. Estos indicios eran material suficiente para construir una historia.

La trasformación de Valentín en Mattan evidencia la creciente sofisticación de la puesta en valor de las ruinas gaditanas. Eran detalles que permitían afinar la narrativa, para dotarla de mayor capacidad de evocación. Un factor que incidió en esta evolución fue la exposición dedicada al Señor de Sipán y a la llamada Dama de Cao, realizada en 2012, con motivo del bicentenario de la Constitución. Se trataba de dos personajes arqueológicos creados a partir de sendos descubrimientos realizados en el norte del Perú en

---

10 *Diario de Cádiz*, 26 de enero de 2014, Virginia León, «Cara a cara con Mattan».
11 José María Gener y Carlos Núñez, *Gadir: yacimiento arqueológico del Teatro de Títeres*, Cádiz, Proyecto NAMAE, Ayuntamiento de Cádiz, Diputación de Cádiz, 2015.

1987 y 2006. El Señor de Sipán era un gobernante de la cultura mochica, datado alrededor del siglo IV d.C., descubierto por Walter Alva, el más famoso arqueólogo peruano de las últimas décadas. La Dama de Cao, por su parte, había sido hallada por Régulo Franco y correspondía a una gobernante o sacerdotisa de la misma cultura mochica, aunque algo posterior al Señor de Sipán. Su importancia radicaba en las excepcionales condiciones de conservación, que permitía a los arqueólogos contemplar los tatuajes de más de mil años de antigüedad que cubrían el cuerpo de la dama.

La espectacularidad de estos dos hallazgos, junto a otros realizados al mismo tiempo por arqueólogos peruanos y extranjeros, supuso una auténtica revolución para la práctica de la arqueología en ese país y para las estrategias de puesta en valor del patrimonio cultural, que se hicieron mucho más profesionales y sofisticadas. Uno de los puntos fuertes de esta revolución fue la creación de personajes arqueológicos, una práctica que probablemente se haya desarrollado en el Perú más que en cualquier otro lugar del mundo.[12] De norte a sur son decenas los personajes arqueológicos que en la actualidad inundan los museos, centros de interpretación y yacimientos peruanos. Cada uno de estos personajes está asociado a un fragmento del pasado, tiene su propia «personalidad» (es decir, un conjunto de atributos que los arqueólogos les confieren a partir de deducciones más o menos imaginativas) y posee una imagen estandarizada, que lo hace fácilmente reconocible por la población. La presencia en Cádiz de Alva y Franco con motivo de la exposición del bicentenario hizo posible que sus colegas locales tomaran nota de la potencialidad de esta estrategia de puesta en valor y se esforzaran por imitarla.

Las fotografías muestran a Alva y Franco durante la inauguración de la muestra, acompañados de la alcaldesa

---

[12] He analizado en detalle estos hallazgos y sus estrategias de puesta en valor en Raúl H. Asensio, *Señores del pasado: Arqueólogos, museos y huaqueros en el Perú*, Lima, Instituto de Estudios Peruanos, 2018.

Martínez y la reina Sofía. El ambiente parece ser distendido. Los arqueólogos señalan las piezas más valiosas de la colección, detallan sus características y relevancia. Visten de manera formal, como no podía ser menos dadas la importancia de la ocasión y la distinguida compañía real. En los siguientes días miles de gaditanos acudieron a contemplar los tesoros peruanos.

El ejemplo de los personajes arqueológicos del otro lado del océano incentivó a Gener y su equipo a mejorar la estrategia de difusión de sus hallazgos. Mattan era el resultado de este salto cualitativo. Si Valentín había sido un guiño simpático al pasado de la ciudad, el nuevo personaje estaba revestido de solemnidad y trascendencia. Su imagen bebía de la estética de los grandes descubrimientos arqueológicos. No fue casual, en este sentido, que por estas mismas fechas National Geographic publicara un artículo donde se destacaba la importancia de la ciudad fenicia del Teatro Cómico y la revolución que suponía para la historia del Mediterráneo occidental.[13] Esta revista norteamericana había sido clave en la creación de los personajes arqueológicos peruanos. Había contribuido a dar forma y a difundir las historias de la Dama de Cao, del Señor de Sipán y de otros muchos personajes similares. Con sus famosos siete principios rectores, también había jugado un papel central en la difusión de los imaginarios asociados a la península ibérica.[14] Ahora se ponía al servicio de la puesta en valor de los descubrimientos del Teatro Cómico.

La consolidación de Mattan como personaje emblemático del pasado fenicio gaditano se asentaba sobre tres pila-

---

[13] *Diario de Cádiz*, 9 de diciembre de 2012, Virginia León, «La proyección del Cádiz fenicio».

[14] Al respecto: Jacobo García Álvarez, Paloma Puente Lozano y Juan Manuel Trillo Santamaría, «La imagen de España en National Geographic Magazine (1888-1936)», *Scripta Nova*, vol. XVII, nº 454, 2013. La revista ya había publicado en 1924 un largo artículo sobre Cádiz, en el que se analizaban los primeros descubrimientos sobre el pasado fenicio: Harriet Chalmers Adams, «Adventurous sons of Cadiz», *National Geographic Magazine*, vol. XLVI, nº 2, 1924, pp. 155-161 y 179-204.

res: (i) un relato de su descubrimiento que trasmitía emoción y trascendencia; (ii) una adecuada narrativa histórica, que situaba al personaje en su contexto y lo dotaba de personalidad; y (iii) una imagen visual singularizada y fácil de identificar. En varias entrevistas a lo largo de los años, Gener había resaltado el carácter no previsto y casi providencial del hallazgo, que había sobrepasado las expectativas iniciales, así como su importancia para iluminar un periodo poco conocido de la historia. Estas particularidades se repetían ahora con mayor intensidad y hacían del hallazgo de Valentín-Mattan un auténtico acontecimiento, tanto en el plano científico como para la propia ciudad de Cádiz.

El nuevo relato destacaba el carácter trascendente del personaje, quien habría sido una suerte de intermediario entre lo humano y lo divino. Sus dolencias y malformaciones le habrían preparado para estas funciones. También se destacaba su muerte violenta durante un incendio que había asolado la ciudad fenicia. Al haber quedado enterrado poco después de su muerte, Valentín-Mattan permitía que los gaditanos se reencontrasen, en el sentido metafórico y en el estrictamente físico, con sus antepasados.

Como ocurre con todos los personajes arqueológicos, la fuerza de este relato derivaba de su repetición constante. Era su reiteración lo que permitía que se fijara en la mente de los gaditanos, que así asumían como propio este nuevo pasado. Al principio fueron los propios arqueólogos quienes lo trasmitieron, mediante entrevistas y artículos. Posteriormente saltó a los medios de comunicación y a todo tipo de soportes, que lo difundieron y validaron ante el conjunto de la sociedad, al dotarlo de un aura casi épica. «La mañana en la que decidió salir de su escondrijo —resaltaba un artículo de prensa— era una mañana como otra cualquiera, sin grandes señales, una mañana de ruido insoportable de excavadora y escombros, de tierra revuelta y de vómitos de historia».[15]

---
15 *La Voz de Cádiz*, 26 de enero de 2014, Yolanda Vallejo, «El sueño de Valentín».

Reconstruir el rostro es la cereza que corona el proceso de creación de un personaje arqueológico. Para tener éxito, los rostros deben ser reconocibles y cercanos. Deben estar adecuadamente fundamentados y al mismo tiempo ser percibidos como verdaderos por quienes los observan. Cumplir con estos requisitos implica un reto metodológico. Afortunadamente, para ayudar a los arqueólogos ha surgido en los últimos años una auténtica industria dedicada a reconstruir los rostros de los personajes arqueológicos. Son dos las corrientes que siguen estos especialistas: la reconstrucción científica y lo que podríamos llamar reconstrucción empática.

La primera de estas tendencias se basa en el uso de modernos softwares especializados, que según sus promotores permiten reconstruir con un alto índice de exactitud los rasgos faciales de una persona a partir del análisis pormenorizado de sus huesos. La reconstrucción empática, por su parte, prefiere combinar la expertica forense con la observación de los rasgos de los herederos culturales de las antiguas civilizaciones. La reconstrucción científica suele ser preferida por los arqueólogos, ya que tiene mayor prestigio en los círculos académicos. La reconstrucción empática, en cambio, aporta algo que muchas veces es igual o más importante para el éxito de un personaje arqueológico: verosimilitud social. De ahí que frecuentemente ambas estrategias de reconstrucción se combinen en un mismo proceso.

La reconstrucción del rostro de Mattan estuvo a cargo de una empresa especializada y requirió de cuatro meses de minucioso trabajo. Las técnicas empleadas, según precisaba Gener en una rueda de prensa, se habían basado en los trabajos de la antropóloga forense escocesa Caroline Wilkinson, a quien se debían las reconstrucciones faciales de personajes tan renombrados como el rey Ricardo III de Inglaterra y el faraón egipcio Tutankamón.[16] Estas referencias,

---

16 *Diario de Cádiz*, 23 de enero de 2014, José Antonio Hidalgo y Virginia León, «La recuperación de Valentín ha supuesto cuatro meses de trabajos especializados».

lejos de ser gratuitas, permitían a los arqueólogos gaditanos elevar el nivel de Mattan, al incluirlo en una misma conversación con los grandes personajes arqueológicos mundiales. El rostro del sacerdote fenicio, señalaba su descubridor, era el resultado de un equilibrio entre la representación creativa y la fundamentación científica. El objetivo era dotar al personaje de una imagen que plasmara su carácter mestizo. Sus rasgos debían mostrar su doble condición de peninsular y fenicio. Solo así sería posible contar con un rostro a la altura de las expectativas que suscitaba quien, en palabras de Gener, era el «padre de todos los gaditanos».

La reconstrucción del rostro de Mattan apelaba a lo que el antropólogo alemán Stephan Palmié denomina la «imaginación genealógica», es decir, a la sensación de afinidad generada a partir de la contemplación de rasgos fenotípicos considerados como propios o similares a los propios.[17] Gracias a esta mezcla de ciencia y apelaciones sentimentales, Mattan se convirtió en el eje de la propuesta turística gaditana, que desde ese momento comenzó a resaltar el pasado fenicio como emblema de identidad local. Los demás componentes de la historia de la ciudad pasaron a un segundo plano en el discurso oficial. Se trataba de una apuesta de alto voltaje, que centrifugaba otras narrativas igualmente prestigiadas a nivel local (cuna de las libertades, esplendor del comercio americano, etc.) para dar paso a un discurso focalizado, capaz de proyectar una imagen homogénea de Cádiz con el objetivo de posicionar la ciudad en el mercado turístico internacional.

* * *

La multiplicidad de referentes (fenicio, romano, musulmán, indiano, liberal) era atractiva de puertas adentro, pero para difundir internacionalmente una ciudad tan pequeña como Cádiz era necesario apostar por un único referente. Los fenicios eran la carta que Martínez había decidido ju-

---

17 Stephan Palmié, «Genomics, Divination, Racecraft», *American Ethnologist*, vol. 34, 2007, pp. 203-220.

gar. Otras ciudades de la bahía comenzaron a dar los primeros pasos en la misma dirección. En los meses posteriores al congreso de la Liga Cananea, Puerto de Santa María, San Fernando y Chiclana presentaron sus solicitudes de ingreso. Las autoridades resaltaban la presencia de los navegantes fenicios en su territorio para defender su solicitud. Puerto de Santa María lo tenía más sencillo, ya que allí se encontraban los restos de Doña Blanca, el poblado excavado por Ruiz Mata, que durante muchos años había sido uno de los lugares señalados por los arqueólogos como posible ubicación del primitivo Gadir.

Aunque el descubrimiento de las estructuras fenicias arcaicas del Teatro Cómico había demostrado que esta identificación era errónea, estaba fuera de toda duda que Doña Blanca era un emplazamiento fenicio o al menos una población mixta, en la que los navegantes orientales habían convivido con poblaciones locales. «Lo que pretendemos es que nuestro pasado fenicio sea revalorizado y sea un atractivo más como motor de desarrollo», señalaba el mandatario portuense al momento de firmar la adhesión.[18] Chiclana, por su parte, contaba con el reciente y espectacular descubrimiento del Cerro del Castillo para avalar su solicitud.[19] Poco a poco, Paloma Bueno había conseguido que sus hipótesis sobre el origen fenicio de los restos fueran asumidas por los arqueólogos. La candidatura de ambas ciudades estaba, por lo tanto, más que justificada.

Más complicado era el caso de San Fernando, la segunda ciudad más grande de la bahía de Cádiz, con casi 100 000 habitantes, situada a unos diez kilómetros al sur de la capital. Más allá de algunos posibles talleres de salazones ubicados en su término municipal, los restos del poblamiento fenicio eran escasos y mucho menos espectaculares que en

---

18 *Diario de Cádiz*, 27 de noviembre de 2012, «El Puerto se adhiere a la liga de ciudades fenicias».
19 *Diario de Cádiz*, 27 de agosto de 2013, «Chiclana solicita su inclusión en la Liga de Ciudades Fenicias, Cananeas y Púnicas».

las poblaciones vecinas. Había, sin embargo, dos argumentos que jugaban a favor de que la liga admitiera la solicitud de ingreso. Por un lado, la propia localización geográfica de San Fernando, entre Cádiz y Chiclana, hacía muy difícil pensar que la zona no hubiera sido ocupada por los fenicios. Por otro, desde tiempo inmemorial San Fernando se había considerado el emplazamiento del mítico templo de Hércules-Melkart, uno de los más importantes de la península ibérica en la época antigua.

Según las fuentes griegas y romanas, este oráculo atraía a viajeros de todo el Mediterráneo. Entre los visitantes que alguna vez lo visitaron se encontraban el general púnico Aníbal y el propio Julio César. La ubicación del templo había suscitado todo tipo de especulaciones tanto en el plano académico como en la literatura. Aunque la unanimidad no era absoluta, la mayoría de los especialistas coincidían en situarlo en el islote de Sancti Petri, un afloramiento rocoso que marcaba el límite entre Chiclana y San Fernando. En época antigua este habría sido el extremo sur de la isla meridional del archipiélago de las Gadeiras.

Según sostenían las autoridades, la adhesión de San Fernando a la Liga Cananea permitiría posicionar la ciudad en el mapa turístico de la provincia. La medida era urgente, ya que San Fernando estaba muy lejos de sus vecinas en cuanto a desarrollo turístico. Su litoral era más pequeño y estaba casi por completo ocupado por instalaciones militares y por el Parque Natural de la Bahía de Cádiz, por lo que apenas quedaban terrenos disponibles para infraestructuras turísticas o de cualquier otro tipo. Esta parálisis contrastaba con el rápido crecimiento de la ciudad, convertida en una de las zonas preferidas por las jóvenes familias gaditanas para instalarse, debido al alto precio de las viviendas en la capital.

La solicitud de ingreso en la Liga se realizó de manera oficial en septiembre de 2014, a propuesta de Unión, Progreso y Democracia, un pequeño partido centrista que antes del estallido de la crisis económica había tratado infructuosamente de renovar el anquilosado sistema de partidos español.[20] Aunque había fracasado en este intento y era ya una formación marginal, sus integrantes trataban de hacer méritos para reubicarse en otras formaciones de cara a las siguientes elecciones locales. La solicitud era una manera de recuperar protagonismo en la política local.

La respuesta de las autoridades gaditanas a estas solicitudes fue ambigua. Si bien apoyaban el ingreso de las localidades cercanas en la Liga Cananea, trataban de mantener el papel privilegiado de la capital. El objetivo era salvaguardar la primacía de Gadir frente a otras colonias fenicias cercanas, para evitar que el proyecto turístico-cultural articulado en torno a la identidad fenicia de la ciudad se viera menoscabado. La idea de una «bahía fenicia» no se terminaba de ver clara y las autoridades preferían apostar por la narrativa que presentaba Gadir como una ciudad fenicia rodeada de poblaciones hostiles, con las que a veces comerciaba y a veces se enfrentaba en disputas como la que había acabado con la vida del pobre Mattan.

Esta misma tensión entre lo local y lo provincial también se percibe en otra de las grandes instituciones culturales gaditanas: el Museo Provincial de Arqueología. Creado en 1887 para dar cobijo al sarcófago antropomorfo hallado poco antes en las obras de la Exposición Marítima de la Punta de la Vaca, este museo ha tenido una enrevesada y compleja historia. Ocupa en la actualidad un coqueto palacete de una plaza del centro histórico. Frondosos árboles y un ambiente de dulce decadencia burguesa y provinciana hacen de este el emplazamiento ideal para un museo de arqueología. La plaza acoge restaurantes y terrazas y es uno de los emplazamientos preferidos de los gaditanos para pasar la tarde, tomar un café o unas cervezas.

---

20 *Diario de Cádiz*, 13 de septiembre de 2014, «Plantean la adhesión a la Liga de Ciudades Fenicias».

La exposición permanente ocupa dos plantas. La primera presenta un recorrido histórico desde los orígenes hasta la reconquista de Cádiz por el rey Alfonso X, el sabio. La segunda cumple las funciones de pinacoteca e incluye cuadros barrocos y de los diferentes estilos del siglo xix. Esta mezcla se debe a que en algún recodo de la historia lo que inicialmente había sido un museo arqueológico se fusionó con el Museo de Bellas Artes, quedando un único repositorio de nivel provincial. La muestra trata de mantener el equilibrio entre los diferentes vectores de identidad histórica de la provincia. Las instalaciones, sin embargo, han quedado algo anticuadas y desde hace tiempo existen proyectos para incorporar al recinto algunos locales aledaños, que aumentarían el espacio para exponer las colecciones y mejorarían las condiciones de trabajo.

Dado que el museo depende de la Junta de Andalucía, escapa al control del Gobierno local. Sus integrantes, sin embargo, forman parte de la comunidad intelectual gaditana, por lo que no son ajenos a los cambios y descubrimientos de los últimos años. En 2012, coincidiendo con la reunión en Cádiz de la Liga Cananea, el museo remodeló la sección dedicada a los fenicios.[21] Aunque los sarcófagos antropomorfos masculino y femenino seguían siendo el foco central, la muestra incluía nuevas referencias a los descubrimientos del Cerro del Castillo de Chiclana. A la inauguración asistió la delegada provincial de Cultura, que de esta manera pretendía contrarrestar el protagonismo que la alcaldesa Martínez estaba adquiriendo como paladín de la recuperación del pasado fenicio. Con su presencia, la delegada transmitía el mensaje de que también la Junta de Andalucía estaba interesada en recuperar esta parte del pasado gaditano. El resultado era una historia más compleja que, frente a la exaltación localista de la narrativa construida por el equipo de Martínez, rechazaba el viejo paradigma de una

---

21 *La Voz de Cádiz*, 28 de noviembre de 2012, Rocío Vázquez, «El Museo de Cádiz amplía los contenidos de su Sala Fenicia».

única colonia aislada en territorio hostil y presentaba la bahía como una unidad de poblamiento.

El mayor protagonismo del mundo fenicio se reflejaba también en las exposiciones temporales del museo. Era el caso de la iniciativa *Los tesoros del Atlántico*, realizada de manera conjunta por el Museo Provincial de Cádiz con su similar de Huelva en 2010.[22] La muestra se centraba en el pasado fenicio de ambas ciudades y se articulaba en torno a la idea de una «experiencia fenicia del Atlántico», que sería sutilmente distinta de la experiencia fenicia del Mediterráneo. Según se sostenía, en Huelva los navegantes orientales se habrían dedicado a la explotación del metal de las cercanas minas del río Tinto, en tanto que a Cádiz le habría correspondido el papel de centro administrativo de la región. La muestra incidía en lo que, desde el punto de vista de sus promotores, había sido una relación pacífica entre los fenicios y los pueblos indígenas de la región. Aunque esta idea estaba cada vez más cuestionada por los arqueólogos, seguía siendo muy popular entre el público y las autoridades, ya que coincidía con la imagen idealizada del pasado andaluz trasmitida por las narrativas oficiales.

La colaboración entre ambos museos volvió a repetirse en 2015. Esta vez la iniciativa se inscribía dentro de un programa de la Junta de Andalucía dirigido a intercambiar piezas para muestras temporales conjuntas entre centros de su jurisdicción. El tema elegido era nuevamente la herencia fenicia compartida por las dos capitales del litoral atlántico andaluz. Aun así, las declaraciones de los directores de los museos dejaban entrever algunas diferencias. Mientras el responsable gaditano enfatizaba el componente fenicio del pasado compartido, su contraparte onubense prestaba mayor atención al componente tartesio.[23] Esta cultura está

---

[22] *La Voz de Cádiz*, 23 de julio de 2010, Laura Jurado, «Los tesoros del Atlántico al descubierto».

[23] *Diario de Cádiz*, 9 de octubre de 2015, Julio Sampalo, «El Museo Provincial exhibe fuerza con dos nuevas muestras».

profundamente vinculada con los debates en torno al pasado ancestral andaluz. Muchos investigadores tienden a situar su epicentro en la zona limítrofe de las provincias de Cádiz, Huelva y Sevilla, aunque es en estas dos últimas donde con mayor fuerza se encuentra inscrita en los discursos locales de identidad.

Estas muestras eran en gran medida el resultado de la iniciativa personal de los sucesivos directores del museo, que en un contexto de recursos escasos y precariedad se esforzaban por lograr que el recinto mantuviera su relevancia social. En parte respondían también al deseo de la Junta de Andalucía de desarrollar sus propias políticas culturales en la ciudad, que no siempre coincidían con las premisas, discursos y objetivos del Gobierno local. La rivalidad entre ambas administraciones había sido desde siempre uno de los motores centrales de las guerras patrimoniales gaditanas. La crisis económica, lejos de acabar con las disputas, había llevado el conflicto a una nueva escala y el museo no estaba al margen.

Cada verano la prensa local recogía los reproches que ambas administraciones se cruzaban respecto a los horarios, el cierre del recinto y las vacaciones de los empleados. Para el Gobierno local estas prácticas eran parte de un sabotaje encubierto del Gobierno autonómico, que quería evitar que Cádiz se consolidara como referente del turismo cultural. Era una vergüenza que durante los estratégicos meses de julio y agosto, cuando la ciudad estaba llena de visitantes, el museo solo abriese durante las mañanas. Las autoridades de Sevilla, por su parte, achacaban estos problemas a la falta de recursos del Gobierno de Madrid, en manos de los conservadores, que impedía realizar la remodelación que el museo necesitaba. Acusaban también a las autoridades locales de alentar y exagerar las protestas de los trabajadores del museo, como parte de su campaña de desprestigio contra el Gobierno autonómico.

Estas polémicas eran un clásico del verano gaditano y podían llenar las páginas de los periódicos durante varios días. Sin embargo, no eran nada comparadas con el verdadero cisma entre ambas administraciones derivado de la gestión del que estaba llamado a ser el gran atractivo arqueológico de la ciudad: el teatro romano. Era aquí donde, en paralelo al auge del proyecto turístico-cultural fenicio, la batalla más cruenta de las guerras patrimoniales gaditanas se estaba disputando.

// /// ///
UNA DE ROMANOS

O4Y⚹ 4∃ 4OY⚹YOW

La presunta animadversión del gobierno regional hacia Cádiz había sido desde el principio de su carrera política uno de los componentes centrales del discurso de la alcaldesa Martínez. Desde su punto de vista, Cádiz era una ciudad maltratada y abandonada por los políticos socialistas, que no toleraban el éxito de una mandataria conservadora, reelegida una y otra vez con mayoría absoluta. La ciudad era un lunar negro para el socialismo andaluz. Las represalias se habían endurecido a medida que, uno tras otro, los candidatos socialistas fracasaban en sus intentos de restituir Cádiz al control del principal partido andaluz.

Este relato victimista tenía profunda resonancia, ya que encajaba con el imaginario local, que concebía Cádiz como una ciudad con una idiosincrasia particular, diferente del resto de Andalucía. El Gobierno local acusaba a su similar andaluz de querer gobernar por vías indirectas. Dado que los socialistas no podían ganar las elecciones locales, empleaban a los delegados del Gobierno autonómico para torpedear a Martínez. Esta rivalidad se asentaba a su vez sobre otra mayor que trascendía el ámbito político. Pese a sus diferencias de peso político y económico, los gaditanos consideraban a la capital regional como su gran rival, al menos desde los tiempos del traslado de la Casa de Contratación. Un gaditano, exageraba un periodista local con amplia experiencia en ambas ciudades, se baja del autobús en Sevilla «con el mismo temor que un protestante en Dublín o un jesuita en la Meca».[1]

La puesta en valor del patrimonio cultural era uno de los terrenos predilectos de la guerra entre las autoridades locales y autonómicas. En concreto había un tema que Martínez siempre sacaba a colación como ariete para atacar las defensas de sus rivales: la catastrófica gestión de la puesta en valor del Teatro Romano de Cádiz por la Junta de Andalucía.

Situado en medio de la ciudad antigua, este teatro tenía una historia singular. Había sido descubierto casi por casualidad en 1980 y estaba bajo el control de la administración regional. Aunque se trataba según los especialistas del segundo teatro más grande de la península ibérica, su puesta en valor se enfrentaba con enormes dificultades debido a su ubicación, al estado en que fue descubierto y a su estrecho vínculo morfológico con la ciudad. La historia de su puesta en valor es importante para nuestro análisis porque evidencia dos elementos centrales de las guerras patrimoniales gaditanas: (i) la manera en que el discurso de identidad local basado en el pasado fenicio convive, incluso en la propia ciudad, con otras narrativas sobre el pasado y (ii) la manera en que las diferentes administraciones públicas compiten, se boicotean y tratan de aprovechar las guerras patrimoniales para obtener ventaja sobre sus rivales en el ruedo político. Fenicios y romanos eran para muchos un trasunto de gaditanos y sevillanos.

---

[1] *Diario de Cádiz*, Juan Manuel Marqués Perales, 9 de febrero de 2019, «Guía sevillana para *gaditas* melancólicos».

* * *

¿Cómo puede un teatro romano haber pasado desapercibido durante casi quince siglos en el corazón de una de las ciudades más densamente pobladas de Europa? La razón era precisamente la idiosincrasia de la ciudad y su abigarrado urbanismo, que llevaba a acumular unas edificaciones sobre otras. La memoria del teatro se había perdido porque desde finales de la Antigüedad se había construido sobre él, aprovechando en parte sus estructuras, todo un nuevo barrio de la ciudad. Un barrio que además tenía nombre romano.

El Teatro Romano de Cádiz se asienta en El Pópulo, uno de los barrios con mayores carencias económicas de la ciudad. Su construcción se atribuía a Lucio Cornelio Balbo y su sobrino del mismo nombre, miembros de una ambiciosa familia de comerciantes que habían promovido la reforma integral de la antigua ciudad púnica, para convertirla en una urbe con todos los atractivos del mundo romano. Tras unos titubeos iniciales, los Balbo se habían aliado con Julio César durante el convulso final de la república romana y habían logrado alcanzar los más altos cargos en la capital imperial. Reformar su ciudad natal, transformar la Gadir púnica en la Gades romana, era una manera de asentar su poder e incrementar su prestigio. Con el paso del tiempo, sin embargo, las instalaciones se habían abandonado y reciclado, perdiéndose los vestigios del teatro entre una maraña de nuevos usos y reedificaciones.

A pesar de que los arqueólogos conocían su ubicación aproximada, todo el teatro estaba bajo tierra, tapado por edificaciones posteriores. El hallazgo tuvo lugar en 1980, durante una prospección en busca de la alcazaba medieval, que se sospechaba que debía estar en esa misma zona. Al revisar un edificio casi en ruinas, que funcionaba como depósito de un taller automovilístico cercano, los arqueólogos percibieron la existencia de un forado, por el que descendieron con la ayuda de dos escaleras de madera precariamente atadas entre sí. «Todavía se me pone la piel de gallina cuando recuerdo el momento en que bajamos —rememora uno de los descubridores— al principio no lo tuve claro, hasta que vi en una de las naves laterales una pequeña cantidad de *opus signinum*, el mortero que usaban los romanos».[2] Sin pretenderlo, los arqueólogos habían llegado a una galería de distribución semicircular, casi completamente colmatada por los rellenos acumulados a lo largo de siglos. No era la alcazaba medieval, sino algo mucho más antiguo.

Aunque con una magnitud más limitada, este tipo de hallazgos subterráneos son relativamente frecuentes en Cádiz. Casi toda la ciudad está atravesada por decenas de túneles, producto de las múltiples reconstrucciones que se han sucedido desde la época de los fenicios hasta la actualidad. Conectan unos edificios con otros, sirven de depósito, forman parte de instalaciones militares abandonadas o son restos de antiguas canalizaciones y desagües. Algunos se pueden recorrer durante decenas de metros y otros están colmatados. Hasta hace unas décadas, cuando el énfasis patrimonial no era tan fuerte y tampoco vivíamos en una época tan obsesionada por la seguridad, los túneles eran parte del territorio de los niños. Sin saber que eran ruinas romanas, púnicas o medievales, casi todos los que ya andamos por la mitad del camino hemos jugado en ellos. Sobre los más emblemáticos se contaban historias a medio camino entre la realidad y la leyenda. Era el caso del llamado «pozo de Enrile», consignado en los textos decimonónicos sobre el subsuelo de la ciudad, cuya memoria se ha perdido, de manera que los arqueólogos debaten hasta la actualidad sobre su ubicación exacta o sobre su posible destrucción.[3] También existían expertos locales, que exploraban

---

[2] *Diario de Cádiz*, 2 de noviembre de 2010, Virginia León, «Túnel directo al Teatro de Balbo».

[3] *Diario de Cádiz*, 14 de noviembre de 2011, «El pozo de Enrile en la arqueología gaditana».

los túneles un poco más allá de lo recomendable, en busca de tesoros o simplemente por el gusto de la aventura.

Al frente de la intervención en el recién redescubierto Teatro Romano estaba Ramón Corzo, quien por entonces era el director del Museo Provincial. Las excavaciones tenían poco que ver con las que se realizan actualmente. Durante varios años el teatro se excavó de manera discontinua, cómo y cuándo se podía. Para dejar al descubierto los restos, los arqueólogos debieron hacerse sitio en el barrio. La Junta de Andalucía, recién adquiridas sus competencias culturales, expropió varios terrenos y adquirió otros en los alrededores de las ruinas. Algunas edificaciones se derribaron, lo que hizo posible sacar a la luz algunas secciones del teatro. En 1994 se abrió al público un primer recorrido, aunque rápidamente volvió a clausurarse, hasta que en 2002 el recinto entró a formar parte de la Red de Espacios Culturales de Andalucía. La visita, tal como estaba organizada en ese momento, se centraba en las gradas superiores del teatro, ya que esta era la única parte del recinto que estaba a la vista. La sensación general era un poco decepcionante, pues la importancia atribuida al teatro por los especialistas no se condecía con la experiencia de los visitantes, mucho menos espectacular. De ahí que fueran numerosos los proyectos para desenterrar otras secciones del teatro y ponerlas en valor.

Pese a estos inconvenientes, el Teatro Romano de Cádiz se convirtió desde el día de su segunda apertura en uno de los atractivos culturales más visitados de la provincia. En 2002 recibió casi 100 000 visitantes. Como Baelo Claudia, la gran ciudad romana del estrecho de Gibraltar, aún no había abierto su centro de interpretación, esta cifra superaba a cualquier otro monumento arqueológico gaditano. El rápido éxito del teatro se debía en parte a su inmejorable ubicación, a pocas manzanas de la plaza principal de la ciudad, lo que permitía que muchos turistas se acercaran hasta las instalaciones durante su estancia en Cádiz. En una ciudad que pese a su historia tenía pocos monumentos arqueológicos abiertos al público, era uno de los principales atractivos. Solo la catedral, un atractivo turístico de naturaleza muy diferente, gestionado por la Iglesia católica, tenía más visitantes.

Para mejorar la calidad de la visita, en marzo de 2007 la Junta convocó un concurso público para la construcción de un centro de interpretación del Teatro Romano.[4] Este tipo de intervenciones estaban de moda en ese entonces. Era la edad de oro de los equipamientos culturales y toda la región vivía una auténtica fiebre de iniciativas similares. Los centros de interpretación se percibían como infraestructuras taumatúrgicas, con capacidad por sí mismas para cambiar las dinámicas económicas de los lugares donde se asentaban.

La idea era instalar el centro de interpretación en un edificio anexo al Teatro Romano, adquirido por la Junta por su carácter histórico. Esta era una de las varias fincas que por entonces el Gobierno andaluz gestionaba en el barrio del Pópulo. Eran edificaciones con varios siglos de antigüedad, cuya propiedad se había fragmentado a lo largo del tiempo, dando lugar a problemas de insalubridad y hacinamiento. La Junta pretendía trasladar a las familias a nuevas ubicaciones en viviendas protegidas, refaccionar los locales y convertirlos en instalaciones culturales. En paralelo una iniciativa aún más ambiciosa se ponía en marcha para facilitar el trabajo de los arqueólogos: se pretendía nada menos que instalar una plataforma sustentadora por debajo de los edificios contiguos a la zona excavada, para continuar las exploraciones de manera subterránea, sin derribar los edificios de viviendas modernas multifamiliares que ocupaban la zona donde se suponía que estaban el escenario y la parte inferior de las gradas del teatro.

La refacción del Teatro Romano fue el proyecto cultural más ambicioso promovido por la Junta de Andalucía en Cá-

---
[4] *La Voz de Cádiz*, 9 de noviembre de 2007, «El centro de interpretación del Teatro Romano sale a concurso».

diz antes del inicio de la Gran Recesión. La intervención formaba parte de una estrategia regional para dotar a todas las capitales andaluzas de al menos un equipamiento cultural de alto nivel. Se trataba de un proyecto sumamente complejo, con un triple desafío: técnico, científico y político. El objetivo era utilizar un costoso sistema de soportes que sustentara los edificios colindantes, para excavar por debajo de ellos, de manera que los arqueólogos pudieran explorar la parte inferior del teatro, sin alterar la vida cotidiana de los vecinos. Según los expertos, nunca se había intentado algo similar en Andalucía.[5] Nunca se había acometido una excavación bajo edificios habitados.[6] Era el desafío adecuado para una región que en plena fase de optimismo se modernizaba y quería asimilarse a los estándares europeos a toda velocidad.

La presentación del proyecto se realizó por todo lo alto, en una rueda de prensa en la que oficiaron los honores el vicepresidente de Andalucía y la consejera de Cultura. El desembolso total se acercaba a los 5 millones de euros. El teatro debía de convertirse en palabras del vicepresidente, en «un tractor económico, además de un referente cultural».[7] Debía trasmitir emoción por el pasado y proyectar al mundo el nombre «de la ciudad, de la provincia y de Andalucía». Para la consejera esta era una intervención largamente pensada, que partía de un arduo trabajo previo de la Junta con los técnicos y arqueólogos de la universidad de Cádiz. «Sabemos de dónde venimos y qué queremos alcanzar: poner en valor este espacio singular y excepcional desde el punto de vista cultural, patrimonial y turístico».

La Junta pretendía excavar nuevas zonas del teatro, hacer visibles y visitables las que ya estaban excavadas y mejo-

---

5 *Diario de Cádiz*, 20 de noviembre de 2009, Virginia León, «A un paso de destapar la zona más rica del Teatro Romano».

6 *Diario de Cádiz*, 14 de diciembre de 2011, «Plata anuncia la reanudación esta semana de las obras de excavación en el Teatro Romano».

7 *La Voz de Cádiz*, 9 de marzo de 2007, «Otra inversión a cuenta de la ITI en el Teatro Romano de Cádiz para nuevas obras».

rar el recinto en su conjunto, para vincularlo con el entorno. El teatro debía volver a ser el centro de la vida del Pópulo. «Los habitantes de este trimilenario rincón del mundo —señalaba un analista— tienen un máster en reutilizar habitaciones, mover tabiques, rehabilitar estancias y aprovechar, en definitiva, hasta el último hueco de la casa para mudar los muebles sin destruir sillares romanos, lesionar tumbas fenicias o malear cerámicas almohades».[8] Las autoridades se comprometían a que la obra culminara antes del año mágico del bicentenario. El teatro debía ser el aporte del gobierno autonómico a la magna celebración. «Todos los que vengan a Cádiz en 2012 podrán ver la mayor parte del teatro tal y como era cuando fue construido», prometía la directora general de Bienes Culturales.[9]

Los primeros resultados fueron prometedores. En septiembre de 2008 perforaciones en profundidad mostraron indicios de que efectivamente el subsuelo aún sin excavar conservaba trazas importantes del antiguo recinto.[10] Unos meses después los arqueólogos sacaban a la luz uno de los descubrimientos más espectaculares realizados en la ciudad en los últimos años: una estela del siglo I a.C. mandada tallar por Lucio Cornelio Balbo, el rico comerciante y político que había transformado la Gadir fenicia en una ciudad romana de primer orden, para decorar la zona noble del teatro.[11] El mármol de origen italiano elegido para la ocasión demostraba la importancia que esta poderosa familia atribuía al recinto.[12] Este hallazgo fue difundido por la Junta de Andalu-

---

[8] *La Voz de Cádiz*, 23 de febrero de 2008, «El Teatro Romano se integra en el corazón de El Pópulo».

[9] *La Voz de Cádiz*, 3 de septiembre de 2008, «Cultura plantea una actuación integral en el Teatro Romano de Cádiz ante el 2012».

[10] *La Voz de Cádiz*, 5 de septiembre de 2008, Jesús M. Villasante, «El teatro romano se descubre ante el mundo».

[11] *Diario de Cádiz*, 31 de enero de 2009, «Hallan en el Teatro Romano una placa con una inscripción del siglo I antes de Cristo».

[12] *La Voz de Cádiz*, 19 de noviembre de 2009, Francisco Apaolaza, «Un grafiti de lujo».

cía como una muestra de la eficacia de su intervención. Era un ejemplo de que, aun cuando ya comenzaban a notarse los efectos de la crisis, las cosas se estaban haciendo bien.

La estela de Balbo se hizo inmediatamente famosa más allá de los círculos académicos por un rasgo que casaba perfectamente con la imagen que los gaditanos tenían de sí mismos, como un pueblo jocoso, irónico y amigo de burlarse de sus gobernantes. En contraste con el aspecto lustroso y cuidado del resto de la estela, en la parte inferior, casi escondida, alguien había grabado una inscripción de forma rústica que apenas se podía leer. Eran solo unos trazos en letras latinas, que según la interpretación de algunos lingüistas se podían traducir como una imprecación contra el plutócrata hispanorromano: «Balbo, ladrón», había escrito para la posteridad un gaditano de hace veinte siglos.[13]

Aunque esta traducción no era compartida por todos los expertos, muy pronto entró a formar parte del folclore local.[14] Incluso estaba pensado que se convirtiera en uno de los ejes del relato museográfico del nuevo centro de interpretación en el que, junto con testimonios de la reforma urbanística realizada por Balbo, se pretendía también incluir transcripciones de documentos de la época relativos a las trapacerías económicas del personaje. Balbo sería así un personaje con dos caras: incansable planificador urbano, pero también comerciante avieso que no siempre cumplía con sus promesas. Un perfecto representante de una estirpe de políticos bifrontes que estaba lejos de haberse extinguido en Andalucía.

---

13 *Diario de Cádiz*, 31 de enero de 2009, Juan Antonio Landi, «El primer grafiti de Cádiz».
14 Sobre este debate: *La Voz de Cádiz*, 6 de febrero de 2009, «Balbo, presunto inocente»; *Diario de Cádiz*, 9 de febrero de 2009, «Grafitero en Gades»; *La Voz de Cádiz*, 3 de abril de 2009, «Expertos descartan que el grafiti del Teatro Romano diga Balbo, ladrón»; *La Voz de Cádiz*, 19 de noviembre de 2009, Francisco Apaolaza, «Un grafiti de lujo»; y *Diario de Cádiz*, 19 de noviembre de 2011, Virginia León, «Balbo sabía latín».

La repercusión del hallazgo dio alas a quienes apostaban por una intervención ambiciosa e integral en el teatro. La idea de trabajar bajo los edificios provenía de Emilio Yanes, profesor de ingeniería de la Universidad de Sevilla, quien según interpretaba la prensa local había logrado convencer a la delegada provincial de cultura sobre la conveniencia de la medida. Esta a su vez se la había jugado ante sus jefes hispalenses para obtener el financiamiento necesario para la operación. El permiso definitivo llegó en noviembre de 2009, momento en el que se consideraba que el Teatro Romano miraba «de frente al futuro, triunfante, con otro rumbo».[15] Un seminario organizado en conjunto por la Junta y la universidad sirvió para presentar los avances de las excavaciones y para trasmitir al conjunto de la sociedad gaditana el optimismo de los responsables culturales.[16]

Con las excavaciones en marcha y la estela de Balbo en primera plana de la prensa local, todo parecía ir sobre ruedas. Pero no todo iba a ser tan sencillo: los problemas no iban a tardar en llegar.

* * *

Tras estos buenos inicios, el Teatro Romano pareció sufrir una maldición. En poco tiempo, fue víctima de una tormenta perfecta de mala suerte, peores decisiones, emboscadas políticas y torpeza. Las operaciones de cimentación de los edificios contiguos obligaron a cerrar el monumento en junio de 2010, al mismo tiempo que la profundización de la crisis económica contraía el presupuesto disponible para intervenciones arqueológicas.[17] Se inició entonces un largo periodo caracterizado por obras que avanzaban a ritmo de

---

15 Sobre el inicio de las obras: *La Voz de Cádiz*, 4 de noviembre de 2009, «Cultura iniciará obras de seguridad en el entorno del Teatro Romano antes de fin de año». La cita proviene de: *Diario de Cádiz*, 9 de noviembre de 2009, Virginia León, «El Teatro Romano toma un nuevo rumbo de cara a su revalorización».

16 *Diario de Cádiz*, 20 de noviembre de 2009, Virginia León, «A un paso de destapar la zona más rica del Teatro Romano».

17 *Diario de Cádiz*, 24 de junio de 2010, Virginia León, «El Teatro Romano cerrará sus puertas por motivos de seguridad».

tortuga. Los arqueólogos excavaban unos meses, se acababan los fondos, se paralizaba la intervención y solo volvía a reanudarse cuando la presión de las autoridades gaditanas obligaba a la Junta a canalizar hacia el recinto parte de los escasos recursos disponibles para intervenciones culturales. Así, una y otra vez.

También a nivel técnico había problemas. La instalación de los micropilotes y del armazón que debían sustentar los edificios bajo los que se excavaría resultó más compleja de lo que habían previsto los técnicos a cargo del proyecto. La mala calidad de los suelos, constituidos en su mayor parte por rellenos, hacía que los cimientos de los edificios fueran endebles e irregulares.[18] Garantizar la seguridad obligaba a operaciones largas y costosas. Lo que se había pensado como un cierre de pocos meses se iba a convertir en la clausura del monumento por casi cinco interminables años.

Entrevistados *off the record* por la prensa local, algunos expertos apuntaban a la metodología diseñada por la Junta de Andalucía para la intervención. Era, desde su punto de vista, «una barbaridad, arqueológicamente hablando».[19] El componente científico del proyecto se había sacrificado en favor de la habilitación turística, con el desgraciado resultado de que al final ambos objetivos habían colapsado. Los intereses de la Junta habían primado sobre los de la ciudad. El prolongado cierre era «la consecuencia de una decisión que llega desde otra ciudad». A los políticos locales les cabía la responsabilidad de no haber sabido resistirse a las imposiciones. A pesar de todas sus proclamas y golpes de pecho, no habían sido capaces de «parar esta barbaridad».

Para otros, en cambio, el problema era que los resultados de las excavaciones arqueológicas habían resultado menos espectaculares de lo esperado. Se había comprobado

---

18 *Diario de Cádiz*, 24 de febrero de 2010, Virginia León, «Las obras bajo las viviendas del Teatro Romano mejorarán los cimientos».
19 Citado en: *Diario de Cádiz*, 22 de septiembre de 2013, Virginia León, «Tras el telón». Todas las citas de este párrafo corresponden a este artículo.

la importancia del teatro en términos estructurales y arquitectónicos, sí, pero apenas se habían encontrado objetos relevantes, dignos de incorporarse en una puesta en valor ambiciosa. Los arqueólogos habían sobreestimado lo que las ruinas podían esconder. Habían apostado por una intervención demasiado ambiciosa, que con el estallido de la crisis se había convertido en un elefante blanco insostenible.

Las protestas se intensificaron a medida que año tras año el cierre del Teatro Romano se prolongaba. Las autoridades locales reprochaban a la Junta que el dinero gastado en el Teatro Romano se podía haber aprovechado mejor en proyectos más exitosos, como la propia ciudad fenicia del Teatro Cómico. «No han aportado ni una limosna para poner en valor uno de los principales yacimientos arqueológicos fenicios del Mediterráneo», recordaba un concejal conservador en un artículo publicado en mayo de 2013.[20] El Gobierno andaluz se contradecía a sí mismo, sostenían los críticos: con una mano destacaba la potencialidad de la cultura para dinamizar los territorios periféricos y con la otra dificultaba el funcionamiento de museos y monumentos, cerrándolos o restringiendo el personal durante el verano. «Esperamos que este cierre no suponga el inicio encubierto de un desmantelamiento de servicios e infraestructuras culturales de la Junta en la ciudad de Cádiz», concluía el artículo.

Un factor adicional de tensión era el desalojo de algunos vecinos que vivían en las edificaciones situadas sobre el Teatro Romano. Si bien la intervención estaba pensada para evitar este tipo de medidas, siempre polémicas, existía una excepción: la llamada Posada del Mesón. Se trataba de un inmueble del siglo XVIII situado junto al local donde se debía instalar el centro de interpretación. La Junta lo había adquirido, como había ocurrido con otros locales cercanos, durante la renovación del Pópulo. Su interior estaba suma-

---

20 *Diario de Cádiz*, 19 de mayo de 2013, Bruno García, «La Junta manda al museo de Cádiz de veraneo».

mente tugurizado, por lo que se pretendía transformarlo y convertirlo en parte del propio centro de interpretación.[21] Con el tiempo, casi todos los inquilinos habían aceptado realojarse en viviendas de protección oficial. Quedaban, sin embargo, algunos sin trasladar.[22]

A pequeña escala esta era una reproducción de conflictos habituales en la puesta en valor del patrimonio en otras ciudades europeas, donde las ruinas conviven con construcciones posteriores de todo tipo. Desde el descubrimiento del Teatro Romano en 1980 la Junta había adquirido y derribado varias edificaciones para permitir que las ruinas salieran a la luz. Ahora se trataba de completar esta operación. La prensa, no obstante, aprovechaba para criticar a los responsables del gobierno regional y para presentar las lacrimógenas historias de los vecinos que se negaban a desalojar sus viviendas. En la mirada de los opositores al gobierno socialista, estos vecinos eran las verdaderas víctimas de las guerras patrimoniales gaditanas.

* * *

Conforme pasaba el tiempo y las puertas seguían cerradas, el Teatro Romano se convirtió en el culebrón por excelencia de Cádiz. Las tensiones políticas se incrementaron sin que ninguna solución se avizorara. La falta de recursos económicos impedía que la puesta en valor arrancara y, dado que las obras estaban a medias, no se podía volver a abrir el teatro tal cual estaba.

En octubre de 2011 las obras se paralizaron, en diciembre se reanudaron y en marzo de 2012 se volvieron a paralizar. Esta intermitencia parecía casi una burla y permitía a Martínez intensificar sus críticas al Gobierno andaluz, al que

---

21 *Diario de Cádiz*, 20 de noviembre de 2010, Virginia León, «La Posada del Mesón se integrará en el Centro de Interpretación del Teatro».

22 *Diario de Cádiz*, 21 de junio de 2011, Pedro M. Espinosa, «Los últimos de la Posada del Mesón».

achacaba falta de sensibilidad e irresponsabilidad. «Lleváis tres años haciendo una obra como si fuera la de El Escorial», increpó a los concejales socialistas en una sesión del pleno municipal.[23] Aunque los sucesivos consejeros de Cultura de la Junta habían anunciado varias veces la pronta conclusión de las obras, casi nadie confiaba en su palabra. Simplemente no había dinero. Finalmente, las autoridades autonómicas se vieron obligadas a admitir su incapacidad para fijar una fecha para la reapertura del teatro.[24] El mal estado de los terrenos donde se trabajaba, la crisis económica y la quiebra de las empresas implicadas en la intervención hacía que cualquier pronóstico estuviera fuera de lugar.

En plena crisis económica, la paralización de las obras del Teatro Romano era un emblema del fracaso del Gobierno andaluz. Era la metáfora perfecta de la decadencia de un sistema político controlado por más de tres décadas por el Partido Socialista. Sobrepasado su momento histórico, el viejo partido estructurador de la autonomía andaluza era incapaz de liderar la trasformación que ciudades periféricas como Cádiz necesitaban para encontrar su lugar en el nuevo escenario de la globalización.

El descontento sobrepasaba las fronteras ideológicas. En octubre de 2013 incluso los concejales socialistas apoyaron en el pleno municipal una moción de reprobación del Gobierno andaluz. «Tomáis por tontos a los gaditanos» fue la respuesta de la alcaldesa, que reprochaba a sus opositores que ahora la respaldaran tras haberla criticado duramente en el pasado.[25] La crisis era tal que ni siquiera se había logrado abrir el centro de interpretación previsto seis años antes.

---

23 *Diario de Cádiz*, 1 de octubre de 2013, J. M. S. R, «Martínez: "Lleváis tres años haciendo una obra como si fuera la de El Escorial"».

24 *Diario de Cádiz*, 19 de junio de 2012, Virginia León, «Cultura confirma que el Teatro Romano tardará en abrir sus puertas».

25 *Diario de Cádiz*, 1 de octubre de 2013, J. M. S. R, «Martínez: "Lleváis tres años haciendo una obra como si fuera la de El Escorial"».

Este proyecto se había licitado en 2007, justo antes del inicio de la crisis, con la idea de que se desarrollara en paralelo a las excavaciones. Tres años después las obras de infraestructura estaban concluidas, pero faltaba implementar la museografía (que también estaba diseñada). Para ello debía convocarse un segundo concurso.

El centro de interpretación era un espacio claro y diáfano, vanguardista y lleno de luz. Pozos entubados permitían ver los segmentos del teatro que aún estaban enterrados, amplios ventanales proporcionaban una vista esplendorosa de las ruinas y una pasarela metálica hacía posible acceder hasta la parte superior de las gradas. El diseño de los contenidos había estado a cargo de los propios arquitectos que habían construido el recinto, con la asesoría de los arqueólogos de la universidad. Era un proyecto innovador, basado en el uso intensivo de nuevas tecnologías de información para proporcionar a los visitantes una imagen integral del todavía casi completamente enterrado Teatro Romano.[26]

Casi todos los expertos estaban de acuerdo en que el nivel de la propuesta era alto. El problema era cómo llevarla a cabo. El concurso organizado por la Junta lo ganó una empresa extremeña, lo que suscitó críticas en los medios locales.[27] En medio de la crisis económica, que en esos años alcanzaba su punto álgido, se reprochaba a la Junta de Andalucía que prefiriese beneficiar a proveedores foráneos, en lugar de apostar por iniciativas gaditanas. Se dudaba de la capacidad de los ganadores para desarrollar un proyecto de esta magnitud tan lejos de su lugar de origen. De nada servía que los contratistas hubieran ofrecido contratar servicios y operarios locales.

---

26 *Diario de Cádiz*, 24 de junio de 2010, Virginia León, «La adecuación museográfica del Centro de Recepción del coliseo sale a concurso público»; y *La Voz de Cádiz*, 31 de diciembre de 2010, Rocío Vázquez, «El museo del Teatro Romano, en dos meses».

27 *La Voz de Cádiz*, 6 de enero de 2011, Ana Leñador, «E-Cultura contacta con empresas locales para las obras del museo del Teatro Romano».

Unos meses después los temores se cumplieron y la empresa ganadora del concurso comenzó a incumplir los plazos establecidos para la instalación. En un principio, los responsables alegaron que los retrasos se debían a la demora por parte del Gobierno andaluz en el desembolso de las cantidades establecidas en el contrato. «Tenemos los recursos, las personas y los medios. Solo nos falta el dinero para ejecutarlo», señalaron.[28] Este problema era muy común en aquellos años y evidenciaba la vulnerabilidad del tejido vinculado con la puesta en valor del patrimonio. Se trataba casi siempre de empresas de pequeño tamaño, que dependían de la puntualidad de los pagos para mantener su flujo de caja. Sin embargo, esta vez no hubo ninguna solución. Tras diversas polémicas, la concesionaria de la musealización del centro de interpretación del Teatro Romano se declaró en suspensión de pagos y la Junta se vio obligada a cancelar el contrato a inicios de 2012.[29]

Ni el Teatro Romano, ni el centro de interpretación se podían abrir al público. La capacidad de la Junta de Andalucía estaba en cuestión, así como su compromiso con la ciudad. En plena crisis económica, era otro fracaso más que sumar a la larga lista negra de experiencias negativas de puesta en valor del patrimonio gaditano. Y no sería el último. A pocos metros de distancia del Teatro Romano, en esos mismos años se estaba llevando a cabo otra experiencia de puesta en valor de restos arqueológicos. Tenía premisas y actores muy diferentes, pero los resultados iban a ser similares. La vorágine de las guerras patrimoniales gaditanas también la iba a devorar.

---

28 *Diario de Cádiz*, 2 de marzo de 2012, Virginia León, «La Junta decidirá si el Teatro Romano concluye este año».
29 *Diario de Cádiz*, 24 de febrero de 2012, Virginia León, «Otra piedra para el Teatro Romano».

/// /// ///
ESPACIO SAGRADO

Cuando pregunto por qué la puesta en valor del patrimonio es un tema tan polémico en Cádiz, las respuestas de mis entrevistados son muy diferentes. Cada uno de ellos lo atribuye a una razón, desde quienes piensan en clave estructural hasta quienes aluden a culpas y responsables individuales. Pero en uno u otro momento casi todos acaban por mencionar a un mismo personaje: José Antonio Garbarino. Emprendedor, vinculado a una familia de artistas locales, de verbo fluido y arrebatado, con tendencia a asumir riesgos y una gran confianza en sí mismo, Garbarino es un referente para lo bueno y para lo malo. Para unos es un ejemplo del carácter decidido y emprendedor que Cádiz necesitaría para progresar; otros en cambio lo ven como una fuente de problemas y un factor de discordia permanente.

La historia de Garbarino está íntimamente ligada al debate sobre el cambio de modelo económico de la ciudad, a la precaria consolidación del discurso fenicio sobre el pasado de la bahía de Cádiz y a la búsqueda de fórmulas creativas para poner en valor el patrimonio cultural. Sin embargo, se trata de un caso singular. En una provincia donde la puesta en valor del patrimonio es una tarea casi exclusivamente reservada a las administraciones públicas, supone el único esfuerzo de gestión privada de un monumento arqueológico. Durante más de una década Garbarino tiene a su cargo un conjunto de ruinas que, si bien tienen menos entidad que las analizadas en los capítulos anteriores, contribuyen a complementar la topografía de restos de la antigua ciudad fenicia.

El fracaso de esta empresa es especialmente sorprendente por cuanto se desarrolla en una ciudad bajo el gobierno de una alcaldesa conservadora. Martínez era sobre el papel una defensora de la iniciativa privada. Sus enfrentamientos con la Junta de Andalucía eran fáciles de explicar por la animadversión política y por los intereses contrapuestos de ambas administraciones. Pero la tensión con las iniciativas de puesta en valor comandadas por Garbarino evidencia que, aunque la ideología es importante en las guerras patrimoniales gaditanas, no es el único factor por considerar: las rivalidades personales y los recelos son otro componente al menos igual de importante.

Las cosas fueron bien al principio, pero cuando los proyectos de Martínez y Garbarino comenzaron a competir e interferir ente sí, rápidamente las relaciones entre ambos se deterioraron. Desde el principio la concesión de la explotación del patrimonio arqueológico a empresas privadas fue vista con reticencia por la izquierda; al final, lo mismo iba a ocurrir con la singular derecha local.

* * *

Descubiertas en 1997 en el mismo barrio del Pópulo donde se ubica el Teatro Romano, las ruinas de la Casa del Obispo ocupan los subterráneos de un edificio de cuatro siglos de antigüedad, propiedad de la curia eclesiástica. Los restos incluyen vestigios fenicios y romanos. Entre los primeros destacan una serie de enterramientos de dignatarios de alto rango, probablemente vinculados al culto sagrado. Esto suponía que la zona había tenido un uso religioso continuado durante casi treinta siglos. De ser templo y lugar de enterramiento durante los tiempos fenicios y romanos, había pasado a convertirse en epicentro del culto católico. Era un ejemplo de la continuidad de la topografía sagrada de la ciudad desde su fundación hasta el presente. Junto a las ruinas, en pocas cuadras se arremolinaban la catedral vieja (del siglo XIII) y la imponente catedral nueva, diseñada en el siglo XVIII por el arquitecto Víctor Acero.

La relación entre la Iglesia católica y las autoridades culturales es un tema polémico en Andalucía. La iglesia mantiene el control sobre algunos de los monumentos más famosos y visitados, tales como la catedral y la Giralda de Sevilla o la mezquita de Córdoba. También controla la catedral nueva de Cádiz, que a nivel local es el emplazamiento que más visitantes recibe. Para el gobierno regional, la tutela de la iglesia sobre estos monumentos es tanto un obstáculo económico como político. Desvía una parte importante de los ingresos turísticos fuera del control de las autoridades e introduce disonancias en el discurso cultural proto-nacional basado en la triada tartesios-romanos-andalusíes.

Especialmente conflictivo es el caso de la mezquita de Córdoba, un edificio de gran visibilidad cultural, que desde el punto de vista católico es también una catedral, pues así fue consagrada tras la conquista de la ciudad por el rey Fernando III de Castilla en 1236. Como es lógico dado que se trata de un gran negocio, la curia desea mantener el carácter religioso del edificio y ha rechazado sistemáticamente su incorporación a la Red de Espacios Culturales de Andalucía. En contraparte, desde hace dos décadas de manera intermitente colectivos progresistas realizan campañas para exigir que la mezquita se convierta en un espacio público, se desacralice o incluso que regrese al culto islámico. Los argumentos culturales se cruzan con consideraciones económicas y con un alto voltaje político. Desde el punto de vista de los nacionalistas andaluces y de buena parte de los rapsodas de izquierda, la mezquita es parte indeclinable de la arquitectura sentimental de la nación, ya que está vinculada al principal periodo de esplendor de Al-Ándalus: la época Omeya. La Iglesia rechaza estos presupuestos y lo mismo ocurre con los sectores conservadores, para quienes esa arquitectura de nación es el resultado de una tergiversación política dirigida a minimizar los vínculos de Andalucía con el resto de España.

El eco de estas tensiones llega a Cádiz amortiguado. En la ciudad no existen conflictos patrimoniales equivalentes a los de Córdoba, Sevilla o a los que cada año se reproducen en Granada en torno a la fiesta del 2 de enero, aniversario de la conquista de la ciudad por los Reyes Católicos. La puesta en valor de la Casa del Obispo se inicia con un convenio entre el Gobierno local, las autoridades regionales y el obispado. Este último autorizaba a continuar los trabajos arqueológicos y su posterior apertura al público, a cambio de que las autoridades aportaran los recursos necesarios para rehabilitar las plantas superiores del edificio, para convertirlo en un centro cultural gestionado de manera conjunta por la Iglesia católica y el Gobierno local. La novedad consistía en que tanto las excavaciones como la puesta en valor se concesionaban a una empresa privada, conformada por técnicos y especialistas en temas arqueológicos. Esto era algo que nunca se había hecho en Cádiz. Existían, por supuesto, precedentes de arqueología de contrato (aunque menos que en otras ciudades andaluzas), pero nunca una empresa privada se había encargado de gestionar un monumento de semejante importancia para la historia de la ciudad.

Para la oposición de izquierdas ceder la puesta en valor de la Casa del Obispo sentaba un peligroso precedente, que podía abrir la puerta a una privatización del patrimonio cultural. Otros sectores consideraban, en cambio, que la concesión era la única manera de que la ciudad pudiera dar un salto cualitativo, en un contexto en el que la falta de recursos y las continuas disputas entre administraciones amenazaban con bloquear cualquier iniciativa de puesta en valor.

La concesión de la Casa del Obispo no implicaba que las autoridades quedaran por completo al margen de la intervención. Tal como la ley exigía, el municipio y la Junta de Andalucía debían supervisar las excavaciones y se reservaban la última palabra en las decisiones referidas a la manipulación de los bienes arqueológicos que se pudieran descubrir. Pero aun así los márgenes de autonomía de la empresa concesionaria eran bastante amplios. Entre otras cosas corrían por su cuenta la selección de las narrativas más adecuadas para la puesta en valor y los detalles técnicos de la musealización de los restos. Era la empresa concesionaria la que debía «imaginar» la Casa del Obispo, extrayendo aquellos elementos de su larga historia que se consideraran más relevantes desde el punto de vista científico y de la promoción turística del recinto.

La concesión recayó en Alavista SA. Se trataba de una pequeña empresa local dirigida por Garbarino. Por ese entonces, en el periodo previo a la crisis económica, era únicamente una más dentro de un enjambre de iniciativas similares que habían surgido al calor de la abundancia de recursos de las administraciones públicas. El elenco incluía desde aquellas empresas que se dedicaban a proyectos de arqueología de contrato, ya fuera con administraciones públicas o con constructoras privadas, hasta las iniciativas centradas en promover formas originales de puesta en valor del patrimonio: visitas teatralizadas, pasacalles, talleres de recreación patrimonial para niños y jóvenes, etc.

Los promotores de estas iniciativas eran casi siempre egresados de especialidades como historia, graduado social o turismo que en una ciudad como Cádiz, donde las tasas de desempleo eran muy altas incluso en las épocas de bonanza, encontraban en la cultura un medio para ganarse la vida. Alavista destacaba por ser más ambiciosa que sus rivales y por plantearse iniciativas mucho más espectaculares, que no solo implicaban actividades lúdicas o educativas, sino que perseguían involucrar directamente a actores privados en la gestión y puesta en valor del patrimonio. Tenía además un enfoque netamente empresarial.

La concesión incluía parte de las ruinas halladas en 1997, pero otra parte quedaba bajo el control del Ayuntamiento ya que sobre ellas se pretendía construir una estructura lúdico-monumental de estilo contemporáneo encargada al arquitecto Alberto Campo Baeza. Esta segregación respondía a la propia situación legal de los terrenos: una parte se hallaba bajo la Casa del Obispo y otra parte bajo el terreno donde se pretendía construir el monumento. Una vez más, el abigarrado urbanismo local condicionaba y complicaba la puesta en valor.

En enero de 2006 la Delegación Provincial de Cultura (dependiente de la Junta de Andalucía) concedió a Alavista la licencia definitiva para iniciar los trabajos de excavación en la Casa del Obispo.[1] Ya tenían el visto bueno de las dos administraciones. Fue el inicio de una época dorada para Garbarino y su equipo. Las buenas noticias se sucedieron una tras otra. Pocas semanas después de empezar las excavaciones, comenzaron a aparecer nuevos restos de las épocas púnica y romana.[2] Destacaba un criptopórtico romano, que en opinión de los expertos indicaba que en esa época el recinto tenía una actividad ritual mucho más intensa de lo que hasta entonces se había pensado. Los arqueólogos interpretaban estos hallazgos como una prueba de que este era uno de los grandes templos del Cádiz romano, si bien aún no estaba claro a qué divinidad se había consagrado.

---

[1] *La Voz de Cádiz*, 14 de enero de 2006, «Licencia de actuación para su puesta en valor».

[2] *La Voz de Cádiz*, 9 de febrero de 2006, «Aparecen nuevos restos arqueológicos en el yacimiento de la Casa del Obispo».

Una vez concluida la rehabilitación, en el mes de junio de 2006 la Casa del Obispo se abrió al público. La muestra incluía secciones romanas y fenicias. Por entonces la ciudad fenicia del Teatro Cómico aún no se había descubierto, por lo que la Casa del Obispo era el principal atractivo arqueológico de la ciudad, junto con el Teatro Romano. Era el único testimonio de la presencia oriental en época arcaica, aunque al ser ruinas de carácter religioso aún no permitían constatar la existencia de una verdadera ciudad. Las ruinas se mostraban junto a una serie de paneles con información sobre la historia del recinto. Gracias al trabajo realizado por expertos de la Universidad de Córdoba se podía recorrer la «biografía de Cádiz».[3] «Es emocionante lo que hay aquí dentro, muy emocionante», declaró la alcaldesa durante la ceremonia inaugural.

Según sostenían sus promotores, este rincón del Pópulo era un espacio sagrado, que se había mantenido como tal desde la fundación de la ciudad por los fenicios hasta la actualidad. La inversión superaba el millón de euros. «Se han colocado grandes paneles retroiluminados con explicaciones didácticas —detallaba un medio de comunicación— además, hay pantallas de plasma desde las que se explicará cómo se pintaba en época romana, qué es un criptopórtico o cómo era Gades a vista de pájaro, a partir de una reconstrucción tridimensional».[4] El recorrido se realizaba a través de pasarelas suspendidas sobre los restos de las distintas épocas, que aparecían superpuestos con una profundidad de hasta 8 metros.

La musealización permitía acercarse a las diferentes etapas históricas de la ciudad. Los restos más antiguos databan del siglo VII a.C. Posteriormente la construcción había crecido y se había complejizado, hasta experimentar una completa remodelación en el primer siglo de nuestra era. En los

---

3 *La Voz de Cádiz*, 1 de junio de 2006, Ana Soria, «La biografía de Cádiz, abierta a todos».

4 *La Voz de Cádiz*, 9 de junio de 2006, Ana Soria, «Una casa con 28 siglos».

siglos III y IV sufrió graves daños y durante la época musulmana fue abandonado. En los siglos XVI y XVII se construyó una gran casa con un patio central, dotado de grandes arcos y corrales en su parte baja, y una vivienda noble en la primera planta, que llegó a ser sede episcopal, de donde derivaba el nombre de Casa del Obispo.

Además de los restos arqueológicos, los visitantes podían contemplar (y adquirir) reproducciones de piezas recuperadas durante las excavaciones. La más destacada era un anillo fenicio del siglo VII a.C., que representaba a dos delfines saltando sobre el mar. Los arqueólogos creían que había sido utilizado por un siglo, antes de ser depositado en la tumba de un alto dignatario o sacerdote fenicio, donde había permanecido hasta su descubrimiento. El minucioso análisis del trazado de la joya permitía identificar que el orfebre que la creó era zurdo o al menos trabajaba las piezas con esa mano.[5] Se trataba del tipo de detalles que ayudaban a dar vida a los objetos arqueológicos, evidencia del nuevo estilo de puesta en valor que Garbarino quería impulsar. Su intención era vincular al público con el patrimonio, ofreciendo algo más que piedras y áridas informaciones eruditas. El programa incluía también visitas y banquetes teatralizados en el recinto.[6] La Casa del Obispo pretendía así romper paradigmas en «una ciudad donde sobran huesos y faltan, o bien ideas, o valor para llevarlas a cabo».[7]

La apuesta de Garbarino dio sus frutos y durante unos meses el público acudió en gran número a la Casa del Obispo. Se hablaba de hasta 10 000 visitantes durante los primeros 50 días.[8] La mezcla de elementos esotéricos y exaltación localista resultaba atractiva tanto para el público local como para

---

[5] *La Voz de Cádiz*, 10 de agosto de 2006, Francisco Apaolaza, «En manos fenicias».
[6] *Diario de Cádiz*, 21 de mayo de 2008, «La Casa del Obispo celebrará cenas romanas los fines de semana de verano».
[7] *La Voz de Cádiz*, 15 de agosto de 2006, Francisco Apaolaza, «Lo que le falta a Cádiz».
[8] *La Voz de Cádiz*, 13 de agosto de 2006, Francisco Apaolaza, «La Casa del Obispo recibe 10000 visitas en sus primeros 50 días».

las autoridades, que por entonces apenas visualizaban el potencial de la arqueología para crear discursos identitarios. El momento fenicio vinculado a los descubrimientos del Teatro Cómico aún estaba en pañales. La apertura de la Casa del Obispo tenía además la ventaja de haber creado un nuevo espacio público urbano, la llamada plaza de Levante, situada en lo que hasta entonces había sido parte del recinto interior de las propiedades eclesiásticas. Ahora se habían removido los obstáculos al libre tránsito y la plaza era el camino de acceso al nuevo yacimiento arqueológico.

El momento de mayor protagonismo público de la Casa del Obispo llegó en el mes de octubre de 2006, cuando la entonces reina de España, Sofía de Grecia, aprovechó una visita a Cádiz para conocer el yacimiento. La monarca había viajado a la ciudad para inaugurar varios equipamientos culturales construidos en los meses anteriores, entre ellos el centro cultural habilitado en la parte superior del yacimiento como contrapartida de la cesión de las ruinas.[9] Al evento acudieron las principales autoridades locales, representantes del mundo cultural y otros invitados de la sociedad elegante gaditana. Pero no todo iba a salir bien. Probablemente cansada por la larga jornada, la reina tropezó con uno de los desniveles de la vereda y a punto estuvo de caer al suelo. Solo los reflejos de la alcaldesa evitaron el golpe. La anécdota apareció en la prensa en los siguientes días, en algunos casos revestida de un aura de presagio negativo.[10] En un momento en el que la crisis comenzaba a copar las portadas, el traspié de la reina aparecía a los ojos de los críticos como la metáfora de un régimen político debilitado y tambaleante.

Este incidente se unía a otro ocurrido poco antes, durante la visita a la Casa del Obispo del entonces presidente de la Junta de Andalucía, Manuel Chaves. Esta había sido una vi-

---

9 *La Voz de Cádiz*, 22 de octubre de 2006, J. Landi, «La reina Sofía visitará el próximo martes tres nuevos centros culturales gaditanos».

10 *La Voz de Cádiz*, 25 de octubre de 2006, «Martínez evita la caída de la reina en El Pópulo».

sita inesperada. Para el equipo de Martínez suponía una falta de respeto hacia las autoridades locales, que no habían sido avisadas de la llegada del mandatario. Temían que se quisiera aprovechar la visibilidad recién adquirida por el monumento arqueológico para mejorar la imagen de los gobernantes socialistas, aun cuando el impulso de la puesta en valor correspondía a las autoridades locales. Comportarse así era, desde el punto de vista de Martínez, «un desprecio y una ofensa de Chaves a los gaditanos».[11]

Estos malos augurios no desalentaron a Garbarino. Durante los primeros meses de 2007 nuevas excavaciones permitieron refinar las narrativas asociadas al emplazamiento. Poco a poco se fue abriendo paso una interpretación que vinculaba las ruinas romanas con un templo en el que se rendía culto a Asclepios, el dios de la medicina.[12] En las profundidades de la Casa del Obispo, señalaban sus promotores, se realizaban rituales esotéricos vinculados a la sanación de dolencias físicas y mentales mediante el sueño y el trance ritual. Esta interpretación se basaba lejanamente en las teorías de Peter Kinsgley, un arqueólogo y filósofo británico muy discutido por sus colegas, quien sostiene que estos rituales (aunque enfocados en Apolo y no en Asclepio) eran una suerte de religión paralela, solo para iniciados, difundida por todo el ámbito mediterráneo en las épocas griega y romana.[13] La Casa del Obispo correspondería a uno de estos emplazamientos, solo accesibles para las élites y para los iniciados en los misterios del culto a Asclepios.

En abril de 2007 la puesta en valor de la Casa del Obispo fue galardonada con el premio Europa Nostra.[14] Concedi-

---

11 *La Voz de Cádiz*, 17 de octubre de 2006, «La Junta afirma que ha cursado invitación al ayuntamiento sobre la visita de Chaves de mañana».
12 *La Voz de Cádiz*, 26 de junio de 2007, «Descubren que el yacimiento de la Casa del Obispo albergó el hospital-santuario de Gades».
13 Peter Kingsley, *En los oscuros lugres del saber*, Barcelona, Atalanta, 2010.
14 *La Voz de Cádiz*, 27 de abril de 2007, «La Casa del Obispo, premio Europa Nostra de Patrimonio».

dos desde 1978 por la Federación de Asociaciones de Instituciones de Patrimonio, estos premios cuentan desde 2002 con el aval oficial de la Unión Europea y se consideran uno de los reconocimientos más importantes del continente en el campo de la cultura. La Casa del Obispo recibía el premio dentro de la categoría «patrimonio romano», donde ya habían sido reconocidas otras iniciativas españolas, como la restauración del circo romano de Tarragona, la villa de Olmedo (Palencia) o el teatro romano de Cartagena. Sin embargo, era la primera vez que una propuesta patrimonial gaditana alcanzaba semejante honor, por lo que Garbarino aprovechó para sacar lustre a su trabajo. Era, desde su punto de vista, «un premio al esfuerzo, al trabajo y al empeño de hacer las cosas bien».[15] La Casa del Obispo contribuía a dejar atrás los mitos de quienes se oponían a la participación de actores privados en la puesta en valor del rico patrimonio gaditano y abría una nueva etapa para la ciudad.

* * *

Aunque la Casa del Obispo era la joya de la corona, durante esta etapa de esplendor la empresa dirigida por Garbarino también tenía a su cargo otros atractivos culturales gaditanos. Desde 2005 controlaba la gestión de la torre mirador de la Catedral Nueva. Su contraparte aquí era el obispado de la ciudad. La idea era combinar esta visita con las ruinas arqueológicas de la Casa del Obispo en un único recorrido que incidiera en la continuidad del espacio sacro gaditano, desde la protohistoria hasta la actualidad.

En la línea de los recorridos patrimoniales que por entonces estaban de moda. Garbarino quería convertir el «espacio sacro» en uno de los atractivos de la ciudad. Consideraba que su iniciativa era la prueba de que la participación privada aportaba a la puesta en valor del patrimonio, no solo capitales y recursos humanos, sino también ideas fres-

---

15 *La Voz de Cádiz*, 9 de mayo de 2007, M. Almagro, «Continúan los trabajos de la Casa del Obispo animados por el reconocimiento europeo».

cas y novedosas para sacar jugo a la rica historia local. Sin embargo, el proyecto nunca llegó a plasmarse debido a las diferencias entre las autoridades civiles y eclesiásticas. Más ambiciosas aún eran dos iniciativas emprendidas por Alavista para generar movimiento comercial a partir de la activación del patrimonio cultural en el barrio del Pópulo: la remodelación de la Casa del Almirante, para convertir el inmueble en un hotel de cinco estrellas, y la apertura en los sótanos de una finca cercana a la Casa del Obispo en un *spa* inspirado en las termas romanas.

Esta suma de proyectos concentrados en unas pocas manzanas posicionaba a Garbarino como un actor central del proceso de reinvención del Pópulo. Como vimos en el capítulo anterior, este era un barrio peculiar tanto por su historia como por la percepción ciudadana. Sus vínculos con el patrimonio cultural eran muy directos: no era que los vestigios del pasado se integraran en el Pópulo, sino que el propio barrio se había conformado morfológicamente en torno a dichos vestigios. Desde la Antigüedad tardía las instalaciones del Teatro Romano habían perdido su sentido original y se habían tugurizado. Los gaditanos de la época arrancaron los revestimientos de mármol para utilizarlos en sus viviendas, muchas de ellas construidas sobre las propias ruinas, mientras convertían las galerías interiores del teatro en lugares de almacenamiento, corrales o incluso en viviendas. Con el tiempo, algunas partes del teatro desaparecieron, otras se colmataron con residuos y rellenos o pasaron a formar parte del complejo entramado de túneles que recorren todo el barrio. Como resultado, gran parte del Pópulo se aposentaba o utilizaba materiales extraídos de este recinto. Sin embargo, al perderse la memoria del pasado romano, esta conexión había quedado oscurecida. El Pópulo se había convertido con el tiempo en un espacio degradado, en el que convivían familias de escasos recursos, drogadictos y maleantes. Era uno de los barrios que los gaditanos trataban de evitar a toda costa.

La situación del Pópulo comenzó a cambiar en 1995 cuando confluyeron dos esfuerzos paralelos. Por un lado, la Junta de Andalucía puso en marcha un programa pionero de remodelación de viviendas del centro histórico. Aunque incluía otras zonas, el Pópulo estaba entre los sectores más favorecidos. Este programa contemplaba ayudas a los propietarios y la adquisición directa de los inmuebles por parte del Gobierno andaluz. En unos años se invirtieron casi 100 millones de euros en la tarea.[16] Al mismo tiempo, el barrio se convirtió en objetivo preferente de varios programas implementados por el ayuntamiento. Los talleres para la reinserción laboral de los habitantes del barrio se combinaron con intervenciones de habilitación urbana y recuperación de espacios públicos. En ambos casos los recursos provenían en gran parte de los fondos de cohesión de la Unión Europea.

En línea con la apuesta por el turismo cultural, las autoridades pretendían convertir el Pópulo en un emporio de producción y venta de artesanías. La idea era recuperar las antiguas tradiciones artesanales e insuflarles nueva vida, para lo que se pusieron en marcha líneas de apoyo a las asociaciones de artesanos, se facilitó el alquiler a bajo costo de talleres y se incentivó la apertura de tiendas. Las autoridades jugaban con la ventaja de la buena ubicación del Pópulo. Encajada entre la plaza de la Catedral y la plaza del Ayuntamiento, al costado de una de las principales arterias comerciales de la ciudad, se trataba de una zona sencilla de posicionar en los recorridos turísticos. También ayudaba a ello la presencia de algunos de los pocos vestigios conservados de la ciudad medieval. Los arcos de la Rosa y de los Blancos marcan hasta la actualidad los límites del barrio y lo dotan de una atmósfera singular

---

16 *Diario de Cádiz*, 23 de noviembre de 2009, José Luis Blanco Romero, «Recuperar los cascos históricos». Dos balances en: *Diario de Cádiz*, 10 de junio de 2012, Pilar Hernández Mateo, «La rehabilitación incompleta del Pópulo»; y *El País*, 15 de junio de 2013, Pedro Espinosa, «Tras el rastro de una rehabilitación».

En pocos años el Pópulo mejoró de manera notable. Tanto las condiciones de vida de sus habitantes como la imagen del barrio mejoraron. Sus calles dejaron de verse como un foco de peligro y temor. En palabras de una analista local, dejó de ser una vergüenza colectiva para convertirse en «un espacio al alcance de todos, donde los padres de familia no agachan la cabeza cuando los novios de sus hijas las acompañan hasta el portal».[17] La mayoría de las viviendas, sin dejar de ser humildes, mejoraron, las veredas estaban limpias e iluminadas. Los negocios volvieron y el Pópulo se convirtió en uno de los epicentros de la (por otra parte alicaída) vida nocturna gaditana.[18]

La rehabilitación del Pópulo fue uno de los grandes éxitos de la política gaditana de los años noventa. Aunque la mayor parte de las operaciones estuvieron a cargo de la Junta de Andalucía, su desarrollo coincidió en el tiempo con los grandes proyectos urbanísticos impulsados por Martínez, como el soterramiento de la vía del tren o la construcción de la nueva estación de ferrocarril. De ahí que se instalara un sentido común que atribuía la mejora de la ciudad al gobierno municipal conservador. Esta confusión entre los méritos de las diferentes administraciones, que las autoridades locales lógicamente no hacían nada por evitar, es una de las razones que explica la pervivencia política de la alcaldesa. Fuera o no iniciativa suya, el éxito de las mejoras sumaba puntos a su favor.

Con el cambio de siglo estos procesos habían perdido algo de impulso. El Pópulo había mejorado mucho, pero no acababa de despegar económicamente. Buena parte de las esperanzas de sus habitantes para terminar de dar el salto adelante se centraban en las iniciativas de Garbarino. La Casa del Almirante era un edificio barroco, que había

---

17 *La Voz de Cádiz*, 29 de octubre de 2009, Nuria Agrafojo, «El Pópulo, de la vergüenza al orgullo».
18 *Diario de Cádiz*, 6 de septiembre de 2010, Óscar M. Cuevas, «Turismo y terrazas entre viejos arcos».

servido como sede de la Casa de Contratación durante la etapa de esplendor del comercio gaditano. Aunque tenía una fachada espectacular, hacía mucho tiempo que estaba abandonada y amenazaba con convertirse en una ruina. Junto con varios socios, Garbarino pretendía remodelarla y convertirla en un alojamiento de lujo, con un hotel y departamentos en alquiler o venta. Las termas, por su parte, pretendían aprovechar el espectacular subsuelo del Pópulo para desarrollar un negocio que contribuyera a asentar el barrio como destino turístico de alto nivel. La idea consistía en reproducir la estética romana, incluyendo restos de los túneles de aquella época o incluso algunas piezas arqueológicas encontradas en las excavaciones.

Junto con la Casa del Obispo, termas y hotel debían integrar un circuito turístico-cultural gestionado por Alavista, que permitiría al barrio incrementar su movimiento económico. Debian ser la locomotora que llevara al Pópulo al definitivo progreso. Con estas intervenciones el antaño alicaído barrio concluiría su transición. Dejaría de ser un ejemplo de conflictos y degradación social y se convertiría en un referente cultural.

Éstas eran las expectativas cuando llegó la crisis.

ARQUITECTURA MILAGROSA

Las iniciativas de Garbarino comenzaron a desarrollarse en un momento en que el proyecto turístico-cultural de la alcaldesa Martínez aún no había madurado. Las ruinas de la ciudad fenicia del Teatro Cómico aún no se habían descubierto cuando la musealización de la Casa del Obispo ya estaba en marcha. Tampoco había comenzado la crisis económica y las esperanzas locales aún no se centraban en convertir la ciudad en un emporio turístico. De ahí que la respuesta de las autoridades locales fuera tibia: apoyaban la puesta en valor, pero sin entrometerse demasiado. Ni Martínez ni nadie de su quipo tenían ningún problema en ceder la gestión de las ruinas a la iniciativa privada.

La situación dio un giro a partir de 2008. La crisis económica estalló y Martínez se vio obligada a reinventar su proyecto político, girando hacia el turismo y la puesta en valor del patrimonio cultural. Fue entonces cuando comenzaron los problemas con Garbarino o al menos cuando estos desencuentros saltaron a la luz pública y se convirtieron en parte de las guerras patrimoniales gaditanas.

Sus detractores señalan que Garbarino quiso hacer demasiadas cosas, demasiado deprisa y no siempre de manera transparente. Con frecuencia le achacan un carácter avasallador y poco dialogante, que le llevaría a colisionar incluso con quienes inicialmente apoyaban sus proyectos. Él, por el contrario, se defiende apuntando a la persistencia de estereotipos muy arraigados en los funcionarios públicos y en los intelectuales gaditanos, recelosos de la participación de actores privados en la puesta en valor del patrimonio cultural.[1] En Cádiz prevalecería una idealización de la mediocridad, que llevaría a despreciar a quienes se atreven a arriesgar su capital en empresas novedosas. La retórica del patrimonio como bien común sería, desde su punto de vista, una simple excusa para cerrar el camino a los emprendedores.

El principal punto de fricción entre la empresa concesionaria de la Casa del Obispo y las autoridades locales se refería a la construcción de Entrecatedrales. Esta era una intervención programada desde 2006, que pretendía aprovechar un solar situado entre las catedrales vieja y nueva para erigir un monumento de estilo contemporáneo encargado a un arquitecto de renombre. El problema era que bajo este descampado se situaba una parte del yacimiento fenicio de la Casa del Obispo. Este sector no estaba incluido en la concesión de Alavista, pero desde el punto de vista histórico era de gran importancia, ya que incluía las tumbas fenicias más antiguas. De ahí que, aunque hubieran sido pensados por separado, ambos proyectos colisionaran sobre el terreno. Ambos competían por un mismo espacio en una ciudad donde espacio era precisamente lo que más faltaba.

* * *

---

[1] *La Voz de Cádiz*, 11 de noviembre de 2007, «El verdadero reto lo tenemos en 2010 y no veo que se trabaje a buen ritmo».

Entrecatedrales era rupturista desde el punto de vista formal y conceptual. Su impulso por parte de las autoridades locales era un ejemplo de lo que el crítico de arte Llàtzer Moix denomina «arquitectura milagrosa»: intervenciones de gran visibilidad encargadas a arquitectos estrella, pensadas para tener impacto público y aumentar el prestigio de las ciudades y los políticos que las pagan.[2] Casos emblemáticos de esta conjunción entre arte, política y vanidad eran la Ciudad de las Artes y la Ciencia de Valencia, construida por Santiago Calatrava, primero con el apoyo de los gobernantes regionales socialistas y posteriormente de sus sucesores conservadores, y la Ciudad de la Cultura de Santiago de Compostela, diseñada por el arquitecto norteamericano Peter Eisenman para mayor gloria de Manuel Fraga, un antiguo ministro franquista reconvertido en líder regionalista gallego.

A una escala conmovedoramente local y limitada, Entrecatedrales debía cumplir en Cádiz esta misma función de mascarón de proa y emblema de modernización urbana. Había comenzado a construirse en 2006, en pleno auge de los equipamientos culturales, cuando la crisis aún era una pequeña nube en el horizonte. Era, por lo tanto, un proyecto muy anterior al giro de las políticas locales hacia el turismo cultural basado en la identidad fenicia de la ciudad. Para entonces se sabía que debajo había ruinas fenicias, pues se habían descubierto durante la década anterior, pero su valor como reclamo turístico o identitario era todavía reducido. Los promotores de Entrecatedrales eran conscientes de que debían proteger los restos, como marcaba la ley, pero su puesta en valor no era prioritaria. De ahí que Alberto Campo Baeza no los incluyera en un lugar destacado en su diseño.

Campo Baeza era un arquitecto gaditano asentado en Madrid desde los inicios de su carrera. Pensaba que el monumento debía demostrar que Cádiz tenía «una dimensión

---
2 Llàtzer Moix, *Arquitectura milagrosa: hazañas de los arquitectos estrella en la España del Guggenheim*, Barcelona, Anagrama 2010.

universal, no solo local o andaluza».³ Su estilo se caracterizaba por el uso de volúmenes y superficies planas y rotundas, dirigidas a aprovechar la luz como parte del propio diseño conceptual de las construcciones. Su especialidad eran las viviendas vanguardistas de alto nivel, algunas de ellas situadas en los parajes más hermosos del sur de Andalucía. Hasta el momento de recibir el encargo tenía poca experiencia en equipamientos urbanos, aunque su obra era reconocida internacionalmente. Quizás por eso, aceptó realizar el encargo de manera gratuita, como una manera de volver a vincularse con su ciudad de origen y al mismo tiempo abrirse camino en un nuevo campo profesional. El costo total de las obras se acercaba a los 3 millones de euros.[4]

La construcción de Entrecatedrales se prolongó durante varios años, hasta que finalmente el monumento se inauguró en marzo de 2009. Consistía en una serie de plataformas superpuestas de mármol y metal blanco, concebidas como un mirador abierto hacia el mar.[5] El diseño contrastaba enormemente con la piedra ostionera de las catedrales que lo rodeaban a uno y otro lado. Para Campo Baeza su obra no debía verse como un monumento, sino como un equipamiento público. Era «un lugar para que la gente sea feliz».[6] Por ello solicitaba que antes de juzgar su éxito o fracaso se diera un tiempo a Entrecatedrales, para permitir que la población se apropiara de la intervención y comenzara a valorarla. Sin embargo, las reacciones no se hicieron esperar.

Los defensores de Entrecatedrales consideraban que era la metáfora perfecta de una ciudad que por historia, geo-

---

3 *La Voz de Cádiz*, 9 de enero de 2006, Lalia González Santiago, «Alberto Campo Baeza: Cádiz debe ser consciente de su importancia cultural».
4 *La Voz de Cádiz*, 14 de febrero de 2007, M. C., «Aprobado el pliego para el proyecto Entrecatedrales».
5 *La Voz de Cádiz*, 17 de octubre de 2009, J. Landi, «El Campo del Sur estrena balcón blanco».
6 *La Voz de Cádiz*, 12 de julio de 2012, Mabel Caballero, «En Entrecatedrales he diseñado un lugar para que la gente sea feliz».

grafía y personalidad miraba hacia el océano.[7] El diseño era un ejemplo de ligereza, precisión e integración con el entorno.[8] Permitía cubrir «no solo un espacio físico relevante, sino también un lugar simbólico, vacío entre nosotros: el urbanismo moderno, necesitado de apuestas por piezas de calidad».[9] Sus detractores, en cambio, consideraban que Entrecatedrales rompía con la estética tradicional del centro histórico. Rechazaban que su diseño no hubiera sido consultado con la población y lo catalogaban como una obra intrusiva e inútil.[10] Al estar situado en pleno malecón perimetral, no era necesario ningún mirador adicional para contemplar el mar desde esa parte de la ciudad.

Los críticos de Campo Baeza dudaban de la conveniencia de utilizar piezas metálicas en un emplazamiento tan vulnerable al aire corrosivo del océano.[11] Desde su punto de vista, era una obra demasiado compleja en su diseño formal como para pensar que se podía conservar adecuadamente sin una constante supervisión.[12] Estos temores se vieron confirmados unos días después, cuando la prensa denunció los primeros desperfectos en la estructura: pintadas que ensuciaban su inmaculada superficie blanca e indicios incipientes de corrosión.

Entrecatedrales tampoco gustó a Garbarino y su gente.[13] El problema residía en que bajo la plataforma se encontraba parte del yacimiento fenicio de la Casa del Obispo. Allí

---

7 *La Voz de Cádiz*, 17 de octubre de 2009, Manuel Vera Borja, «Entrecatedrales».
8 *La Voz de Cádiz*, 20 de noviembre de 2009, Julio Malo De Molina, «Levedad frente al vendaval».
9 *La Voz de Cádiz*, 18 de octubre de 2009, «Gadir bajo los pies».
10 *Diario de Cádiz*, 20 de octubre de 2009, José María Esteban, «La dificultad de Entrecatedrales».
11 *Diario de Cádiz*, 17 de octubre de 2009, Melchor Mateo, «Un mirador como si fuera la cubierta de un barco».
12 *Diario de Cádiz*, 20 de octubre de 2009, José María Esteban, «La dificultad de Entrecatedrales».
13 *Diario de Cádiz*, 19 de octubre de 2009, M.M.A., «Denuncian daños en la Casa del Obispo por Entrecatedrales».

estaban varias de las tumbas más antiguas encontradas por los arqueólogos. Garbarino había tratado varias veces de incluir estos restos dentro de su concesión, pero esta solicitud había sido rechazada por el ayuntamiento. La solución prevista por Campo Baeza consistía en crear bajo la plataforma un local acristalado para proteger las ruinas fenicias. Este emplazamiento podía convertirse en sí mismo en otro yacimiento arqueológico o bien utilizarse, como pretendía el ayuntamiento, como un espacio cultural independiente, para alojar exposiciones, presentaciones de libros y espectáculos. Los restos arqueológicos quedarían a la vista del público y contribuirían a dotar al local de encanto y personalidad. Entrecatedrales sumaría así a su condición de mirador, una nueva función como centro cultural.

Estas diferentes visiones sobre cómo aprovechar y poner en valor los restos fenicios eran consideraciones sobrevenidas. No estaban entre las preocupaciones originales de los promotores de la intervención. Eran el resultado del cambio que la ciudad había comenzado a experimentar entre el momento en que Entrecatedrales se planificó (2006) y el momento en que su construcción culminó (2009). En esos tres años se descubrieron las ruinas del Cómico, la Casa del Obispo abrió sus puertas con gran éxito de público, los cruceros comenzaron a llegar a la ciudad, la crisis económica convirtió el turismo en la única esperanza de la ciudad y Martínez comenzó a pergeñar su proyecto cultural-turístico basado en la apelación al pasado fenicio. Lo que antes eran unas ruinas que no interesaban a nadie más que a los propios arqueólogos ahora estaban empezando a convertirse en un preciado objeto de deseo.

Para Garbarino el problema radicaba en la manera en que el Gobierno local había gestionado el tratamiento de las ruinas dentro del proyecto de Campo Baeza. Meses antes de la inauguración había denunciado que los soportes metálicos de la estructura diseñada por el arquitecto ponían en riesgo los restos arqueológicos.[14] Cuando llovía el agua se filtraba y afectaba tanto a los restos de Entrecatedrales como a los incluidos en la concesión de la Casa del Obispo, ya que ambas estaban únicamente separadas por una pared.

Garbarino sostenía que, debido a la ceguera de las autoridades, la Casa del Obispo quedaba incompleta y además se perjudicaba su conservación, debido a la falta de cuidado con la que se había desarrollado el proyecto. Entrecatedrales invisibilizaba los restos fenicios que se encontraban bajo la estructura diseñada por Campo Baeza.[15] Estas denuncias eran bien acogidas por los partidos de oposición, que veían en ellas un filón para desgastar a la hasta entonces intocable alcaldesa.[16] Para los socialistas eran además una oportunidad para devolver a Martínez los golpes que propinaba a la Junta de Andalucía por los problemas del Teatro Romano.

La tensión acumulada estalló en octubre de 2009 durante la inauguración de Entrecatedrales, cuando Garbarino rompió el protocolo y se dirigió a Campo Baeza. En presencia de periodistas y autoridades le increpó y reprochó por su falta de sensibilidad hacia el patrimonio arqueológico.[17] Según sostenía, las filtraciones provocadas por la plataforma hacían que cada invierno la Casa del Obispo se inundara, con el consiguiente deterioro de las ruinas y de las instalaciones museográficas. Aunque no obtuvo una respuesta directa, el incidente evidenció de cara a toda la ciudad que las relaciones entre la concesionaria y las autoridades locales estaban muy lejos de ser ideales.

---

14 *La Voz de Cádiz*, 22 de agosto de 2007, Daniel Pérez, «La Casa del Obispo denuncia que las nuevas obras hacen peligrar el yacimiento».

15 *Diario de Cádiz*, 20 de octubre de 2009, José María Esteban, «La dificultad de Entrecatedrales».

16 *La Voz de Cádiz*, 11 de junio de 2010, «La oposición alerta del deterioro del entorno de la iglesia de Santa Cruz y Entrecatedrales».

17 *La Voz de Cádiz*, 19 de octubre de 2009, J.L., «Tensión con la alcaldesa y Campo Baena en la inauguración del mirador».

* * *

Tras la inauguración de Entrecatedrales, los problemas de Garbarino se multiplicaron. Los desencuentros, lejos de reducirse, se extendieron y comenzaron a afectar a la Casa del Obispo y a las demás intervenciones a cargo de Alavista. La respuesta de las autoridades locales consistió en abrir varios expedientes sancionadores y amenazar con retirar a la empresa la concesión de la explotación comercial de la Casa del Obispo.[18] En respuesta, Garbarino invitó en varias ocasiones a los periodistas a comprobar los desperfectos de la instalación. «Este siempre fue suelo sagrado, excepto para la civilización actual», señaló en una de estas visitas.[19]

A los recorridos organizados por Garbarino también acudían integrantes de los partidos socialista y comunista, en la oposición. Aunque recelaban de la concesión de la explotación patrimonial a empresas privadas, la polémica en torno a la Casa del Obispo y Entrecatedrales era una oportunidad que no podían desaprovechar para desgastar a la alcaldesa. Además de salvaguardar el patrimonio, el ayuntamiento debía encargarse de limpiar las zonas adyacentes al monumento para asegurar su conservación en las mejores condiciones posibles.[20]

En octubre de 2010 Garbarino dio un salto cualitativo en sus escaramuzas con el Gobierno local, al solicitar la intervención de la Delegación Provincial de Cultura para comprobar los daños ocasionados en la Casa del Obispo a consecuencia de lo que consideraba que era una chapucera intervención en Entrecatedrales.[21] Una parte del crip-

---

18 *La Voz de Cádiz*, 19 de junio de 2010, «El ayuntamiento abre dos expedientes a los responsables de la Casa del Obispo».
19 *La Voz de Cádiz*, 4 de julio de 2010, Ana Leñador, «La Casa del Obispo muestra los daños en su estructura a los visitantes».
20 *La Voz de Cádiz*, 11 de julio de 2010, «La oposición pide al Consistorio que limpie el callejón anexo».
21 *La Voz de Cádiz*, 3 de septiembre de 2010, Ana Leñador, «La Casa del Obispo busca el apoyo de la Junta para proteger el yacimiento y evitar más daños».

topórtico romano se había derrumbado por la humedad. Para reparar los daños pedía una indemnización por parte del ayuntamiento o bien la extensión de la concesión de la Casa del Obispo, para de esta manera compensar los gastos extraordinarios ocasionados por la obra de Campo Baeza. Sostenía que de otra manera era imposible continuar con la explotación comercial de las ruinas.

La maniobra de Garbarino apuntaba a manipular en su favor la tradicional rivalidad entre las autoridades gaditanas (de quienes dependía la concesión de la Casa del Obispo) y los representantes del Gobierno andaluz (de quienes dependía la salvaguarda del patrimonio). Aun así, los resultados no fueron los esperados. El informe de los especialistas verificó la existencia de algunos daños, pero según los expertos su cuantía era mucho menor de lo señalado por Garbarino. Descartaba además la prolongación automática de la concesión, tal como pedían los demandantes, que de esta manera veían frustradas sus intenciones.[22]

Lejos de resolver el contencioso, el informe de la Junta dejó insatisfechas a ambas partes. Las autoridades locales consideraban improcedente que se las responsabilizara de los daños causados por Entrecatedrales, mientras que Garbarino se sentía decepcionado por la tasación de los desperfectos. Para continuar su campaña de presión contra el ayuntamiento, en enero de 2011 la concesionaria subió a un conocido portal de Internet varios vídeos en los que se veían espectaculares tomas de la lluvia fluyendo por el interior de las ruinas de la Casa del Obispo tras uno de los habituales temporales del invierno gaditano.[23] El agua había llegado incluso a afectar al sistema de cableado eléctrico, obligando a cerrar al público el yacimiento durante unos días.

---

22 *La Voz de Cádiz*, 15 de enero de 2011, «Cultura insta al ayuntamiento a proteger la Casa del Obispo».
23 *La Voz de Cádiz*, 13 de enero de 2011, Ana Leñador y Rocío Vázquez, «La Casa del Obispo traslada a YouTube el deterioro del yacimiento arqueológico».

La respuesta del ayuntamiento consistió en minimizar o incluso negar el problema. Los deterioros que se apreciaban en los vídeos se atribuían a la falta de inversiones de la empresa concesionaria o al poco cuidado de sus empleados. Cumpliendo con lo requerido por la Junta de Andalucía, habían destinado un pequeño presupuesto para limpiar los restos arqueológicos de la suciedad acumulada a lo largo de los años, pero no pensaban ir más allá.[24] La crisis económica y los dispendios que en paralelo se realizaban para la excavación y puesta en valor de la ciudad fenicia del Teatro Cómico, no daban para más. Era esta, y no la Casa del Obispo, la verdadera prioridad de Martínez y su equipo. Si Alavista no podía hacerse cargo, las ruinas debían volver a enterrarse para asegurar su preservación.

Lejos de arrendarse, Garbarino apeló a la proximidad del bicentenario de la Constitución, una efeméride que Martínez quería aprovechar para promover la ciudad y promocionarse a sí misma con miras a relanzar su carrera política. «Me da vergüenza mostrar esto a los turistas ahora, cuanto más el año que viene», señaló en marzo de 2011.[25] Dos meses después, las amenazas se cumplieron y Alavista anunció el cierre temporal de la Casa del Obispo. Las instalaciones, según señalaba el comunicado, eran insostenibles, debido a la acumulación de daños causados por las lluvias invernales.[26] Dos años de filtraciones e inundaciones parciales del yacimiento habían deteriorado la museografía. La conservación de los restos fenicios y romanos estaba en peligro. Mantener abierta la instalación suponía un riesgo para empleados y visitantes. Las estructuras podían colapsar en cualquier momento.

---

24 *Diario de Cádiz*, 4 de mayo de 2011, Virginia León, «La Casa del Obispo continúa enfrascada en una eterna pugna».

25 *La Voz de Cádiz*, 11 de marzo de 2011, Rocío Vázquez, «Limpieza insuficiente en la Casa del Obispo».

26 *La Voz de Cádiz*, 18 de mayo de 2011, Ana Leñador, «La Casa del Obispo cierra ante el deplorable estado del yacimiento».

La noticia del cierre provisional de la Casa del Obispo coincidía con el cierre del Teatro Romano y con la presentación en público de Valentín, el personaje fenicio del Cómico. La suma de estos factores hizo que el patrimonio fuera uno de los temas centrales en las elecciones de 2011. Los partidarios de Martínez reprochaban al Gobierno andaluz su ineficiencia en la gestión del Teatro Romano, pero a cambio debían encajar los aguijonazos de la oposición municipal por los errores cometidos en la Casa del Obispo y Entrecatedrales. Las dos administraciones se anulaban entre sí e impedían que la puesta en valor se consolidase. Para uno de los integrantes del equipo de la alcaldesa la actitud de Garbarino mostraba su falta de ética profesional. Cerrar la Casa del Obispo en ese momento era una decisión «electoralista, que cualquier concesionario serio y preocupado por su explotación nunca hubiera utilizado».[27]

Martínez se hallaba en uno de los puntos culminantes de su enfrentamiento con la Junta de Andalucía. A los contenciosos habituales, se sumaba un nuevo conflicto relacionado con la gestión de las murallas de la ciudad, que amenazaban con derrumbarse en varios puntos.[28] Más grave aún era el incipiente fracaso de la celebración del bicentenario de la Constitución, que ya se intuía que iba a resultar más deslucida de lo esperado. La alcaldesa echaba la culpa al Gobierno autonómico. Ninguno de los grandes proyectos museográficos que alguna vez se habían pensado como emblemas de la efeméride (museo del carnaval, museo del títere, museo del liberalismo) se había concretado. Una y otra vez Martínez se refería en sus discursos a «las promesas incumplidas del bicentenario».[29]

---

27 *Diario de Cádiz*, 19 de mayo de 2011, Virginia León, «La conservación de la Casa del Obispo es responsabilidad de la concesión».
28 *Diario de Cádiz*, 12 de mayo de 2012, Pablo-Manuel Durio, «Cortadura, la enésima batalla con Cultura».
29 *La Voz de Cádiz*, 9 de julio de 2012, José Landi, «La Junta cumple cien días de parálisis voluntaria en Cádiz».

En mayo de 2013 Garbarino anunció el descubrimiento de un ramal intacto de las antiguas cloacas romanas.[30] El hallazgo se había producido en el subsuelo del Pópulo, durante las obras de habilitación de las termas de estilo romano impulsadas por Alavista. Los medios de prensa recogieron la noticia y rápidamente se prendieron las alarmas. No todos consideraban el hallazgo una buena noticia. Las autoridades cuestionaban las condiciones en las que se habían realizado las excavaciones y criticaban que los arqueólogos contratados por la empresa no hubieran dado aviso previo a los responsables de Cultura, para que estos pudieran revisar y supervisar su trabajo. Rechazaban también el estilo de Garbarino, dado a convocar grandes ruedas de prensa y eventos con periodistas como estrategia para legitimar sus iniciativas y presentar los hallazgos como si se tratara de hechos consumados. Estos temores se sumaban a las ya de por sí malas relaciones entre Alavista y las instituciones oficiales. Estas últimas creían que la empresa se extralimitaba en sus funciones. Garbarino, por el contrario, defendía que se trataba de aprovechar las oportunidades que proporcionaba el rico patrimonio de la ciudad, para generar nuevas fuentes de trabajo en un momento de extrema necesidad.

Para los defensores de Garbarino, las cloacas romanas eran una metáfora (otra más) de la ciudad. Cádiz era, en opinión de una analista, «una civilización muerta», un decorado para turistas que había dejado de tener vida propia.[31] Garbarino era encomiable, pero el tejido social de la ciudad no daba para más. La menguante clase media gaditana dependía casi exclusivamente del empleo público. Se había perdido todo atisbo de creatividad y capacidad de riesgo. Los pocos gaditanos que mostraban algún tipo de iniciativa eran saboteados por las autoridades y por sus pro-

---

30 *La Voz de Cádiz*, 22 de mayo de 2013, Mercedes Morales, «Unas cloacas romanas como gancho»; y *Diario de Cádiz*, 25 de mayo de 2013, Virginia León, «Brotan las cloacas romanas de Gades».

31 *La Voz de Cádiz*, 25 de mayo de 2013, Mercedes Morales, «Cádiz, de cartón piedra».

pios vecinos, siempre recelosos y desconfiados de quien sobresalía. Como resultado estaban sobre la mesa «los mismos proyectos que hace ocho años y el mismo emprendedor que hace ocho años».

* * *

Estas disputas trascurrían en paralelo al deterioro de la Casa del Obispo. Tras las elecciones locales, los cierres se hicieron más frecuentes y las condiciones de la exposición empeoraron rápidamente. «A estas alturas tengo claro que no me van a dejar poner en valor los restos —se lamentaba Garbarino en una de sus frecuentes comparecencias— pero al menos que los protejan».[32] El equipamiento estaba cada vez más deteriorado por la humedad. Las piezas inutilizadas de la museografía transmitían a los visitantes una sensación de descuido y abandono. En un contexto en el que la puesta en valor de los restos de la ciudad fenicia del Teatro Cómico por fin comenzaba a despegar, la Casa del Obispo era un lunar negro y una constante fuente de problemas. De ahí que las autoridades locales, cada vez más presionadas por los grupos de oposición, comenzaran a plantearse la suspensión de la concesión.[33]

En diciembre de 2014 estalló la bomba: la Casa del Obispo cerraba definitivamente sus puertas. Alavista consideraba que era imposible cumplir con sus compromisos debido a la falta de respuesta de las autoridades.[34] Mantener el yacimiento abierto al público implicaba gastos económicos muy por encima de lo que la empresa estaba en capacidad de asumir. A las tareas habituales de mantenimiento, se sumaban los daños ocasionados por la intervención en

---

32 *Diario de Cádiz*, 1º de mayo de 2012, «Los restos arqueológicos de la Casa del Obispo se deterioran».
33 *Diario de Cádiz*, 5 de marzo de 2015, Virginia León, «El ayuntamiento no puede alargar la concesión de Casa del Obispo».
34 *Diario de Cádiz*, 20 de diciembre de 2014, Virginia León, «La Casa del Obispo de Cádiz cierra sus puertas y despiden al personal».

Entrecatedrales.[35] Los únicos responsables de este deterioro, desde el punto de vista de Garbarino, eran las autoridades locales, que con su falta de visión habían dejado que la ciudad perdiera uno de sus grandes atractivos arqueológicos. Mientras con una mano presumían de la puesta en valor de la ciudad fenicia del Cómico, con la otra condenaban al ostracismo a la Casa del Obispo. Martínez y su equipo debían asumir el costo de sus malas decisiones, sin afectar a la economía de la empresa.

Esta era la opinión de Garbarino, pero para ese momento Martínez ya tenía lista su respuesta. Su gobierno acababa de inaugurar la puesta en valor más ambiciosa del patrimonio arqueológico que había conocido la ciudad en las últimas décadas.

---

[35] *Diario de Cádiz*, 15 de marzo de 2015, Virginia León, «Los daños de la discordia en la Casa del Obispo».

I
GADIR

A inicios de 2014 el proyecto de la alcaldesa Martínez de convertir Cádiz en un emporio turístico-cultural asociado a la civilización fenicia alcanzó su punto culminante. Mientras el Teatro Romano se convertía en el cuento de nunca acabar, la Casa del Obispo colapsaba, Doña Blanca languidecía y el Cerro del Castillo no terminaba de arrancar, los proyectos municipales avanzaban a toda velocidad. Por una vez se cumplieron los plazos y en marzo de 2014, entre fanfarrias y celebraciones, la musealización de la ciudad fenicia del Teatro Cómico abría sus puertas al público.[1] Los gaditanos podían ver por fin las ruinas que tanto revuelo habían causado.

En un momento en el que la crisis política andaluza alcanzaba su punto de mayor enfrentamiento con el procesamiento de varios altos funcionarios del gobierno socialista acusados de corrupción y desvío de fondos, la inauguración era uno de los mayores éxitos de la gestión de Martínez. A

---

1 *Diario de Cádiz*, 26 de marzo de 2014, José Antonio López, «El fenicio Mattan vuelve a la vida el próximo sábado».

diferencia de lo que ocurría con la Junta, empantanada con el asunto del Teatro Romano, el Gobierno local podía presumir de una instalación cultural de primer nivel. Era un punto de quiebre, un antes y un después. «La fecha de hoy quedará para la historia de Cádiz», declaró la alcaldesa.[2] El impacto del Cómico era científico, cultural y económico. Era un ejemplo de la visión de futuro de la que carecían sus rivales socialistas y un motivo de orgullo para los habitantes de la ciudad. «Es una referencia para los investigadores —continuó— porque es una prueba física de la fundación de Gadir y va a ser el yacimiento arqueológico más importante del Mediterráneo occidental».

La inauguración reunió a todas las autoridades locales. La alcaldesa aprovechó la presencia de sus rivales para pronunciar un discurso en el que resaltaba sus propias virtudes, su capacidad para tomar decisiones y para conseguir por su cuenta los fondos necesarios para la creación del museo. Contraponía su modelo exitoso de puesta en valor con las vacilaciones, errores y traiciones del Gobierno andaluz. El Cómico era un ejemplo de lo que podían lograr autoridades comprometidas con los ciudadanos, capaces de moverse con habilidad en un ambiente institucional plagado de zancadillas y sabotajes. La Junta, encegüecida por su partidismo, no solo no había aportado lo que de ella se esperaba para la puesta en valor del patrimonio gaditano, sino que había hecho todo lo posible para que el proyecto fracasara. El Cómico era una reivindicación del orgullo local.

En su discurso, Martínez soslayaba sus propias vacilaciones durante la etapa inicial de las excavaciones. Era su día de triunfo. Olvidaba que había intentado sin éxito que los arqueólogos apresuraran su trabajo para que el teatro de títeres estuviera listo para el bicentenario. Era agua pasada, no había que recordarlo. «Cuando se proyectó la cons-

---

2 *La Voz de Cádiz*, 29 de marzo de 2014, A.M.V. y R.V., «El Cómico descubre su pasado».

trucción del teatro de títeres —señaló reinterpretando de manera creativa la historia— sabíamos por los arqueólogos que esta era una zona en la que se podían encontrar restos, pero no nos importó, y cuando se descubrieron decidimos no tapar, no datar y enterrarlos, sino hacer que se pudieran visitar».[3] Arqueología y política se habían unido para lograr lo imposible: «Casar historia y leyenda».

* * *

La escenografía del Yacimiento Gadir estaba pensada para causar impacto desde el primer minuto. «Cuando el visitante accede al espacio desde la calle —leemos en un artículo publicado poco después de la inauguración— este permanece casi a oscuras, con una tenue iluminación azulada que deja percibir la presencia del yacimiento, pero sin desvelarlo, con el fin de que el público pueda ir descubriéndolo poco a poco».[4]

El diseño del recinto estaba a cargo de un conjunto de empresas, encargadas de cuidar cada uno de los detalles: la disposición de las ruinas, el aparato audiovisual, la iluminación. El resultado era una instalación cultural de muy alto nivel, que incidía en la apuesta por la tecnología y la profesionalización de la puesta en valor presente desde el inicio de los trabajos en el Teatro Cómico. Así como había ocurrido con la excavación, el estudio genético de los restos humanos y la reconstrucción del rostro de Mattan, la musealización apuntaba a situar Cádiz en el mapa de la modernidad científica y cultural.[5]

---

3 *Diario de Cádiz*, 30 de marzo de 2014, José Antonio López, «Gadir se hace presente».
4 *Diario de Cádiz*, 29 de marzo de 2014, «El fenicio Mattan abre las puertas de su casa a Cádiz».
5 El mejor resumen de todo el proceso de excavación y musealización del teatro es: José María Gener y Carlos Núñez García, *Yacimiento arqueológico del Teatro de Títeres: cómo se hizo*, Cádiz, Ayuntamiento de Cádiz, Diputación de Cádiz, Proyecto NAMAE, 2015, p. 23.

El recinto incluye una pequeña sala de proyección, donde los visitantes son invitados a ver un vídeo introductorio al inicio de la visita.[6] Como si fuera un episodio de alguna serie de detectives norteamericana, dos personajes contemporáneos comentan la aparición de un cadáver en las profundidades de Cádiz. Este esquema argumental sirve para presentar a Mattan y narrar las vicisitudes de su muerte. Las escenas contemporáneas se alternan con la recreación de la ciudad fenicia. Observamos el animado ambiente comercial de Gadir, a Mattan rindiendo culto a sus dioses, el antiguo paisaje de la ciudad, que por aquel entonces era una pequeña isla, así como el asalto que habría provocado el incendio y destrucción del asentamiento.

Tras concluir la proyección, la pantalla se levanta y deja a la vista el yacimiento. Aunque su extensión es reducida, la perspectiva resulta notable. Las ruinas se muestran con una tenue iluminación azul y amarilla (colores, dicho sea de paso, que remiten al equipo local de fútbol). Una serie de pasarelas elevadas permiten a los visitantes circular entre las viviendas y calles fenicias. Paneles informativos y pantallas interactivas permiten conocer más detalles sobre los restos y la vida cotidiana de los antiguos pobladores de Cádiz. El público tiene a su disposición varias cámaras manejadas por control remoto, pensadas para contemplar matices de las estructuras que no se aprecian a simple vista. En una pared lateral se proyectan continuamente escenas de gran formato de paisajes y actividades cotidianas de la ciudad, acompañadas de una sugerente música de tonos arcaicos. Tanto los paneles informativos como las imágenes prestan atención a pequeños detalles que contribuyen a que los visitantes se sientan más cercanos a los antiguos gaditanos: las andanzas del gato cuyo esqueleto fue hallado por los arqueólogos, las huellas impresas en la ceniza por bueyes que tiraban de una carreta poco antes del incendio.

---

6 *Diario de Cádiz*, 27 de julio de 2014, Virginia León, «Mattan, la historia del fenicio que da vida al didáctico recorrido».

A lo largo de toda la visita, el relato museográfico está claramente dirigido a reforzar la narrativa elaborada por las autoridades y los arqueólogos locales sobre el pasado de Cádiz. Son tres las ideas básicas trasmitidas a través de la exposición: (i) el carácter fenicio de la ciudad; (ii) su condición de enclave, aparentemente desvinculado de otras poblaciones de la bahía, a las que no se hace referencia en ningún momento; y (iii) la difícil historia de la ciudad, amenazada por los enemigos situados más allá de sus límites. Es fácil observar que este relato tiene muchos puntos en común con el discurso político pregonado por Teófila Martínez y su equipo de gobierno. Los antiguos fenicios, como los actuales gaditanos, serían una suerte de «aldea gala» rodeada de enemigos. Sus habitantes poseerían una identidad singular, diferente de sus vecinos, quienes no repararían en medios para lograr su destrucción.

Este relato se ve reforzado por la absoluta ausencia en toda la exposición de referentes al engarce de Gadir dentro del proceso cultural andaluz. No existe ninguna referencia a los pueblos tartesios, ni a los otros emplazamientos fenicios descubiertos por los arqueólogos en la bahía de Cádiz. Incluso los personajes del vídeo hablan en un impoluto castellano, alejado de los característicos acentos andaluces. Aun así, desde el principio Gadir resultó un tremendo éxito. Según la prensa local, la ciudad por fin contaba con una instalación de primer nivel, dotada de alta tecnología y capaz de compararse con intervenciones similares en cualquier lugar del mundo. El público también respondió positivamente. Durante las primeras semanas fue prácticamente imposible encontrar espacio para las visitas. Las condiciones del recinto hacían que solo fuera posible acceder al mismo en grupos reducidos. Aunque las entradas eran gratuitas, debían retirarse previamente en la taquilla principal, ante la que se formaban largas colas. Nadie quería perderse el paseo por la ciudad tantas veces mentada y nunca hasta entonces encontrada.

* * *

Desde muy pronto la ciudad fenicia del Teatro Cómico entró a formar parte del recorrido oficial de las personalidades que llegaban a Cádiz. Fue el caso del escritor peruano Mario Vargas Llosa, quien lo recorrió pocas semanas después de abrir sus puertas.[7] También los arqueólogos que trabajaban en Cádiz valoraban positivamente la puesta en valor. Ana María Niveau destacaba la progresiva toma de conciencia de la ciudad sobre la importancia del patrimonio arqueológico.[8] El nuevo museo permitía cerrar la brecha entre conocimiento científico e imaginarios populares. «Aunque ya somos conscientes a nivel científico y académico —se congratulaba Niveau— nos daremos cuenta de la importancia del Cómico con perspectiva histórica». El museo lograba para el turismo lo que los arqueólogos ya habían conseguido en el ámbito académico: situar Cádiz en el radar internacional. Gadir era la guinda de una serie de descubrimientos que en pocos años habían permitido pasar del casi total desconocimiento de la ciudad fenicia a una imagen renovada y atractiva de aquella época.

Los arqueólogos aprovecharon la oportunidad para ponerse algunas medallas. Excavar en Cádiz era un desafío, según sostenían. Descubrir la metrópoli arcaica había requerido de enorme pericia y valentía. La profundidad de las excavaciones y el enrevesado sistema de mallas y pilotes instalado para permitir que las obras del teatro se realizaran en paralelo a los trabajos arqueológicos habían obligado a los científicos a desenvolverse con la máxima destreza y precaución. «Nos jugamos la vida con el ansia de testimoniar la existencia de construcciones fenicias», señalaba Gener en una entrevista. Aún más peligrosas habían sido las primeras catas realizadas años antes, que permitieron a los arqueólogos intuir la importancia de lo que estaba por ve-

---
7 *Diario de Cádiz*, 24 de junio de 2014, «Un Nobel en el túnel del tiempo».
8 Citada en *Diario de Cádiz*, 31 de marzo de 2014, Virginia León, «El Cómico, un antes y un después».

nir. «Esa intervención no la haría ahora», confesaba, «fue de locura, una excavación muy peligrosa porque había que profundizar simplemente entibando el terreno, peligrosísimo. Empezamos a excavar, pero al bajar se iba reduciendo el espacio. Al fondo, en un mínimo espacio, encontramos un trozo del muro que está ahora y material del siglo VIII a. C. Y ahí dijimos: se acabó».[9]. Había sido un indicio mínimo, pero imprescindible para convencer a las autoridades. Si no hubieran estado tan seguros de lo que iban a encontrar, no hubiera sido posible orquestar la campaña de prensa que obligó a la alcaldesa Martínez a continuar las excavaciones.

Gran parte de los visitantes de Gadir durante las primeras semanas fueron gaditanos deseosos de conocer su pasado. También ellos se mostraban satisfechos por la musealización. En contraste con la eterna paralización de las obras del Teatro Romano, señalaban algunos de los entrevistados por la prensa local, Gadir evidenciaba que era posible hacer las cosas bien cuando se trataba de poner en valor el patrimonio. Las largas colas ante las taquillas mostraban que existía en la ciudad un público capaz de apreciar estos esfuerzos.

Pero no todo eran parabienes. Aunque casi nadie criticaba la intervención en sí misma, un sector de la prensa y de los especialistas reprochaba a la municipalidad su exceso de optimismo y la grandilocuencia de sus discursos.[10] El Cómico era un punto de quiebre en las políticas culturales gaditanas, era la primera vez que lograba culminarse exitosamente una puesta en valor, sí, pero no dejaba de ser un yacimiento de pequeñas dimensiones, de una escala extremadamente local. Era necesario mantener el sentido de las proporciones, sin caer en euforias parroquiales. No había que exagerar su impacto económico potencial, ni su capacidad para atraer visitantes. Habían sido demasiadas las

---

9 *La Voz de Cádiz*, 5 de abril de 2014, Rocío Vázquez, «José María Gener: "Nos jugamos la vida con el ansia de testimoniar la existencia de construcciones fenicias"».

10 *La Voz de Cádiz*, 26 de enero de 2014, Yolanda Vallejo, «El sueño de Valentín».

veces que los gaditanos habían visto frustradas sus expectativas sobre el cambio de modelo productivo.

Más críticos eran quienes veían en el Cómico una oportunidad perdida para dotar a la ciudad de un equipamiento cultural de nivel internacional. No era que el museo estuviera mal, pero era poco, mucho menos de lo que podía haber sido. Era una puesta en valor poco ambiciosa. El recorrido era corto y no daba tiempo a asimilar la importancia de los hallazgos.[11] Y lo que había que ver no era demasiado. Unas cuantas ruinas de gran valor histórico, pero poco espectaculares en sí mismas. Vistas una vez, era difícil que nadie sintiese deseos de regresar. La propia concepción del yacimiento y el reducido espacio disponible hacía que fuera difícil innovar y renovar la muestra.

Para estos críticos, Martínez se había equivocado al apostar por un recinto de pequeñas dimensiones, en lugar de convertir Gadir en el germen de un gran museo fenicio. Hubiera sido mejor construir un recinto que recorriera toda la epopeya de los fenicios en el suroccidente de la Península, con materiales de Doña Blanca, el Cerro del Castillo y otros emplazamientos.[12]

Es difícil calibrar si realmente hubiera sido posible llevar adelante este plan. El contexto económico y político no era el mejor. Martínez había actuado con el realismo que caracterizaba toda su carrera política. Había preferido una intervención de pequeñas dimensiones bajo el control de la municipalidad, en lugar de embarcarse en un incierto camino de negociaciones con la Junta de Andalucía para levantar un gran museo. Había optado por el pájaro en mano. La puesta en valor del Cómico era, sostenían los críticos, una más de las múltiples oportunidades desaprovechadas por

---

[11] *Diario de Cádiz*, 24 de septiembre de 2014, Virginia León, «Gadir sorprende, pero sabe a poco».

[12] *Diario de Cádiz*, 5 de noviembre de 2011, Rafael Garófano, «El nuevo yacimiento del Gadir fenicio».

una ciudad a la que lo que le faltaba era precisamente espíritu fenicio.

Al menos en parte, en estas críticas subyacía un paradigma que desde dos décadas atrás se consideraba una verdad revelada en el mundo de las políticas culturales españolas: la capacidad de los grandes museos para transformar y potenciar las ciudades. El referente era el extraordinario impacto que tuvo la apertura en 1997 del Museo Guggenheim en Bilbao. Según sus defensores, este museo no solo permitió recuperar una zona depauperada de la capital vasca, sino que se convirtió en emblema y catalizador de una trasformación urbana radical. Gracias al llamado «efecto Guggenheim», una ciudad que hasta entonces era conocida por su industria pesada y su alta conflictividad social y política, pasó a verse como un destino cultural de primer orden.[13]

El Guggenheim proyectaba una imagen de modernidad que se contagió al resto de Bilbao. «El nuevo museo —escribe Llátzer Moix— quizás no estuviera llamado a escribir con su programación el relato del arte del siglo XXI, pero en términos de espectáculo arquitectónico-museístico, de equipamiento cultural de última generación con clara vocación socioeconómica, el éxito no pudo ser más arrollador».[14] A la propia dinamización económica producto de las obras y del incremento de visitantes, se sumaron efectos indirectos en la autoestima de sus habitantes y en la imagen internacional de la ciudad, lo que a su vez generó nuevas inversiones y proyectos culturales de todo tipo. Bilbao pasó de apenas recibir 24 000 turistas en 1994 a sumar más de 600 000 apenas 13 años después.

Tras el éxito de la reconversión de Bilbao, un gran número de ciudades se propusieron repetir la jugada, ya fuera

---

13 Un análisis detallado al respecto en: Iñaki Esteban, *El efecto Guggenheim, del espacio basura al ornamento*, Barcelona, Anagrama, 2007.
14 Moix, *Arquitectura milagrosa*, op. cit. p. 30.

para potenciar barrios deprimidos o para redefinir su modelo urbano de manera integral. Un ejemplo era el Museo de Arte Contemporáneo de Barcelona. Tan aplaudido por unos como denostado por otros, este repositorio pretendía consolidar la imagen de Barcelona como una de las grandes capitales del arte de vanguardia, en un momento en que las estrellas internacionales de este campo tendían a concentrarse en unas pocas ciudades de referencia, Londres y Nueva York principalmente.[15]

Más cercano a Cádiz era el caso de Málaga. Esta ciudad es la segunda de Andalucía en cuanto a población e importancia económica. Tradicionalmente había girado en torno al turismo de playa, pero desde comienzos de siglo se había embarcado en una agresiva campaña para convertirse en un referente internacional de turismo cultural. Gran parte del centro urbano se remodeló y las autoridades llegaron a acuerdos para instalar en la ciudad importantes museos. En marzo de 2015 abrieron sus puertas el Centro Pompidou Málaga y una sucursal del Museo Ruso de San Petersburgo. En ambos casos eran las primeras sedes de estos museos fuera de sus países de origen. También era la primera sede fuera de Rusia que abría un repositorio estatal ruso.

Lograr que Málaga fuera la ciudad escogida no fue sencillo. El ayuntamiento tuvo que invertir casi 7 millones de euros en el caso del Pompidou y otros 2 millones en el museo ruso. Estos recintos se sumaron al Museo Picasso-Málaga abierto en 2003, el Museo del Automóvil (2010) y el Museo Carmen Thyssen-Málaga (2011). Este último, asentado en un espectacular edificio del siglo XVI, reúne casi doscientas obras de arte español de la mencionada coleccionista. Al festival se sumó la Junta de Andalucía con las remodelaciones del Teatro Romano y de un Museo Arqueológico Provincial que, abierto a finales de 2017, es el más moderno e importante de Andalucía.

---

15 Agustín Cócola Gant, «El MACBA y su función en la marca Barcelona», *Estudios Territoriales*, vol. 46, nº 159, 2009, pp. 101-115.

Como resultado de todas estas intervenciones, Málaga se convirtió en el destino turístico español con mayor crecimiento (12,6 por ciento en julio de 2017), por delante de Sevilla (7,8 por ciento), Palma de Mallorca (7,6 por ciento), Madrid (5,5 por ciento), Zaragoza (4,5 por ciento) y Barcelona (2,4 por ciento). Otras ciudades andaluzas, mientras tanto, perdían importancia en este mercado. Era el caso sobre todo de Granada (5,6 por ciento menos).[16]

El éxito de Málaga se percibía en Cádiz de manera ambigua. Muchos intelectuales locales consideraban a la vecina provincia como un referente y un modelo a imitar. Málaga sería un ejemplo positivo de reconversión del modelo productivo en una ciudad que hace no tanto tiempo era similar a Cádiz en cuanto a peso demográfico y económico. Partiendo casi del mismo lugar, ambas ciudades habían seguido trayectorias divergentes. Mientras Málaga crecía y comenzaba a jugar en la liga de las ciudades globales, Cádiz se estancaba, perdía población, peso económico y poder político.

Desde el lado de Martínez y sus seguidores, estas trayectorias divergentes se atribuían al distinto comportamiento que el Gobierno andaluz tenía en ambas capitales. Las inversiones de la Junta de Andalucía en Málaga eran vistas como un agravio comparativo y se sumaban al discurso victimista predominante en Cádiz. Casi nadie parecía reparar en que, más allá de semejanzas superficiales, eran dos ciudades muy diferentes. Ni la capacidad económica, ni el capital social de Cádiz podían compararse con su vecina. Gracias al prestigio de la Costa del Sol, Málaga contaba desde décadas atrás con un tejido empresarial bien conectado con redes internacionales. En Cádiz, en cambio, ni el tejido social, ni la capacidad de las autoridades locales para tejer alianzas fuera del territorio estaban a la altura de

---

16 *El Confidencial*, 27 de agosto de 2017, Agustín Rivera, «Málaga, récord de visitantes y negocio... y hace veinte años ni existía para el turista».

sus vecinos. La edad de oro de la industria gaditana se había basado sobre todo en empresas estatales o dependientes del Estado en régimen casi monopsónico, que apenas generaban encadenamiento local. A diferencia de Málaga, el auge económico no había producido un entramado empresarial anclado y comprometido con el territorio.

«Somos lo que somos —se lamentaba un artículo crítico con las pretensiones municipales de convertir Cádiz en un emporio turístico-cultural basado en la puesta en valor del pasado fenicio— un pueblo más o menos grande que alguna vez tuvo delirios pseudomarbellíes».[17] Cádiz era una ciudad provinciana, al margen de las grandes dinámicas económicas, políticas o culturales. Había que asumir esa realidad y graduar las expectativas. No se podía competir con ciudades como Málaga o Sevilla, que pugnaban por convertirse en metrópolis globales.

Sin embargo, las autoridades parecían no ser conscientes de estas limitaciones. En las épocas de vacas gordas apuntaban hacia demasiadas cosas al mismo tiempo, sin coordinar ni priorizar una estrategia clara de posicionamiento de la ciudad. Peor aún, en las épocas de vacas flacas, discutían sin descanso y se concentraban en echarse la culpa las unas a las otras. Al final todo quedaba a medias y perdía potencia.

* * *

La apertura de Gadir atenuó estos debates. Era un gran éxito para el Gobierno local y, como tal, supuso una breve tregua en las guerras patrimoniales. Durante varios días las portadas de la prensa local se llenaron de entrevistas, encuestas con vecinos y curiosos, valoraciones, reseñas detalladas de la museografía y todo tipo de historias sobre el potencial impacto del recinto. Por una vez no todo eran malas noticias. La

---

17 *La Voz de Cádiz*, 20 de julio de 2014, Yolanda Vallejo, «Mucho ruido y pocas nueces».

nube negra, aunque fuera por un breve momento, parecía haberse disipado o al menos haber perdido intensidad.

La inauguración de Gadir coincide con el momento de mayor predicamento del discurso fenicio de identidad local. Las referencias a los navegantes orientales rebalsaron el ámbito académico y comenzaron a parecer en el discurso cotidiano, la prensa e incluso el debate político. Lo fenicio se usaba como metáfora para analizar los problemas del presente e incluso como herramienta para entender el carácter y las peculiaridades de la ciudad. Estos remotos antepasados, sus peculiares costumbres, su carácter y su manera de ver el mundo harían que Cádiz se diferenciara de otras poblaciones andaluzas.

Entre los rasgos fenicios que presuntamente habrían heredado los gaditanos se encontraría su predilección por el autogobierno local (reflejado en episodios como el cantón de 1869), su eclecticismo cultural y su apego marinero. «El que diga que es de pura raza miente como un bellaco», enfatizaba un texto sobre el nuevo museo.[18] Todos estos eran elementos que, según el discurso gaditanista, no existían en otras partes de Andalucía y que hacían de Cádiz un lugar idiosincráticamente diferente.

En el plano científico, el auge del discurso fenicio se reflejó en un incremento de los trabajos centrados en este periodo de la historia local. Los últimos años de Martínez fueron buenos tiempos para los arqueólogos. Varios descubrimientos ayudaron a completar el mapa de la ciudad fenicia. El más espectacular tuvo lugar en diciembre de 2012 en el solar de la antigua Subdelegación de Gobierno, en la explanada donde se juntan el centro histórico y la ciudad moderna. Los trabajos de remoción de tierras sacaron a la luz dos conjuntos funerarios de los siglos v y iv a.C., cada uno de ellos con seis tumbas, y un importante ajuar de joyas de

---

18 *La Voz de Cádiz*, 6 de junio de 2014, Antonio Ares Camerín, «Quiero ser de Tiro o de Sidón».

oro. En opinión de su descubridora, este era el mejor exponente del arte funerario fenicio encontrado en Cádiz desde los tiempos de Pelayo Quintero Atauri. «Pero a diferencia de aquél —enfatizaba en una entrevista— es la primera vez que aparece un ajuar de estas características, tan extenso y totalmente contextualizado, lo que nos permite profundizar en el conocimiento de la necrópolis de la época púnica».[19]

Tras ser examinados por los arqueólogos, los restos de la Subdelegación pasaron a formar parte de la colección del Museo Provincial, que en esos mismos años atravesaba un periodo de modernización y ampliación, con una presencia cada vez mayor de referentes asociados al periodo fenicio. Para su descubridora, el ajuar mostraba la pujanza de la ciudad en el pasado. «Ejemplos de este crisol de culturas, fenicia, griega y egipcia salen muy pocos en el mundo, quizá en Ibiza, Cádiz y poco más», se congratulaba.[20] Por su calidad y sofisticación, las piezas estaban «al nivel del British Museum o del tesoro del Carambolo».

Poco después le tocó el turno al castillo de San Sebastián, una de las fortalezas del sistema defensivo costero. Los arqueólogos situaban aquí el templo fenicio dedicado a Baal (llamado posteriormente Kronion o templo de Kronos por las fuentes romanas). Las excavaciones preliminares realizadas dentro de un programa más amplio de rehabilitación sacaron a la luz en 2013 vestigios de antiguas edificaciones. La descubridora, no obstante, era prudente. «No podemos decir que sean los restos del mismo santuario, pero sí que son estructuras vinculadas al mismo», declaró.[21] Igualmente notable fue el ajuar hallado en el solar de los antiguos cuarteles de la Guardia Civil, en la parte nueva de la ciudad, donde se esta-

---

19 *Diario de Cádiz*, 22 de enero de 2013, Virginia León, «Hallan doce tumbas púnicas».
20 *La Voz de Cádiz*, 18 de mayo de 2013, Rocío Vázquez, «Las joyas de la arqueología de Cádiz, en el museo».
21 *Diario de Cádiz*, 10 de noviembre de 2013, Virginia León, «Los fenicios rezaban en San Sebastián».

ba llevando a cabo uno de los más ambiciosos proyectos de construcción de nuevas viviendas para la saturada ciudad. La propia alcaldesa anunció el hallazgo a los medios en una rueda de prensa realizada en septiembre de 2014.[22] Arqueología y política una vez más iban de la mano.

Esta sucesión de hallazgos permitía, en opinión de una arqueóloga, que «por primera vez contemos con datos objetivos para reconstruir cómo era la ciudad fenicia, después de tantas especulaciones, elucubraciones y teorías basadas más en el deseo que en una base real».[23] Para difundir estos avances las autoridades locales financiaron la presentación en Roma de un libro que recopilaba los principales trabajos de investigación realizados en los años anteriores en la bahía.[24] Se trataba de un volumen de la más conocida serie internacional de estudios sobre el mundo fenicio. Gadir, la Casa del Obispo, la necrópolis y el Cerro del Castillo de Chiclana estaban presentes en sus páginas. En otro nivel, también se elaboraron materiales divulgativos dirigidos a un público menos especializado y se firmaron convenios con las empresas de cruceros para asegurar su distribución entre los pasajeros.[25] Antes de desembarcar todos los visitantes debían saber que su periplo los había llevado a la ciudad más antigua de Occidente.

Para elaborar estos materiales el ayuntamiento recurrió a la cooperación de diferentes empresas especializadas en la puesta en valor del patrimonio. Distribuidas a lo largo de toda Andalucía estas empresas eran en muchos casos herencia de la edad de oro de principios de siglo. Con la cri-

---

22 *La Voz de Cádiz*, 9 de septiembre de 2014, J. Landi, «Las obras del antiguo cuartel de la Guardia Civil de Cádiz sacan a la luz dos enterramientos fenicios con numeroso ajuar y diez tumbas romanas».
23 Ana María Niveau, citada en *Diario de Cádiz*, 30 de marzo de 2015, Virginia León, «El Cómico se posiciona ante la comunidad científica internacional».
24 *Diario de Cádiz*, 6 de mayo de 2015, «Se presenta en Roma el libro *Los fenicios en la Bahía de Cádiz*».
25 *La Voz de Cádiz*, 1 de mayo de 2015, «Cádiz presentará al fenicio Valentín a miles de cruceristas».

sis se habían tenido que hacer más sofisticadas y creativas para sobrevivir. Uno de los materiales más populares estaba a cargo del propio José María Gener, el arqueólogo que había descubierto la ciudad fenicia del Teatro Cómico.[26] Era un texto sencillo, pensado para jóvenes y niños. Un Mattan adolescente conducía a los lectores a través de los vericuetos de la ciudad fenicia, mostrando detalles de la vida cotidiana de sus habitantes. «Aquí trabaja mi padre —leemos en referencia al puerto— ese es su barco. Él nació en la gran ciudad de Tiro y conoció a mi madre en uno de los antiguos poblados occidentales. Ella pertenece a una familia de reyes legendarios».

El texto contaba con versiones en español, inglés, francés y alemán y estaba bellamente ilustrado. Las páginas narrativas se alternaban con la descripción de diferentes elementos de la cultura fenicia. En un guiño a los descubrimientos arqueológicos del Cómico, Mattan aparecía en todo momento acompañado de un gato. El personaje se presentaba a sí mismo como un mestizo, intermediario entre las culturas de Oriente y Occidente, función que a una escala más amplia habría cumplido Gadir. Estos recursos narrativos permitían a Gener introducir referencias a otros yacimientos cercanos, como Asta Regia o la mítica Tartessos. Una vez más, sin embargo, los hallazgos fenicios de otras localidades de la bahía quedaban fuera del relato.

La densificación de referentes fenicios se percibía también en la trama urbana gaditana. En octubre de 2014, una rotonda de la ciudad fue decorada con una escultura que rememoraba un antiguo edificio fenicio, que los arqueólogos identificaban con un faro o incluso con el mítico templo de Hércules.[27] Un dibujo de este monumento había sido hallado en 1996 en el interior de una cisterna romana. Era un grabado

---
26 José María Gener y Rocío Martínez, Gadir. El origen fenicio. Un paseo por su ciudad, Cádiz, Ayuntamiento de Cádiz, 2015.
27 Diario de Cádiz, 14 de octubre de 2014, J.M. Sánchez Reyes, «Una rotonda con mucha historia».

precario, probablemente realizado por un niño o por alguien que no estaba acostumbrado a escribir. Ahora entraba a formar parte del mobiliario urbano de una ciudad que redescubría su pasado. En la misma línea apuntaba FeniArte, un certamen convocado por el Gobierno local y la Asociación por la Cultura y las Artes Plásticas de Cádiz para celebrar el legado de los antiguos navegantes orientales, al que se presentaron en total 43 obras de 30 artistas diferentes.[28]

En los meses finales de 2014 la estrategia diseñada por Martínez parecía estar triunfando. Un comentarista observaba que en la ciudad había surgido una «mística fenicia».[29] El adjetivo seguía teniendo un doble sentido que a nadie escapaba. Quería decir proclive a los negocios y con iniciativa, atento a las oportunidades y emprendedor. Pero también avezado, dado a sacar ventaja y no siempre limpio en los negocios. La primera acepción, no obstante, comenzaba a imponerse a la segunda. Cuando el comentarista hablaba de mística fenicia trataba de expresar lo que entendía como un hecho positivo: orgullo por el pasado, cierto sentido de pertenencia y una recobrada capacidad para generar riqueza. Puede que fueran exageraciones o simples expresiones de deseo, pero en todo caso el uso del concepto demostraba que las narrativas promovidas por las autoridades empezaban a calar.

Incluso en instancias tan singularmente gaditanas como el Concurso de Agrupaciones Carnavalescas aparecían referencias a este pueblo. El concurso se celebra todos los años en el Gran Teatro Falla y es una de las actividades centrales de la semana de carnaval. Los integrantes de las agrupaciones son aficionados, que componen letras y música propias, en las que parodian las vicisitudes de la cultura y la política local. Según el número de componentes y el estilo

---

28 *La Voz de Cádiz*, 28 de diciembre de 2014, Rocío Vázquez, «Tras el rastro de la huella fenicia en Cádiz».

29 *Diario de Cádiz*, 28 de diciembre de 2014, Juan Carlos Rodríguez, «De Asiria a Iberia».

de interpretación se dividen en cuatro categorías: cuartetos, chirigotas, comparsas y coros. En 2015 la comparsa Los Gadiritas se presentó caracterizada con los típicos ropajes de los fundadores de la ciudad. «A estos padres nuestros, a pesar de los siglos, no les falta la fuerza para cantarle alto y claro», reseñaba una analista en el diario local, «tras una falseta hermosa, que se vuelve vertiginosa al orillar en las voces de los comparsistas, se presentan como nuestra huella primera, nuestra primera frontera, los primeros en sufrir y ver esa mirada perdida de Cádiz».[30] Ese mismo año también participó en el concurso la agrupación Los Rojos, nombre que remitía al color que había hecho famosos a los fenicios. Sin embargo, su actuación fue «un pelín descuadrada, con una escala vocal que no resulta».[31]

El paroxismo de la exaltación del pasado fenicio llegó en 2016, cuando los representantes municipales de Ciudadanos, una agrupación centrista surgida durante la crisis económica, instaron a las autoridades locales a exigir la restitución del llamado *sacerdote fenicio*.[32] Esta pieza tiene apenas 13 centímetros de altura, pero se considera de alto valor simbólico. Fue descubierta en una excavación en 1927 en pleno centro de la ciudad y, aunque inicialmente se pensó depositarla y exponerla en el museo provincial, fue reclamada por los responsables de la Dirección General de Bellas Artes para incorporarla al Museo Arqueológico Nacional de Madrid. Esta práctica era común en una época en la que las principales ciudades (Madrid y Barcelona, sobre todo) concentraban en sus museos las piezas más representativas del resto de provincias, por haber sido descubiertas por arqueólogos de sus universidades o por cualquier tipo de artimaña administrativa. Allí estaba desde entonces el sacerdote fenicio.

---

30 Diario de Cádiz, 15 de febrero de 2015, Tamara García, «Comparsa: Los gadiritas».
31 Diario de Cádiz, 1º de febrero de 2015, Tamara García, «Los rojos».
32 *Diario de Cádiz*, 15 de febrero de 2016, «Ciudadanos pide la vuelta al museo de la pieza "El sacerdote de Cádiz"».

Con el fortalecimiento de la institucionalidad patrimonial durante la Transición, y especialmente a partir de la transferencia plena de competencias culturales a la Junta de Andalucía, la restitución de la pieza se convirtió en un tema recurrente en los círculos patrimonialistas gaditanos. Para los intelectuales locales, se trataba de un asunto de justicia y de reconocimiento. Para los políticos era una oportunidad de salir en la prensa y de ganar prestigio entre la población, al promocionarse como defensores de los intereses gaditanos. «Ciudadanos siempre se ha mostrado comprometido con la idea de que la historia y la cultura pueden conformar la base de la actividad turística de Cádiz y contribuir así a su desarrollo económico», declaraba el responsable local de la formación al explicar su propuesta. «Por este motivo consideramos que se debe promover cualquier actuación que ayude en este sentido».

La petición de Ciudadanos iba a ser solo el inicio. Tras la pausa que había supuesto la inauguración de Gadir, las controversias sobre el uso político del pasado se iban a incrementar en 2015, un año clave para la ciudad, para la región y para la política nacional. Coincidiendo con un maremágnum de elecciones locales, regionales y generales las guerras patrimoniales gaditanas iban a llegar a su punto culminante.

EL AÑO DECISIVO

El politólogo norteamericano Bruce Ackerman sostiene que hay épocas frías y épocas calientes, así como elecciones frías y elecciones calientes. Para Andalucía y para el conjunto de España el año 2015 fue una de estas épocas calientes.

El calendario establecía una doble convocatoria electoral: elecciones municipales en mayo y nacionales en diciembre. Inesperadamente se sumó un tercer reto cuando Susana Díaz, la presidenta de la Junta de Andalucía, decidió adelantar al mes de marzo las elecciones autonómicas. Esta medida se debía a la ruptura del pacto de coalición que los socialistas mantenían con Izquierda Unida, la formación nucleada en torno al Partido Comunista, desde las elecciones de 2012. En aquella ocasión, por primera vez en la historia de la autonomía, los conservadores habían superado a los socialistas en número de votos. Sin embargo, estos últimos habían logrado mantener el poder gracias a su alianza con el grupo izquierdista. Juntos sumaban más parlamentarios que los conservadores. Como contrapartida por ayudar a los socialistas a mantenerse en el poder, varios integrantes de Izquierda Unida se habían convertido en consejeros andaluces. Ahora, sin embargo, la alianza se había roto y debían celebrarse nuevas elecciones al Parlamento andaluz, que se sumaban a las ya programadas municipales y nacionales.

La triple contienda electoral de 2015 era la primera en la que participaban las nuevas agrupaciones surgidas durante la crisis económica: Podemos y Ciudadanos. El primero era una amalgama de agrupaciones de extrema izquierda y movimientos ciudadanos, en la que también confluían antiguos integrantes de Izquierda Unida, descontentos con la excesiva cercanía de su agrupación con los socialistas. Contaba con el apoyo de grupos radicales anticapitalistas, cercanos al nacionalismo andaluz de izquierda. Estos últimos eran mayoritarios dentro de la rama andaluza de Podemos y tenían en Cádiz uno de sus principales baluartes. De ahí que la agrupación fuera en esta ciudad más radical que en otras partes de España. En cambio, Ciudadanos era un partido liberal que atraía sobre todo a profesionales de las clases medias y altas, descontentos con los escándalos de corrupción que acosaban a socialistas y conservadores. Para el año 2015 era fuerte sobre todo en Madrid y Cataluña, comunidad donde Ciudadanos había nacido, mientras que en Andalucía su desempeño era una incógnita al no contar con un líder regional reconocido.

Para los partidos tradicionales, socialistas, conservadores y comunistas, el objetivo era mantener sus posiciones y sobrevivir al maremoto político desatado por la crisis económica. Los socialistas querían repetir en el Gobierno andaluz, para lo que presentaban por primera vez a una mujer como candidata. Susana Díaz se había convertido poco antes en presidenta gracias a la intempestiva dimisión de su antecesor, José Antonio Griñán, debido a las sospechas sobre su posible implicación en un caso de fraude masivo de ayudas a desempleados. Ahora debía ratificar su mandato en las urnas. Los socialistas esperaban que la juventud de Díaz les ayudara a recuperar la condición de partido más votado de Andalucía, que habían perdido en la elección anterior. Teófila Martínez, por su parte, aspiraba a revalidar por sexta vez consecutiva su mayoría absoluta en el Gobierno local de Cádiz. Había renunciado definitivamente a convertirse en presidenta de Andalucía, dando paso a un nuevo candidato conservador, pero deseaba consagrarse como la alcaldesa eterna de Cádiz, superando una vez más a sus rivales.

En medio de esta turbulenta situación, el patrimonio se convirtió como pocas veces antes en un argumento dentro de las disputas electorales. Los partidarios de Martínez sostenían que la alcaldesa había recuperado durante la última legislatura el tono de sus primeros tiempos al frente de la ciudad. Había vuelto a poner en marcha proyectos de envergadura y había logrado diseñar una estrategia coherente para posicionar a Cádiz en el competitivo mercado turístico andaluz. Los últimos cuatro años de Martínez habían sido los mejores, junto con los ocho primeros.[1] Cádiz era la ciudad de su tamaño con mayor número de equipamientos culturales de Andalucía.

Estos argumentos no convencían a todos. Aun sin cuestionar la importancia de la puesta en valor del patrimonio, algunos analistas recelaban de la potencialidad real de la apuesta fenicia de la alcaldesa. Criticaban que la musealización de las ruinas del Teatro Cómico no hubiera sido todo lo brillante que prometía, que se hubiera quedado en un bonito atractivo de escala local cuando podía haber sido un gran museo internacional sobre la cultura fenicia. El deseo de no alterar completamente el proyecto inicial había hecho que al final la ciudad no contara, ni con un gran museo fenicio, ni con un gran museo de títeres.[2]

---
1 *Diario de Cádiz*, 17 de mayo de 2015, José Joaquín León, «Cuatro años».
2 *Diario de Cádiz*, 18 de mayo de 2015, Tamara García, «Un bonito cajón desastre».

Estos temas, a su vez, se veían subsumidos por los grandes debates en torno a la crisis, la regeneración política y la necesidad de un nuevo contrato social. Tras ocho años de decadencia, la situación comenzaba a repuntar pero aún estaban muy presentes los efectos de la hecatombe económica. Cádiz no dejaba de perder población, la tasa de desempleo estaba por las nubes y conseguir vivienda a un precio razonable era casi imposible. Existía un fuerte sentimiento de hartazgo y cansancio, acompañado de un deseo de cambio en amplios sectores de la sociedad.

Las políticas culturales eran parte de un debate más amplio. Sin embargo, a nivel local estaban sorprendentemente presentes en el debate. La alcaldesa Martínez al menos había triunfado en eso: nadie dudaba de que el turismo cultural era una de las pocas vías de futuro que le quedaban a la ciudad. Al menos a corto plazo, había pocas alternativas.

Los políticos se preguntaban cuáles debían ser los siguientes pasos. Sobre el papel había ideas de todo tipo. Para los conservadores lo más importante era continuar la rehabilitación de edificios y monumentos. Los socialistas proponían crear un consorcio municipal que gestionara de manera unificada todo el patrimonio de la ciudad. Querían también impulsar el reconocimiento por parte de Unesco de las expresiones culturales gaditanas. La agrupación centrista Unión, Progreso y Democracia defendía convertir Cádiz en un parque temático de su propia historia, mediante alianzas con el sector privado. Esta propuesta se inspiraba en otra similar lanzada cuatro años antes por los socialistas, para crear barrios temáticos enfocados en diferentes épocas de la historia gaditana.[3] Los partidos de izquierda, por su parte, apostaban por una puesta en valor que tuviera como objetivo central a los pobladores locales. Para Podemos se debían potenciar los recorridos educativos, mientras que Iz-

---

3 Sobre esta propuesta: *La Voz de Cádiz*, Rocío Vázquez 23 de febrero de 2011, «Las piedras como recurso turístico y cultural».

quierda Unida proponía visualizar con mayor fuerza el patrimonio inmaterial de la ciudad, creando un gran centro de interpretación etnográfico.[4]

Cada cual tenía su idea sobre cómo debía ponerse en valor el patrimonio. Aunque bastante previsibles, teniendo en cuenta el enfoque ideológico de cada partido, esta profusión de propuestas era una novedad en Cádiz, una ciudad donde hasta poco tiempo antes las políticas culturales habían tenido un enfoque más intuitivo y reactivo que planificado. Eran la evidencia de que algo se estaba moviendo.

* * *

Dijeron que no era una medida electoralista, pero nadie les creyó. Unos meses antes de las elecciones, para contrarrestar el éxito obtenido por Martínez con la apertura del Teatro Cómico, la Junta de Andalucía aceleró las obras pendientes en el Teatro Romano. El objetivo era abrir al público el centro de interpretación y si era posible también el propio monumento, de manera que la intervención se convirtiera en un activo para los candidatos socialistas durante el crítico ciclo electoral. El Teatro debía servir como argumento para contrarrestar las acusaciones de Martínez contra la Junta y para mostrar la capacidad del gobierno autonómico para mejorar la calidad de vida de los gaditanos.[5]

Si no se lograba abrir el Teatro, al menos se debía inaugurar el centro de interpretación. Pero incluso este propósito se cumplió solo a medias. Pese a que durante los últimos meses de 2014 se había anunciado varias veces la inminente puesta en servicio, el adelanto de las elecciones andaluzas al mes de marzo sorprendió a los responsables del proyecto y el día de la votación llegó sin que la instalación estuviera

---

[4] Todas las propuestas incluidas en este párrafo se plantearon en una mesa de debate reseñada en: *Diario de Cádiz*, 20 de mayo de 2015, Virginia León, «Un plan estratégico y coordinado entre todos».

[5] *La Voz de Cádiz*, 14 de marzo de 2015, «La solución eran las elecciones».

disponible.[6] Más controvertido, resultó el aplazamiento obligado de la inauguración hasta después de las elecciones locales de mayo, decretado por la Junta Electoral, por entender que podía tratarse de un uso de los recursos públicos para fines partidistas.[7] Esta controversia seguía a otra causada por la visita de varios integrantes del Gobierno andaluz al Teatro Romano de Málaga, durante la campaña electoral de las elecciones autonómicas de marzo.[8] El hecho había sido denunciado por los demás partidos y la junta electoral había establecido que no debían repetirse circunstancias similares en las posteriores campañas. De ahí que los jueces obligaran a los responsables de la Junta a modificar sus planes, retrasando una vez más la apertura del centro de interpretación.

La tensión de la triple convocatoria electoral explica esta especial sensibilidad ante un tipo de práctica que era muy habitual en las contiendas anteriores. Las denuncias cruzadas entre unos partidos y otros se multiplicaban ante la incertidumbre. No ayudaban tampoco los resultados electorales. Aunque los socialistas habían logrado recuperar la posición de partido más votado en las elecciones andaluzas de marzo, habían quedado lejos de la mayoría absoluta, lo que los obligaba a iniciar un largo proceso de negociaciones con otras fuerzas políticas para formar gobierno. Para Susana Díaz esta no era una tarea sencilla, ya que la inquietud frente a las futuras elecciones locales y generales hacía que sus contrincantes tuvieran pocos incentivos para pactar la composición del nuevo Gobierno andaluz. Todos los candidatos esperaban que, al sostener posiciones maximalistas de abierta oposición a sus contrincantes, su electorado se mantuviera fiel o incluso aumentara. Los nuevos partidos de-

---

6 *La Voz de Cádiz*, 3 de abril de 2015, «La Junta asegura que no hay retraso en el Teatro Romano y que abrirá en primavera».

7 *Diario de Cádiz*, 18 de mayo de 2015, «El Centro de Interpretación del Teatro Romano abrirá sus puertas al público el día 27».

8 *La Voz de Cádiz*, 18 de mayo de 2015, «La Junta Electoral de Zona considera "contraria a la norma" la visita de Alonso al Teatro Romano en marzo».

bían además hacerse conocidos, por lo que tendían a extremar sus posiciones para evitar que se les percibiera como simples acompañantes de las fuerzas tradicionales.

Las elecciones locales de mayo dejaron un panorama similar, aunque con los personajes cambiados. Al frente de la lista conservadora, Teófila Martínez volvió a ser la candidata más votada, pero esta vez se quedó muy lejos de la mayoría absoluta (34 por ciento de los votos). Tampoco a los socialistas les fue mejor, ya que quedaron relegados por primera vez en la historia de la democracia a la tercera posición (17 por ciento). El principal competidor de Martínez resultó ser José María González, *Kichi*, candidato de una heterogénea coalición articulada en torno a Podemos (28 por ciento). González representaba al sector más radical de este conglomerado, denominado Anticapitalistas, una formación que cuatro años antes había obtenido menos del uno por ciento de los votos en las elecciones locales. Con el viento a favor, había logrado ahora un resultado espectacular, que le impulsaba a buscar alianzas con otros sectores para desplazar a Martínez del sillón municipal.

De manera inusitada este objetivo que para la izquierda había parecido imposible durante dos décadas, estaba ahora al alcance de la mano.

***

Incertidumbre, expectativa y sorpresa ante el inminente giro político. Así era el ambiente en la ciudad a finales de mayo de 2015, cuando una semana después de las elecciones locales el Centro de Interpretación del Teatro Romano abrió sus puertas. Era una instalación museográfica cuidada y ordenada, pero mucho más modesta de lo previsto en el plan original. Los complementos audiovisuales eran los principales perjudicados por el recorte presupuestario. Varias de las pantallas habían sido eliminadas y sustituidas por recursos más económicos. «Más romano que del siglo xxi», titulaba un artículo de prensa.[9] Aun así, el Centro de Interpretación era notable. La entrada se situaba en el interior del Pópulo, lo que obligaba a los visitantes a recorrer este pintoresco barrio. Las tres salas de exhibición se centraban en la morfología y los componentes arquitectónicos del Teatro Romano, en su historia y en la exhibición de algunos de los hallazgos más destacados.

La primera sala se denominaba «El teatro de la Neápolis» y analizaba la función de los teatros romanos, así como su importancia en la nueva ciudad levantada por la familia Balbo para sustituir a la Gadir púnica. La segunda («El Castillo del Teatro») contextualizaba el barrio donde se emplazaban las ruinas. Varios grabados desgranaban la historia del solar del teatro desde la Antigüedad hasta la actualidad, incluyendo muchas referencias al castillo medieval que se había ubicado sobre los restos romanos. La tercera sala («El teatro de los Balbo») incluía seis maquetas que explicaban la construcción del teatro, junto con reproducciones de las piezas arqueológicas encontradas en las excavaciones.

En lugar del ambiente de misterio y evocación que caracterizaba a la ciudad fenicia de Gadir abierta el año anterior, los diseñadores del centro de interpretación del Teatro Romano habían apostado por un estilo y un tono eminentemente didácticos. Las paredes eran blancas y tenían amplias cristaleras que permitían que la luz inundara el recinto. Varias catas de profundidad facilitaban a los visitantes contemplar los restos de la parte baja del teatro, situados varios metros por debajo del nivel actual del suelo. Diagramas sencillos explicaban las funciones de cada uno de los elementos y el papel que los teatros tenían en la sociedad romana, como espacios de sociabilidad y exhibición de poder. La pieza más significativa era la estela de Balbo, hallada por los arqueólogos en 2008. Un sistema de espejos hacía posible que los visitantes observaran tanto la inscripción ofi-

---

9 *Diario de Cádiz*, 21 de mayo de 2015, Virginia León, «Más romano que del siglo xxi».

cial como el grafiti con la supuesta crítica al gobernante. Extractos de fuentes romanas introducían al visitante en los problemas políticos que habían rodeado la construcción del teatro, así como a las personalidades y los objetivos de quienes financiaron el recinto.

El impacto de la inauguración fue limitado en comparación con lo que había ocurrido doce meses antes con Gadir. En cinco días el centro de interpretación alcanzó el millar de visitantes.[10] La cifra incluía casi trescientos estudiantes, que por invitación de las autoridades fueron los primeros en visitar la instalación. Los primeros recorridos estuvieron a cargo de los propios arqueólogos que trabajaban en el teatro. «Ya está la maquinaria en marcha y se ha notado estos días», señalaba José María Alonso, presidente de la Asociación de Vecinos Los Tres Arcos, en una visita conjunta al Centro de Interpretación con la delegada provincial de Cultura.[11] También estaba presente la consejera de Cultura de la Junta de Andalucía, para quien el Centro de Interpretación debía generar «un efecto dominó» que potenciara la economía del barrio.

El problema era que el teatro seguía cerrado. Los visitantes podían verlo desde los ventanales del Centro de Interpretación, pero no podían acceder a él. No podían subir por las gradas, ni recorrer los vomitorios. El efecto de esta contradicción era demoledor para la imagen de la Junta. Para contener las críticas las autoridades aprovecharon la atención generada por el nuevo recinto para anunciar una nueva dotación de fondos para las obras de habilitación del teatro. Según se afirmaba, la meta era que pudiera abrirse a la visita del público en menos de seis meses. En parte este énfasis respondía al incremento de la presión ciudadana. La alarma había saltado en abril cuando, aprovechando la coyuntura electoral, una plataforma de ciudadanos había

---

10 *Diario de Cádiz*, 2 de junio de 2015, «Mil visitas al Teatro Romano en cinco días».
11 *Diario de Cádiz*, 2 de junio de 2015, «Mil visitas al Teatro Romano en cinco días».

comenzado a recoger firmas para obligar a la Junta a cumplir sus compromisos.[12] En pocas semanas, habían reunido casi 4000 adhesiones.[13] Este número puede parecer pequeño, pero para Cádiz era un éxito. Las firmas habían entrado a formar parte de las disputas electorales.

Este era el tipo de publicidad negativa que menos deseaban las autoridades andaluzas en un año en el que el Partido Socialista se jugaba su futuro en la acelerada sucesión de contiendas electorales. Habían logrado recuperar la cabeza en las elecciones andaluzas, pero la tercera posición en las votaciones municipales era un aviso. Todo el partido, todas las autoridades socialistas, debían hacer todo lo posible, hasta en las pequeñas ciudades de provincia, para arañar votos de cara a las elecciones nacionales de junio. Los socialistas andaluces siempre habían destacado por su capilaridad, por su capacidad para llegar a todos los sectores de la sociedad, a través de la trama de autoridades locales, asociaciones vinculadas al partido y funcionarios públicos leales. Era hora de movilizar esos recursos. Si un anuncio relativo a la puesta en valor del patrimonio romano podía mover un solo voto, había que intentarlo.

Entre los promotores de la iniciativa para recoger firmas destacaba la Asociación por la Defensa e Investigación del Patrimonio (ADIP). Se trataba de la punta de lanza de un fenómeno nuevo, que en esos años comenzaba a emerger en Cádiz: las asociaciones patrimonialistas.

* * *

Hasta la década de 2010 las asociaciones patrimonialistas eran en Cádiz como los puestos de trabajo estables: un lejano mito que la gente decía que existía en otros lugares,

---

12 *Diario de Cádiz*, 11 de abril de 2015, «Adip recaba apoyo ciudadano para la apertura del Teatro Romano».

13 *La Voz de Cádiz*, 20 de abril de 2015, «Más de 4000 firmas exigen a través de Change.org la reapertura del Teatro Romano de Cádiz».

pero que en la ciudad nadie había visto. Si bien el patrimonio era un tema recurrente en la prensa, no existían interlocutores sociales que pudieran ejercer como contrapeso a las decisiones de las autoridades. La situación comenzó a cambiar cuando la controvertida coyuntura electoral de 2015 favoreció el salto a la escena pública de grupos como ADIP, surgidos poco antes, al proporcionarles una visibilidad de la que hasta entonces habían carecido.

Las asociaciones patrimonialistas gaditanas habían nacido como parte de la ola de reivindicaciones desatada por la crisis económica. Sus objetivos incluían la preservación del patrimonio y su puesta en valor para generar riqueza. Sus promotores eran casi siempre intelectuales y profesionales egresados de las carreras de letras, y se caracterizaban por su generosidad a la hora de repartir culpas. Desde su punto de vista, tanto el Gobierno local como la Junta de Andalucía habían demostrado negligencia, falta de interés e incluso mala voluntad a la hora de gestionar el patrimonio gaditano. La inauguración del Centro de Interpretación del Teatro Romano, lejos de ser el éxito que se proclamaba, era una prueba del uso instrumental del patrimonio. Solo la cercanía de las elecciones había obligado a la Junta a asumir sus responsabilidades.[14]

En el contexto electoral estas críticas eran bien recibidas por la oposición, que las alentaba y difundía, presentándolas como opiniones neutrales sobre la gestión de las autoridades. La mirada técnica y despolitizada de las asociaciones patrimonialistas era una alternativa frente a las interminables rivalidades de las administraciones públicas. En palabras de un medio local, estos grupos emergentes eran «los guardianes del patrimonio».[15]

---

14 *La Voz de Cádiz*, 26 de agosto de 2015, Antonio M. de la Vega, «ADIP se manifiesta por la ruta negra del patrimonio gaditano».

15 *Diario de Cádiz*, 13 de septiembre de 2015, Pablo-Manuel Durio, «Guardianes del patrimonio».

Los integrantes de las asociaciones patrimonialistas eran conscientes de esta instrumentalización, pero la toleraban, en parte porque creían que permitía que su mensaje se difundiera y en parte porque muchos de ellos eran también críticos con las autoridades y estaban alineados con las formaciones de oposición. El siguiente paso consistía en salir a la calle, para lo que recurrieron al repertorio de herramientas de protesta generado en los años anteriores por otros movimientos sociales: «rutas negras» que recorrían los monumentos en estado de abandono, vigilias, campañas de recogida de firmas, etc. Aunque por lo general estas actividades reunían a pocas personas, atraían la atención de la prensa, que las interpretaba como una muestra de despertar ciudadano y las incorporaba a su discurso tradicional de reivindicación gaditanista.

Algunos grupos patrimonialistas se centraban en un único monumento y tenían un perfil similar a las asociaciones de vecinos. En cambio, otros tomaban como referencia toda la localidad y proyectaban una imagen más profesional. Quizás por haber nacido muy vinculada a la universidad, ADIP enfatizaba la educación patrimonial y la función del patrimonio como vector de desarrollo. Tras la recogida de firmas, en agosto de 2015 convocaron a una marcha por la ciudad para reclamar mayores inversiones públicas para la salvaguarda y puesta en valor de los monumentos.[16] Desde su punto de vista, tanta importancia tenía culminar las obras del Teatro Romano como abrir el proyectado hotel de la Casa del Almirante. Solo la combinación de estos dos elementos (puesta en valor y reactivación comercial) permitiría que los barrios de Cádiz recobraran dinamismo económico y social.

* * *

En paralelo a las protestas de ADIP, durante el verano de 2015 el inaugurado Centro de Interpretación del Teatro Ro-

---

16 *La Voz de Cádiz*, 26 de agosto de 2015, Antonio M. De La Vega, «ADIP se manifiesta por la ruta negra del patrimonio gaditano».

mano mantuvo su atractivo. En tres meses se contaron casi 22 000 visitantes, casi la mitad de ellos en agosto. Estas cifras parecían dar la razón a quienes consideraban que existía en la ciudad una demanda insatisfecha de instalaciones culturales vinculadas con el pasado arqueológico gaditano. Mientras tanto, la política seguía su curso. Las elecciones generales, las últimas del año tras las autonómicas y las locales, estaban convocadas para finales de diciembre. Los conservadores tenían una buena posibilidad de revalidar el primer puesto, pero nadie dudaba de que perderían la mayoría absoluta. Socialistas y Podemos se disputaban el segundo puesto y el liderazgo de la izquierda, palmo a palmo.

En octubre la Junta de Andalucía anunció una nueva inversión de fondos públicos para asegurar la apertura del Teatro Romano en el menor plazo posible. Todos los implicados eran conscientes de que el Centro de Interpretación por sí mismo no podía mantener la expectativa durante mucho tiempo. Para convertirse en un atractivo cultural sostenible, la oferta debía incluir la visita al monumento. Era imprescindible que se permitiera a los visitantes recorrer y sentir de manera directa las ruinas romanas.

Esta visión incorporaba muchas de las enseñanzas de los años anteriores. A diferencia del desmedido entusiasmo de antes de la crisis, las instalaciones culturales ya no se percibían como una solución mágica, que por sí solas pudieran transformar un barrio o una ciudad. Si bien seguían existiendo altas expectativas en torno a la cultura, especialistas y autoridades eran conscientes de que la rehabilitación urbana era un proceso largo y complejo. La crisis no solo se había llevado por delante un gran número de empresas culturales, sino también el optimismo de la primera década del siglo. Un estudio publicado ese año por los profesores de la Universidad de Cádiz Manuel Arcila y José Antonio López Sánchez evidenciaba una burbuja de instalaciones culturales en la provincia, que superaba la capacidad de los actores locales para aprovecharlas.[17] Aunque las inauguraciones seguían siendo parte de la racionalidad política de los candidatos, y eran jaleadas por los intelectuales gaditanistas más tradicionales, comenzaban a surgir voces discrepantes.

El anuncio de la próxima reapertura del teatro no convenció a todos los gaditanos. No eran pocos quienes recelaban de la palabra de la Junta de Andalucía. Desde el cierre del teatro en 2010 eran ya varias las veces en que se había anunciado su pronta reapertura, sin que llegara producirse.[18] También habían sido múltiples las instancias cursadas por el Gobierno local a las autoridades regionales pidiendo el final de las obras.[19] El reclamo se había convertido en un clásico de la política gaditana e incluso los responsables socialistas locales habían tenido que alinearse con la alcaldesa en sus demandas, para evitar verse señalados ante sus vecinos.[20]

La desconfianza se agudizó a medida que en la primera mitad de 2016 comenzaron a sucederse anuncios contradictorios sobre el avance de las obras de rehabilitación del circuito de visitas. Las elecciones de diciembre habían dejado un resultado incierto, que no había gustado a nadie. Los conservadores (29 por ciento) habían mantenido el primer lugar en el cómputo global, pero habían perdido la mayoría absoluta que necesitaban para formar gobierno). Los socialistas (22 por ciento) habían salvado por poco su segundo puesto, pero habían perdido una enorme cantidad de votos. Podemos (19 por ciento) había irrumpido con fuer-

---

17 Manuel Arcila Garrido, y José Antonio López Sánchez, «Los centros de interpretación como motor de desarrollo turístico local, ¿un modelo fracasado? El caso de la provincia de Cádiz», *Boletín de la Asociación de Geógrafos Españoles*, nº 67, pp. 143-165.

18 Por ejemplo, *La Voz de Cádiz*, 15 de abril de 2014, Rocío Vázquez, «La Junta planea abrir el Teatro Romano este verano»; y *Diario de Cádiz*, 22 de agosto de 2014, «La Junta quiere abrir una parte del Teatro Romano a final de octubre».

19 Por ejemplo, *Diario de Cádiz*, 1 de abril de 2014, J.M. Sánchez Reyes, «El pleno municipal insta a la Junta a acabar las obras del Teatro Romano».

20 Por ejemplo, *La Voz de Cádiz*, 29 de julio de 2014, José Landi, «El ayuntamiento pide por enésima vez que terminen las obras del Teatro Romano del Pópulo».

za en el congreso, pero sus militantes estaban insatisfechos porque hasta el último día habían acariciado la posibilidad de arrebatar a los socialistas el liderazgo de la izquierda. Dadas las dificultades para formar gobierno, una repetición de las elecciones se avizoraba en el horizonte. Lejos de diluirse la tensión, autoridades, políticos y periodistas seguían enfrascados en una eterna campaña electoral.

Las noticias eran contradictorias y confusas. En marzo una autoridad regional confirmó que «antes del verano» el teatro abriría sus puertas. Sin embargo, otra fuente sin identificar aseguraba que el esperado momento no se produciría hasta la segunda mitad del año.[21] La culpa era de «los lógicos retrasos por la dificultad técnica».[22] La propia delegada de Turismo y Cultura se negaba a confirmar o desmentir ninguna hipótesis durante la presentación en marzo de la Estrategia de Turismo Interior Sostenible, aprobada por la Junta de Andalucía. Una vaga frase era lo más que los periodistas habían conseguido sonsacarle en una entrevista: «No me atrevo a dar una fecha de apertura del Teatro Romano pero será en breve».

Las suspicacias se debían en parte al enrevesado clima político. Lejos de clarificar el panorama, la sucesión de contiendas electorales exacerbó las pasiones y la desconfianza recíproca. Tras las elecciones de marzo de 2015 el Gobierno andaluz había tardado varios meses en constituirse. Habían sido necesarias arduas negociaciones entre los grupos parlamentarios antes de que Susana Díaz lograra hacerse reelegir por el Parlamento andaluz. El partido liberal Ciudadanos había sustituido a Izquierda Unida como socio de los socialistas, aunque sin entrar directamente a formar parte del Gobierno.

---

21 *Diario de Cádiz*, 30 de marzo de 2016, «El Teatro Romano reabrirá su nuevo circuito antes de verano».
22 *Diario de Cádiz*, 8 de febrero de 2016, «La Junta prevé abrir el Teatro Romano en el segundo trimestre».

Peor era la situación en el gobierno nacional. La animadversión entre socialistas y conservadores, que se habían repartido el poder en España desde la Transición, unido a la aparición de nuevos partidos producto de la crisis económica había producido una aritmética endiablada. Los políticos eran incapaces de lograr una mayoría parlamentaria suficiente para investir a un presidente. Finalmente, en abril se produjo lo que todos temían: se disolvieron las Cortes y se convocaron nuevas elecciones para el mes de junio. Era la cuarta vez que los gaditanos acudían a las urnas en poco más de un año.

La inauguración del Teatro Romano tuvo lugar en junio de 2016, en plena campaña para estas segundas elecciones generales.[23] El recinto abrió sus puertas días antes de que los ciudadanos depositaran sus votos, con el consiguiente torrente de críticas, acusaciones de electoralismo y uso partidario del patrimonio cultural.[24] Para sus detractores, la Junta había jugado sucio al mantener la fecha de la inauguración en secreto hasta casi el último momento. Los trabajos se habían acelerado para garantizar que los gaditanos podían ingresar a su teatro antes de ir a votar. Los más críticos eran los representantes del Ayuntamiento. Se congratulaban de la apertura, pero no escatimaban reproches. Era «esclarecedor de cómo hace las cosas la Junta de Andalucía que, después de seis años, cuatro días antes de las elecciones abran el Teatro Romano». Inaugurar el monumento durante la campaña electoral, de manera apresurada y a medio terminar, era «puro teatro».[25] «Tras seis años cerrado, lo abrieron con nocturnidad y alevosía, en plena campaña electoral y dos días antes de las elecciones», criticaba por su parte un responsable de la izquierda local.[26]

---

23 *La Voz de Cádiz*, 21 de junio de 2016, «La joya romana de Cádiz se abre al Pópulo».

24 *La Voz de Cádiz*, 21 de junio de 2016, editorial, «El *show* del Teatro Romano».

25 *La Voz de Cádiz*, 21 de junio de 2016, «El ayuntamiento dice que la apertura está relacionada con la campaña electoral».

26 *Diario de Cádiz*, 18 de julio de 2016, «Cádiz pide ser incorporada a la red de ciudades milenarias de Andalucía».

Para el equipo municipal, una prueba de este uso electoralista era el hecho de que la Junta hubiera avisado de la inauguración a los medios de comunicación mediante un mensaje de texto, sin nota de prensa oficial, para evitar que la Junta Electoral paralizase la ceremonia, como había ocurrido meses atrás con la frustrada inauguración del Centro de Interpretación. No solo se trataba de una falta de respeto a los gaditanos, sino de un ejemplo de hipocresía y doble moral por parte de los socialistas, «después de que fuese el propio PSOE quien denunciara el homenaje a las personas mayores de 95 años convocado por el Ayuntamiento, a pesar de que es un acto que se hace todos los años».[27]

El resultado fue una inauguración deslucida. Los socialistas deseaban abrir las ruinas antes de la votación, pero debían mantener un perfil bajo para evitar sanciones de los organismos electorales. La esquizofrenia se reflejó en la ausencia de autoridades de rango autonómico: ni la presidenta Díaz ni ninguno de sus consejeros estuvieron presentes. Tampoco los alcaldes de las demás capitales andaluzas, como en su día había propuesto la alcaldesa Martínez, ni mucho menos un ministro del gobierno nacional. El recorrido inaugural estuvo cargo del representante del Gobierno andaluz en Cádiz, acompañado de los medios de comunicación locales.[28] Además de dejar a la vista un tramo más amplio de las gradas, la principal novedad consistía en la conexión directa del teatro con el Centro de Interpretación. Ambos recintos se fusionaban mediante una escalera que conectaba la Posada del Mesón con una galería romana de distribución. Este recurso permitía recuperar algo del espíritu original del teatro. Los visitantes tenían ahora la misma percepción que tuvieron los romanos al ingresar en el teatro, atravesando un vomitorio antes de acceder a las gradas.

---

[27] *La Voz de Cádiz*, 21 de julio de 2016, «El ayuntamiento dice que la apertura está relacionada con la campaña electoral».

[28] *Diario de Cádiz*, 21 de junio de 3016, Virginia León, «Abren las puertas del Teatro de Gades».

Al concluir el recorrido, bajo un sol de justicia, el delegado destacó que el presupuesto había alcanzado los 3 millones de euros. Se había recuperado parte importante del graderío (las zonas que los arqueólogos llaman *proedria*, *ima cavea* y *media cavea*), así como la *orchestra* y una galería anular de distribución de casi 100 metros. El delegado resaltó los múltiples usos que esta galería había tenido a lo largo de la historia, a medida que el teatro perdía su función original y se fusionaba con el abigarrado paisaje urbano del Pópulo: almacén, cobertizo de ganado e incluso vivienda. Esta enrevesada historia explicaba las dificultades de los arqueólogos para recuperar y restaurar el teatro. Para llegar al día de la inauguración había sido necesario retirar las toneladas de restos que cubrían su interior, cuidadosamente cribados y estudiados por los especialistas antes de la apertura al público del recinto.

* * *

La prensa local acogió la inauguración del teatro con escepticismo. Los editoriales se felicitaban de que estuviera por fin abierto, pero abundaban las críticas a la demora de los trabajos y al oportunismo de las autoridades. La recuperación del Teatro Romano, exageraba un artículo, había sido «más dolorosa que un parto» y había culminado «con todo a medio hacer».[29] Las mejoras en el monumento, si bien notables, no justificaban los casi cuatro años de cierre. Los horarios de visita eran reducidos e inadecuados para el clima local: solo unas horas por la mañana y al principio de la tarde. «Todo habría sido diferente si el teatro hubiera estado en Sevilla o Málaga», se lamentaba un comentarista en una de las habituales comparaciones con las ciudades vecinas.

Otro artículo se enfocaba en la deslucida ceremonia de inauguración. «Dijeron que el Teatro Romano se abriría antes del verano —decía con sorna— y abrió el último día de primavera».³⁰ La comparación era esta vez con Mérida, ciudad cuyo teatro romano se encuentra entre los más notables de la península ibérica. Además de su conservación, destacaba el continuo uso del recinto para actividades culturales y recreativas. En cambio, al Gobierno andaluz se le achacaba que el teatro de Cádiz únicamente se hubiera inaugurado como monumento y no como equipamiento cultural. A pesar de las repetidas solicitudes por parte de las autoridades locales, no había sido incluido dentro del programa de Teatros Romanos de Andalucía, una iniciativa para recuperar el uso escénico de los recintos que desde 2005 se lleva a cabo todos los veranos en diferentes lugares de la región.³¹

Tampoco gustaba el mal estado de conservación de las zonas adyacentes al monumento. Los gaditanos se quejaban de que las obras se habían terminado de manera apresurada. Aún quedaban restos de materiales sin retirar, que afeaban el recinto y dificultaban el tránsito por las calles cercanas.³² La falta de cuidado se percibía en la escasa información disponible para los turistas. Ni se habían preparado folletos informativos, ni existía una señalización adecuada en la vía pública. La precipitación había llevado a que muchos de los visitantes se confundiesen al momento de entrar al recinto. Al no estar informados de la existencia del centro de interpretación, trataban de llegar al teatro por el acceso tradicional, situado en el lado opuesto del monumento. Para

---

30 *Diario de Cádiz*, 22 de junio de 2016, José Joaquín León, «Por fin, una inauguración».

31 Teatros Romanos de Andalucía es uno de los programas culturales más exitosos y mejor valorados de la Junta. Su objetivo es fomentar el uso social de las ruinas romanas, mediante la representación de obras teatrales clásicas y modernas. El Gobierno andaluz subvenciona parte de los gastos, mientras que otra parte corresponde a las autoridades locales o a auspiciadores privados. En la provincia de Cádiz el programa incluye el Teatro Romano de Baelo Claudia, que con su inmejorable ubicación junto al mar presenta cada año llenos totales Al respecto: Tejedor Cabrera, Antonio, Linares Gómez del Pulgar, Mercedes y Galán Nogales, Guillermo, «El uso escénico de los teatros clásicos», *ph investigación*, n° 4, 2015, pp. 77-103.

32 *Diario de Cádiz*, 6 de julio de 2016, Virginia León, «Puerta fea del Teatro Romano».

orientarse dependían de la amabilidad de los vecinos.[33]

Estas críticas contrastaban con una notable acogida por parte del público, que también esta vez reaccionó con entusiasmo. Durante el primer mes el teatro recibió 13 600 visitantes y al final del año fueron casi 100 000. Esta cifra suponía tres veces más que los visitantes que el Centro de Interpretación había recibido en el mismo tiempo. Para los pobladores del Pópulo, desengañados después de tantos años de polémicas, las sensaciones eran ambiguas. «No sé cuántas inauguraciones he visto ya», señalaba con escepticismo una vecina, poco después de que el teatro recibiera los primeros visitantes.[34] «Voy a vender lo que haga falta. El barrio ha cambiado mucho, seguimos mejorando», replicaba más animado otro.

Esta ambigüedad decía mucho del momento que atravesaban las políticas culturales gaditanas. Había quienes no perdían la esperanza, pero el optimismo de los años anteriores había comenzado a diluirse.

---

33 *Diario de Cádiz*, 22 de junio de 2016, Pedro M. Espinosa, «Los nuevos gaditanos descubren su pasado».
34 *Diario de Cádiz*, 23 de junio de 2016, J.M. Sánchez Reyes, «Albóndigas a la romana».

III ¬
BAJA LA MAREA

Cuando por fin se inauguró el Teatro Romano muchas cosas habían cambiado en Cádiz. Tras las elecciones de mayo de 2015, Teófila Martínez y su equipo habían sido desplazados del Gobierno local. Veinte años de férreo control de los destinos de la ciudad habían llegado a su fin. Pese a tener más votos que sus rivales, el estilo personalista y las animadversiones acumuladas durante sus largos años de gobierno habían impedido a la alcaldesa conseguir los apoyos necesarios para reelegirse. En su lugar había asumido el mando José María González, el candidato de la coalición de grupos izquierdistas y activistas nucleados en torno a Podemos.

González era un personaje conocido en Cádiz. Aunque nunca había desempeñado un cargo público, tenía tras de sí muchos años como activista. Era conocida su proximidad con partidos de extrema izquierda, en cuyas listas se había presentado a varias elecciones anteriores, con magros resultados. Solo ahora había logrado dar el salto. Para su elección resultó clave el apoyo de los concejales de Izquierda

Unida y de los socialistas. Tras haber sido durante muchos años el principal partido de oposición, estos últimos se habían visto relegados al tercer lugar de las preferencias de los electores, por lo que debieron conformarse con apoyar a González para desplazar a Martínez del poder.

El nuevo equipo pretendía marcar una diferencia de forma y de fondo con el gobierno municipal anterior. Se presentaba a sí mismo como una nueva forma de hacer política, que debía dejar atrás los vicios del periodo precedente. Esto implicaba cambios radicales en todas las áreas de la gestión municipal, incluidas las políticas culturales. Las diferencias se iban a percibir rápidamente.

* * *

Con la llegada al poder de González, el «momento fenicio» (entendido como proyecto turístico-cultural-político de reposicionamiento de la ciudad en base a la exaltación de una pretendida identidad fenicia) se diluyó. Esta narrativa había quedado asociada al gobierno de Martínez. Las nuevas autoridades deseaban deshacerse de ella y marcar su propio territorio. En su lugar emerge un discurso ecléctico, basado en nociones como «mestizaje» y «cruce de culturas». Para algunos este nuevo discurso era un avance, ya que permitía recuperar la diversidad de la ciudad; en cambio, para otros solo era una vuelta al pasado, a un momento previo a los últimos años de Martínez, cuando aún no existía una narrativa unificada para posicionar la ciudad en el mercado turístico.

Sobre el papel, este nuevo discurso pretendía ser más inclusivo, al abarcar las diferentes etapas de la historia de la ciudad, sin concentrar los focos en una u otra. Se trataba de resaltar que Cádiz había sido siempre una ciudad tolerante y diversa. «Luz de mar» se llamaba la nueva campaña. «Gracias a la vocación comercial, a las relaciones con otros países que tuvieron como puerto al de Cádiz, a ser ciudad de permanencia, pero también de tránsito —sostenía el nuevo alcalde— la cultura de nuestra ciudad es mucho más enriquecedora y hemos absorbido lo mejor de cada civilización, a la par que hemos dejado nuestra impronta en cada viajero que ha pasado por aquí».[1]

El trasunto político de este mensaje era claro. El nuevo consistorio de izquierdas suponía un regreso a esa tradición histórica de apertura y progreso. El gobierno de Martínez había sido un paréntesis, largo, pero únicamente un paréntesis en la historia de la ciudad. Cádiz volvía a ser la ciudad que siempre había sido: integradora, solidaria, progresista.

Sobre el terreno, la plasmación de esta nueva narrativa implicaba que muchos de los proyectos de Martínez iban a quedar a medio camino, sin culminar su desarrollo. Entre los damnificados estaba la llamada Ruta Fenicia, una iniciativa puesta en marcha durante los últimos meses de la gestión de la anterior alcaldesa para aglutinar los vestigios orientales en un único recorrido con referencias cruzadas a lo largo de toda la ciudad.[2] La Ruta Fenicia gaditana era un derivado a menor escala de la Ruta Fenicia nacional, que Martínez había tratado de poner en marcha, junto con las otras ciudades españolas de la Liga Cananea. Tras la negativa de Ibiza a incorporarse, esta iniciativa había fracasado. El objetivo ahora era crear en la ciudad un circuito que integrara los diferentes testimonios del pasado fenicio de forma coherente y que reforzara la imagen turística de la ciudad. El recorrido tenía como punto central el yacimiento Gadir e incluía estaciones en la Casa del Obispo, la playa de La Caleta, donde según los arqueólogos se había ubicado el templo dedicado al dios Baal, suprema divinidad de los fenicios, y los llamados parques Kotinoussa y Eritehia.

---

1 *Diario de Cádiz*, 27 de junio de 2017, «Cádiz se postula como destino preferente con la campaña Luz de Man».

2 *Diario de Cádiz*, 8 de junio de 2015, «Un paseo por el Cádiz más antiguo y sobre el retraso»; *Diario de Cádiz*, 21 de julio de 2015, Virginia León, «La Ruta Fenicia Gadir, preparada desde junio, a la espera de arrancar en Cádiz»; y *Diario de Cádiz*, 26 de agosto de 2015, Virginia León, «Ni rastro de la Ruta Gadir por los enclaves fenicios de la ciudad».

Estos dos parques eran una adición reciente al entramado urbano gaditano. Situados en la zona de extramuros, se habían abierto al público en 2006 como resultado de la desaparición de unos antiguos cuarteles. Topográficamente se ubicaban sobre lo que habían sido las necrópolis del Gadir fenicio y del Gades romano.[3] Su nombre remitía a las dos islas que en la Antigüedad conformaban la ciudad y habían sido concebidos como «parques arqueológicos». En sus aproximadamente 3 hectáreas de extensión, entre palmeras y bancales de flores, los visitantes podían observar muestras de las diferentes prácticas funerarias de las culturas antiguas. En algunos casos eran reproducciones de tumbas y estructuras perdidas, mientras que en otros eran restos genuinos, encontrados en el lugar o trasladados desde otras partes de la ciudad.

Cuando los visité en agosto de 2016 para la redacción de este libro, estos esfuerzos parecían haber tenido pocos resultados. Kotinoussa y Eritehia estaban rodeados de viviendas de clase media, terminadas de construir justo antes del estallido de la crisis económica. Los restos arqueológicos estaban sucios y descuidados. Entre las piedras crecía abundante maleza y se veían desperdicios acumulados. «Más caninos que turísticos» señalaba un artículo de prensa de aquel entonces.[4] De nada parecía haber servido la adicción reciente de nuevos monumentos.[5] Los niños jugaban sobre las ruinas y lo mismo hacían las mascotas de los vecinos de la zona. Los paneles informativos parecían mucho más viejos de lo que eran. Estaban oxidados, deteriorados y cubiertos de grafitis. El vandalismo, varios inviernos de temporales y el inclemente sol del verano habían conspirado contra ellos. Tampoco ayudaba la cercanía del mar y su aire salino.

---

3 *La Voz de Cádiz*, 28 de diciembre de 2006, Fátima Vila, «El yacimiento de Varela habla de historia en mitad de Extramuros».

4 *Diario de Cádiz*, 20 de abril de 2016, Virginia León, «Más canino que turístico».

5 *Diario de Cádiz*, 19 de abril de 2016, Virginia León, «Tres enterramientos de época púnica y romana se integrarán en Varela».

El fracaso de los parques Kotinuossa y Eritheia muestra que la puesta en valor de restos arqueológicos no es una tarea sencilla. Incluso las mejores intenciones pueden chocar con la realidad de las dinámicas urbanas. Sobre el papel los parques arqueológicos eran una buena idea. Contribuían a visibilizar uno de los mayores tesoros arqueológicos de Cádiz, su impresionante necrópolis con más de diez siglos de uso continuado por diferentes culturas. Permitían sacar a la luz una serie de restos arqueológicos que de otra manera habrían tenido que ser enterrados o recluidos en los almacenes de los museos y descentralizaban la oferta cultural local, al ser los únicos emplazamientos arqueológicos abiertos al público en la parte moderna de la ciudad. Estas potencialidades no lograron, sin embargo, contrarrestar la inercia generada por las propias dinámicas urbanas. Ni para los gaditanos, ni para los visitantes esta era una zona de actividad cultural. Los parques no cambiaron esta percepción.

Algo similar ocurrió en La Caleta. También aquí fracasaron los intentos de musealizar el entorno y convertirlo en un paisaje de memoria, mediante paneles informativos sobre el pasado fenicio. La ausencia de estructuras visibles de esta época hizo que nunca llegara a consolidarse como estación de paso para los visitantes interesados en el pasado de la ciudad. Sigue siendo una popular playa y un entorno urbano espectacular, con sendas fortificaciones barrocas y uno de los balnearios modernistas mejor conservados de Andalucía, pero sin llegar a amoldarse en los imaginarios populares a la narrativa sobre la herencia fenicia promovida por el Gobierno municipal. Como en los parques de extramuros, la señalética parece mucho más antigua de lo que es. Está vandalizada y deteriorada por las inclemencias climáticas.

***

El abandono de la Ruta Fenicia fue uno de los argumentos utilizados por sus rivales políticos para atacar al nuevo alcalde.⁶ Las acusaciones eran parte de una tendencia más amplia. En general durante los primeros dos años de gestión municipal, las políticas culturales se convirtieron en una de las puntas de lanza de los detractores de González.⁷ Si mal que bien el gobierno de Martínez había logrado en la etapa final de su mandato desarrollar una narrativa turístico-cultural de la ciudad, con su sucesor no existía nada equivalente, según señalaban los opositores al nuevo alcalde.

Estas críticas eran en alguna medida ciertas. Las nuevas autoridades habían llegado al poder de manera inesperada incluso para ellas mismas. En parte por inexperiencia y en parte por falta de planificación, carecían de un proyecto cultural claro para la ciudad. En contraste con el híper activismo de Martínez, el discurso patrimonial de González y su equipo era difuso y muchas veces contradictorio. Apuntaba a múltiples direcciones diferentes, sin que existiera una clara jerarquía de objetivos y narrativas. Esta confusión, por supuesto, era aprovechada por sus detractores, que de manera continua publicaban en la prensa artículos que resaltaban el mal estado de conservación de los monumentos o la pérdida de atractivo turístico de la ciudad.

Uno de los objetivos favoritos de estas críticas era Entrecatedrales. La obra de Campo Baeza no había llegado a cuajar con el gusto local. Ni las autoridades habían sabido sacarle jugo, ni se había convertido en un referente ciudadano. El centro cultural no había llegado a ponerse en marcha y, como habían augurado sus detractores, el paso del tiempo había hecho que el material metálico del que

---

6 Por ejemplo: *Diario de Cádiz*, 27 de julio de 2016, «Un parque arqueológico para el olvido»; *Diario de Cádiz*, 11 de mayo de 2016, «Colectivos de patrimonio solicitan que se traslade el parque canino de Varela»; y *Diario de Cádiz*, 3 de septiembre de 2016, José Joaquín León, «El parque Kotinoussa».

7 Por ejemplo, en solo tres días tres artículos: *Diario de Cádiz*, 10 de septiembre de 2016, José Antonio Hidalgo, «Tres mil años de historia pendiente de descubrir»; *Diario de Cádiz*, 12 de septiembre de 2016, Fernando Santiago, «Todos pasan de Cádiz»; y *Diario de Cádiz*, 11 de septiembre de 2016, Virginia León, «La historia ninguneada de Cádiz».

estaba hecha la estructura se deteriorase y presentase un aspecto cada vez más deslucido. «La suciedad de los cristales, las basuras en su interior y el palpable deterioro de este equipamiento cultural no dejan ver las joyas arqueológicas existentes en su interior», se lamentaba una nota de prensa.[8]

Estos problemas ya eran evidentes cuando gobernaba Martínez. No pocas veces la oposición los había utilizado para interpelar y cuestionar a los responsables municipales.[9] Siguiendo la tradición de las guerras patrimoniales gaditanas, con el cambio de gobierno los ataques cambiaron de dirección y pasaron a dirigirse a González y su equipo. Los conservadores presentaron en abril de 2017 una moción que urgía a las autoridades a poner remedio al mal estado de Entrecatedrales, poniendo en valor el monumento y evitando su destrucción. En la línea de confrontación habitual, aprovechaban para reivindicar la labor de la anterior alcaldesa y reprochaban al nuevo Gobierno que hubiera abandonado «a su suerte todo aquello que no le gusta».[10]

El mal estado de Entrecatedrales se vinculaba con el fracaso de la puesta en valor de la Casa del Obispo. Este emplazamiento, confiado a la gestión de la empresa Alavista dirigida por Garbarino, había cerrado sus puertas en vísperas de la campaña electoral. Desde 2014 no era posible visitarlo y se deterioraba día tras día. Concesionaria y autoridades locales se acusaban mutuamente de incumplir los contratos y de poner en riesgo el patrimonio de la ciudad. El impacto del cierre se había extendido al área circundante. La plaza de Levante, recuperada para la ciudad al abrir sus puertas el recinto, había vuelto a cerrarse al tránsito. Tampoco habían corrido mejor suerte los demás proyectos de puesta en

---

8 *La Voz de Cádiz*, 14 de agosto de 2016, Almudena Del Campo, «El abandono de Entrecatedrales».

9 *La Voz de Cádiz*, 11 de junio de 2010, «La oposición alerta del deterioro del entorno de la iglesia de Santa Cruz y Entrecatedrales».

10 *La Voz de Cádiz*, 24 de abril de 2017, Almudena del Campo, «El PP pide el urgente adecentamiento de Entrecatedrales ante la temporada turística».

valor impulsados por Alavista. Las termas romanas y la construcción del hotel de cinco estrellas en la Casa del Almirante estaban paralizados.

Con el cambio de autoridades comenzaron las negociaciones para poner fin al marasmo. Garbarino dio el primer paso al solicitar en junio de 2015 al nuevo alcalde una reunión urgente.[11] Aunque no llegó a reunirse con González le recibió el concejal a cargo de la gestión patrimonial. Pero tampoco esta vez el intercambio dio los frutos deseados. Garbarino mantenía sus pretensiones de indemnización y, en caso contrario, solicitaba que el ayuntamiento prorrogara el tiempo de concesión del monumento o ampliara la zona concesionada, para incluir los restos situados debajo de Entrecatedrales.[12] Eran sus mismas demandas de siempre. Desde su punto de vista, solo así se podía compensar los gastos extraordinarios causados a la empresa por la mala gestión de Martínez.

Las pretensiones de Garbarino de asumir el control de Entrecatedrales se apoyaban en el nulo uso que el ayuntamiento había hecho de este espacio desde que fuera inaugurado en medio de fanfarrias en 2009. Aunque en un primer momento se habían organizado varias exposiciones, llevaba ya varios años abandonado. El propósito de convertirlo en un centro cultural permanente nunca había llegado a concretarse. Las cubiertas plásticas que cerraban el espacio inferior y que protegían los restos arqueológicos estaban deterioradas por la humedad y el paso del tiempo. Decenas de cartas de protesta colocadas por el propio Garbarino a la vista de los turistas, transmitían una imagen de tristeza y total abandono, que contrastaba con lo que había sido una iniciativa cultural de primer orden. Se viera como se viese, Entrecatdrales era una ruina. Por dentro y por fuera.

---

[11] *Diario de Cádiz*, 24 de junio de 2015, Virginia León, «El gerente de Casa del Obispo solicita reunión con el nuevo alcalde».

[12] *Diario de Cádiz*, 27 de agosto de 2015, Virginia León, «Las condiciones para restaurar y reabrir la polémica Casa del Obispo».

Pese a este evidente deterioro, las nuevas autoridades eran reticentes a aceptar las propuestas de Garbarino. Se unían aquí dos cosas. Por un lado, después de casi una década de protagonizar infinitas polémicas, Garbarino era un personaje visto con desconfianza en los círculos culturales gaditanos y se le achacaba tener un carácter difícil, dado a todo tipo de controversias. Se había ganado numerosos enemigos en todas las administraciones y las nuevas autoridades no eran una excepción. Por otro lado, la mayoría del equipo del alcalde González pertenecía a agrupaciones situadas muy a la izquierda del espectro político. Entre sus promesas de campaña estaba recuperar para el municipio las funciones externalizadas durante la gestión anterior, ya fuera por privatización o concesión. Prorrogar o extender la concesión de la Casa del Obispo chocaba radicalmente con sus prioridades y con su cultura política. Incluso podía suponerles un problema en las luchas por la pureza ideológica tan habituales en los círculos izquierdistas.

En julio de 2016, Europa Nostra, la misma asociación que unos años antes había premiado la experiencia como ejemplo de puesta en valor creativa y eficiente, puso la Casa del Obispo en su lista roja del patrimonio cultural.[13] Era una evidencia de cómo habían cambiado las cosas. Unos meses después, ante la falta de avances en las negociaciones, el equipo municipal tomó una decisión que buena parte de los expertos venía demandando desde tiempo atrás: retirar a Alavista la concesión de la Casa del Obispo.[14] Para justificar la medida se alegaba el abandono y las reiteradas negativas de la empresa de Garbarino a permitir el ingreso de los funcionarios municipales enviados al recinto para comprobar el estado de las ruinas. Obviamente, Garbarino rechazó estas acusaciones, pero no pudo impedir que el

---

13 *Diario de Cádiz*, 2 de julio de 2016, «La Casa del Obispo entra en la lista roja del patrimonio».
14 *Diario de Cádiz*, 27 de abril de 2017, Virginia León, «El ayuntamiento sacará de nuevo a licitación la Casa del Obispo».

pleno municipal con apoyo de todos los grupos aprobara la retirada de la concesión.[15]

Esta no era la única polémica en marcha. Al final del segundo año de gobierno de González, en paralelo al encrespamiento del conflicto en torno a la Casa del Obispo, también la joya de la corona patrimonial gaditana comenzaba a dar síntomas de agotamiento. En enero de 2017 el Ayuntamiento decidió cambiar la empresa responsable de organizar las visitas al yacimiento Gadir.[16] Tras tres años de crecimiento continuado, los restos de la ciudad fenicia experimentaban una alarmante bajada de visitantes. Mientras que otros monumentos andaluces se proyectaban y crecían, la popularidad de la apuesta estrella del antiguo consistorio municipal declinaba.

Esta evolución negativa de Gadir tenía varias explicaciones posibles. Un factor era el agotamiento de la sensación de novedad producida por el monumento. Desde su apertura la mayoría de los visitantes habían sido gaditanos, deseosos de conocer y disfrutar de su pasado. Al tratarse de un recinto pequeño, con pocas posibilidades para innovar en la dinámica y los contenidos, era poco frecuente repetir la visita en más de una o dos ocasiones. A medida que se agotaba este caladero natural, el número de visitantes declinaba, según explicaban los responsables del nuevo consistorio. La solución consistía en cambiar la empresa concesionaria para tratar de insuflar nuevas ideas.

Esta era la explicación predominante entre los partidarios del nuevo alcalde. Para los antiguos responsables municipales, sin embargo, la verdadera razón de la bajada de los visitantes radicaba en la falta de interés de González y su

---

15 *Diario de Cádiz*, 28 de abril de 2017, Virginia León, «Monumentos Alavista demanda al ayuntamiento más de 1 102 000 euros»; y *Diario de Cádiz*, 29 de junio de 2017, «Aprobada la resolución de la concesión administrativa del yacimiento de la Casa del Obispo».

16 *Diario de Cádiz*, 18 de enero de 2017, Virginia León, «Una nueva empresa para la atención al público y mantenimiento de Gadir».

equipo por la puesta en valor del patrimonio. En parte por desconocimiento del campo, en parte por un sesgo ideológico que los llevaba a desconfiar del turismo como motor de desarrollo y en parte por desprecio hacia los logros de su antecesora, el nuevo equipo había descuidado el yacimiento y había reducido su presencia en la propaganda oficial. También se habían dejado de lado los proyectos para promover Cádiz a nivel internacional como referente de los estudios y la conservación del patrimonio arqueológico fenicio. El resultado era un equipamiento cultural con escasa proyección fuera de la ciudad, excesivamente dependiente de los propios visitantes gaditanos.

Tampoco las asociaciones patrimonialistas estaban felices con los resultados del cambio de gobierno.[17] En medio de un verano inusualmente caluroso, doce meses después de la llegada al poder de González, aproximadamente dos centenares de manifestantes se reunieron junto a la Casa del Obispo y otros puntos negros del patrimonio gaditano para protestar contra la dejadez de las autoridades. Se trataba de una ruta de la vergüenza, que buscaba llamar la atención de la prensa y de los turistas. Un año antes los mismos convocantes habían atraído a unas decenas de personas en su peregrinación por la ciudad. Ahora el número de participantes era ligeramente superior. No era una inmensa masa, pero la prensa conservadora resaltó los días siguientes la protesta como parte de su campaña contra las nuevas autoridades. Por su parte, estas achacaban la responsabilidad de los problemas del patrimonio a sus antecesores. O desviaban el disparo hacia la Junta de Andalucía.

Para ADIP la responsabilidad por el mal estado del patrimonio local era compartida: ni las autoridades locales ni el gobierno autonómico hacían lo suficiente. Unos y otros se limitaban a utilizar el patrimonio como arma arrojadiza en

---

17 *Diario de Cádiz*, 1 de agosto de 2016, Rafa Burgal, «La segunda manifestación por el patrimonio se celebrará el jueves 11».

sus disputas políticas, sin percibir el potencial de la puesta en valor para generar riqueza. La solución pasaba por una mejor coordinación y por incrementar el presupuesto destinado a la conservación del patrimonio. Pero sobre todo se trataba de una cuestión de concientización. Los gobernantes, señalaban los patrimonialistas, debían dejar de ver el patrimonio cultural y su puesta en valor como un gasto y entenderlo como una inversión para el desarrollo local. Era necesaria una revolución de las conciencias que mirara al mismo tiempo al pasado y al futuro. El problema, sintetizaba uno de los promotores de los movimientos patrimonialistas locales, era que «Cádiz ha pedido el espíritu fenicio».[18]

* * *

Eran tormentas en un vaso de agua. Las polémicas en torno al patrimonio solo tocaban de refilón al Gobierno local. Eran parte de la munición que sus rivales políticos arrojaban sobre González y su equipo, pero su eficacia era limitada. A diferencia de los últimos años de Martínez, la puesta en valor del patrimonio arqueológico estaba muy lejos de las prioridades de las nuevas autoridades locales. Tras un primer año centrado en gestos fundamentalmente simbólicos (disputas en torno a las banderas que debían ondear en las plazas, retirada del cuadro del rey del salón de sesiones, sustituido por la imagen de Fermín Salvochea), el Gobierno local comenzó a enfocarse en dos objetivos: municipalizar los servicios públicos y poner en marcha un plan financiado con fondos europeos para mejorar los barrios marginales de la zona nueva de Cádiz, que en las etapas anteriores habían sido postergados frente a la mayor atención prestada al centro histórico. En estos temas, y no en el patrimonio, era donde los esfuerzos de las nuevas autoridades se concentraban. Era aquí donde consideraban que se iban a jugar sus posibilidades de mantenerse en el poder.

La nueva política acabó por parecerse mucho a la vieja. Las disputas en torno a los fondos europeos, las acusaciones cruzadas de ineficiencia y sabotajes con la Junta de Andalucía y el quiero y no puedo de los grandes proyectos urbanísticos eran una canción muy conocida en Cádiz. Solo a mediados de 2017 las políticas culturales recuperaron cierta presencia, cuando las autoridades anunciaron la elaboración de un plan integral para la puesta en valor del patrimonio cultural de la ciudad.[19] Los focos giraron nuevamente hacia el Gobierno andaluz, al que se le exigieron mayores inversiones para la conservación de las murallas. Algunos tramos amenazaban ruina y se temía que no sobrevivieran al siguiente invierno. También se pretendía potenciar el reconocimiento de Gadir como Bien de Interés Cultural y el de la playa de La Caleta como paisaje cultural.[20] Incluso volvió a resurgir el viejo debate sobre la necesidad de potenciar la imagen internacional de la ciudad, mediante la exaltación de alguno de sus monumentos a las listas internacionales de Unesco.[21]

Estas intervenciones se insertaban en un contexto más amplio de apuesta por la «arqueología urbana».[22] Desde el punto de vista de las nuevas autoridades, el patrimonio debía cumplir una triple función: mejorar la habitabilidad de la ciudad, fomentar el desarrollo económico de Cádiz y potenciar la cohesión social. Una de las intervenciones estrella era la construcción de un Museo del Carnaval, un viejo anhelo de la izquierda gaditana, que consideraba a estas fiestas como la máxima expresión de la cultura popular local. La aprobación del proyecto se anunció a mediados de 2017. Según se señalaba, el nuevo museo contaría con el apoyo de fondos europeos y de la Junta de Andalucía, y ocupa-

---

19 *Diario de Cádiz*, 2 de febrero de 2017, editorial, «Una nueva etapa de colaboración».
20 *Diario de Cádiz*, 18 de junio de 2017, José Antonio Hidalgo, «Del BIC para el Yacimiento Gadir al Paisaje Cultural para la Caleta».
21 *Diario de Cádiz*, 8 de diciembre de 2017, José Joaquín León, «La pizza y el carnaval».
22 *Diario de Cádiz*, 18 de junio de 2017, Virginia León, «Firme apuesta por la arqueología urbana».

ría una de las antiguas casas señoriales del centro histórico. En palabras del Ayuntamiento, era el proyecto cultural más ambicioso de las últimas décadas: una intervención que, ahora sí, pondría a Cádiz en el mapa y devolvería la ciudad al lugar que por historia y cultura merecía.

Eran nuevas rutas para las políticas culturales. Gadir y el icono de los tres mil años seguían estando presentes, tanto en la mente de los intelectuales locales como en la retórica de las autoridades, pero su relevancia era ahora mucho menor. Cádiz seguía participando en las reuniones de la Liga Cananea, una institución que desde su fundación no había dejado de crecer. Aunque nadie supiera muy bien para qué servía, su influencia había trascendido las fronteras del Mediterráneo y sumaba ya más de cincuenta localidades afiliadas en El Líbano (diez), Grecia (diez), Italia (ocho), España (seis), Siria (tres), Egipto (tres), Túnez (tres), Malta (tres), Marruecos (dos), Yemen (dos), Omán (una) y Chipre (una). Sin embargo, los referentes fenicios han perdido la centralidad cultural y política que tuvieron en los últimos años de Martínez. Gadir ya no es el eje de las políticas culturales gaditanas. Tampoco articula discursos identitarios, más allá del estricto orgullo local por lo antiguo. Las prioridades son ahora otras.

El momento fenicio parece haber concluido.

EPÍLOGO

En abril de 2018 la prensa gaditana informó sobre la muerte de un indigente que vivía en la parte inferior de Entrecatedrales. Había sido un invierno inusualmente duro, plagado de temporales y lluvia. Pese a las especulaciones iniciales, pronto se comprobó que la causa de la muerte era un fallo cardiaco. No había habido ningún tipo de violencia o enfrentamiento. Era una muerte más, producto de la pobreza y el desamparo. Lo singular era que el fallecido había pasado a mejor vida mientras dormía sobre los restos de las antiguas tumbas fenicias.[1] Había tratado de protegerse del frío en una improvisada carpa tendida entre las venerables piedras.

Quizás este macabro episodio sirva como ningún otro para ilustrar la trayectoria declinante de un ciclo de las políticas culturales andaluzas. Lo que había sido concebido como una intervención majestuosa, que debía proyectar

---

[1] *Diario de Cádiz*, 19 de abril de 2018, Rafael Burgal, «Fallece una persona sin hogar que vivía en la zona de Entrecatedrales».

una imagen de modernidad sobre toda la ciudad, había terminado como una pila de escombros donde los grandes perdedores de la crisis económica buscaban refugio. Las tumbas de los antepasados eran también improvisadas tumbas para los gaditanos del siglo XXI.[2]

El simbolismo de la escena es tentador. Pero quizás sea un poco injusto. En este libro he analizado un periodo particular de la historia de las políticas culturales de una pequeña capital de provincia de la periferia del sur de Europa. Es, como espero haber demostrado, una historia de luces y sombras, con resultados ambivalentes. El descubrimiento de la ciudad fenicia del Teatro Cómico supuso una oportunidad para Cádiz en varios sentidos: se convirtió en un potencial recurso turístico en un momento de aguda crisis económica y al mismo tiempo permitió articular nuevos discursos locales de identidad, en contraposición con las narrativas promovidas desde el gobierno autonómico, centradas en la triada tartesios-romanos-andalusíes. El descubrimiento también tuvo un impacto de primer nivel en el delicado universo de la arqueología local. Por su repercusión científica y mediática, potenció trabajos y teorías que hasta ese momento habían estado en segundo plano y comprometió las jerarquías imperantes dentro del gremio profesional. Podemos hablar en este sentido de ganadores y perdedores, en tanto algunos arqueólogos vieron reforzada su posición y su carrera académica, mientras que otros debieron replantearse sus estrategias e imaginar nuevas maneras de ubicarse en el mundo académico.

En el contexto local, la puesta en valor de los restos fenicios del Teatro Cómico destacó por la intensidad del compromiso de las autoridades municipales. Para Teófila Martínez fue una oportunidad para afirmar una supuesta identidad local gaditana diferente al resto de Andalucía. La trama política

---

2 *Diario de Cádiz*, 20 de abril de 2018, Rafael Burgal, «El mirador del óxido y la desidia».

se mezcló aquí con las expectativas científicas. Fue también una oportunidad para apuntalar el nuevo modelo de ciudad que las autoridades querían impulsar para salir del largo marasmo económico generado por la desindustrialización de la bahía de Cádiz. El resultado fue la cristalización de lo que en este libro he denominado un *momento fenicio*: un breve periodo de tiempo en el que esta cultura se convirtió, no solo en protagonista de las apuestas turísticas de las autoridades, sino también en un referente utilizado por los gaditanos para volver a pensarse a sí mismos.

El momento fenicio fue posible porque, en paralelo a los hallazgos de Cádiz, en otras partes de la bahía tenían lugar descubrimientos igualmente notables. La narrativa de la ciudad solitaria rodeada de enemigos convivía y competía con una visión más compleja del mundo antiguo. En otras localidades de la bahía también comenzaron a articularse «pasados fenicios». Esta visión descentralizada del pasado remoto resultaba atractiva porque en buena medida encajaba con la situación actual. La bahía es una conurbación compuesta por cinco poblaciones de tamaño similar. La capital se sitúa en Cádiz, la ciudad de mayor bagaje histórico y administrativo, pero en términos de población y desarrollo económico existe un notable equilibrio con las localidades vecinas: San Fernando, Puerto de Santa María, Puerto Real y Chiclana. Las cinco ciudades se encuentran intensamente intercomunicadas y gran parte de la población se mueve de una a otra cada día, bien sea por motivos laborales o recreativos.

Las nuevas teorías sobre el pasado fenicio remitían a esta experiencia cotidiana de la población. Sin embargo, suponían un desafío para las jerarquías tradicionales de la arqueología gaditana, ya que cuestionaban a los defensores de la tesis tradicional que identificaba Gadir con Cádiz. Esto hacía que su inserción en el campo académico fuera compleja y desigual. Se unían a ello los problemas políticos y económicos derivados de la crisis económica. El resultado fue un conjunto de controversias sin fin, que afectaron a las grandes iniciativas de puesta en valor del patrimonio cultural. Mientras la Junta de Andalucía impulsaba una determinada visión del pasado, los gobiernos locales pugnaban por llevar adelante, en la limitada medida de sus capacidades, sus propios proyectos de patrimonialización, no siempre coincidentes o incluso en abierta competencia y confrontación. El patrimonio se convirtió en un botín político. La racionalidad de las inauguraciones pesaba más que el análisis sosegado de las potencialidades y limitaciones de la puesta en valor del patrimonio como estrategia de desarrollo económico.

El resultado de estos esfuerzos quedó por debajo de las expectativas de sus promotores. Cádiz conoció una eclosión patrimonial, en pocos años se modernizó la gestión de los monumentos y se crearon un cierto número de equipamientos culturales, pero estos esfuerzos no lograron revertir el declive de la ciudad. Un reciente estudio elaborado por los profesores Andrés Precedo Ledo y Alberto Míguez Iglesias, de la Universidad de Santiago de Compostela, compara el posicionamiento global de las 22 principales ciudades españolas, antes y después de la crisis, a partir de variables como la estructura productiva, la reputación internacional y las intervenciones públicas y privadas.[3] Los resultados son demoledores: Cádiz se encuentra en última posición de este *ranking*, tanto al inicio como al final de la serie. Mientras otras ciudades intermedias, como Vitoria, San Sebastián, Oviedo o incluso Elche, han logrado reposicionarse a partir de diferentes estrategias, el escaso dinamismo económico de Cádiz y las erráticas políticas de sus dirigentes han hecho que la ciudad avance aceleradamente hacia el ostracismo.

Cádiz continúa perdiendo población. Es un ejemplo de las muchas ciudades menguantes, *shrinking cities* según la terminología de los geógrafos y sociólogos anglosajones,

---

3 Andrés Precedo Ledo y Alberto Míguez Iglesias, «Los efectos de la crisis en el posicionamiento de las ciudades españolas», *Boletín de la Asociación de Geógrafos Españoles*, vol. 76, 2018, pp. 79-101.

que cada vez más abundan en la periferia europea. Antiguas ciudades intermedias, que entran en un ciclo de decadencia por su incapacidad para alcanzar el volumen y la masa crítica necesarios para adaptarse a los desafíos de los nuevos tiempos. Reproducciones locales de Detroit, la *shrinking city* por excelencia, que como la antigua capital del motor norteamericano se caracterizan por una espiral de deslocalización empresarial, pérdida de dinamismo económico, drenaje de talento, proyectos de reinvención urbana fracasados y conflictividad política.

Esta decadencia tiene que ver con errores y rivalidades políticas, pero también con factores estructurales. Las pequeñas ciudades intermedias de la periferia europea encaran en los últimos años enormes desafíos, para los que no parecen existir soluciones sencillas. La reinvención urbana, anhelada por todos, es una tarea extremadamente difícil en entornos sometidos a un drenaje constante de talento, que carecen de masa crítica de capital humano, poder político y tejido empresarial para jugar en las grandes ligas de las ciudades globales. La historia (con todo su capital simbólico) y la puesta en valor del patrimonio cultural son buenas alternativas para asentar esta reinvención urbana. Pero la mayoría de las veces no son suficiente.

Desde el punto de vista de los estudios patrimoniales, la historia narrada en este libro ilustra dos aspectos relevantes, que trascienden el caso concreto de Cádiz: (i) las dificultades para dotar de materialidad a las alambicadas teorías de la identidad que surgen en los últimos años, en el contexto realmente existentes de ciudades densamente pobladas y con recursos económicos limitados; y (ii) los dilemas derivados de la conversión del patrimonio cultural en atractivo turístico, en un contexto de doble competencia: contra otras ciudades y contra otras narrativas del pasado, defendidas por otros actores dentro de la misma ciudad. En ambos casos, Cádiz se caracteriza por una aceleración de los esfuerzos patrimoniales en las últimas dos décadas. Lo que hasta entonces había sido un tema secundario pasa al primer plano de la agenda pública. La multiplicación de iniciativas patrimonializadoras permite que el desbalance entre el pasado esplendoroso y los casi inexistentes restos materiales comience a cerrarse, con los consiguientes impactos económicos y políticos.

Visto en perspectiva el momento fenicio fue un intento de intervenir al mismo tiempo en las dinámicas políticas, económicas, culturales e incluso emocionales de la ciudad. Cinco años después del cambio de gobierno parece quedar poco de todo esto. El carácter extremadamente personalista y confrontacional del gobierno de Martínez hizo que sus sucesores se desentendieran casi por completo de sus proyectos. Las políticas culturales han ido en estos años por otro lado. Han aparecido nuevos negocios enfocados en la puesta en valor del patrimonio, en ocasiones promovidos por los propios arqueólogos que realizaron los descubrimientos o por activistas culturales que ahora dan el salto de la teoría a la práctica. Las nuevas autoridades han elaborado su propio plan de gestión del patrimonio y han diseñado un protocolo interactivo que permite a los ciudadanos dar la alarma ante cualquier deterioro o desperfecto de los monumentos.[4]

Un nuevo logotipo se ha incorporado en las campañas para promocionar el turismo. El emblema elegido se refiere al carácter trimilenario de la ciudad, pero paradójicamente el énfasis en el pasado fenicio que caracterizó a la última etapa del largo gobierno de Martínez ha sido sustituido por el regreso a la vieja tradición local de acumular referentes de diferentes épocas y tradiciones culturales.[5] La imagen turística de Cádiz se ha desenfocado y han aparecido nuevos

---

[4] *Diario de Cádiz*, 25 de agosto de 2018, José Antonio Hidalgo, «El ayuntamiento cuenta ya con su primer Plan Integral de Patrimonio»; y *Diario de Cádiz*, 24 de junio de 2018, José Antonio Hidalgo, «Los ciudadanos denuncian y el ayuntamiento responde».

[5] *Diario de Cádiz*, 19 de junio de 2018, P.M.E., «Cádiz ya tiene un logotipo que promocione su valor patrimonial».

proyectos culturales que aspiran a convertirse en emblema de la ciudad. Es el caso del Museo del Carnaval que el Gobierno local pretende abrir en 2021.[6] En el marco de la nueva política, este recinto aspira a convertirse en la piedra angular del legado de la nueva izquierda en el campo cultural.

Algunas de las infraestructuras culturales construidas por Martínez durante el momento fenicio se han deteriorado rápidamente. El yacimiento Gadir presenta un aspecto exterior prematuramente avejentado. Los virulentos temporales de lluvia y agua que afectaron a la ciudad en el invierno de 2018 dejaron huellas en su fachada, que muchos meses después aún no habían sido reparadas. En cambio, otras iniciativas han mejorado su aspecto y han encontrado una nueva vida. Durante mi última visita en agosto de 2018 los parques arqueológicos de Varela estaban mucho más limpios que en años anteriores. La vegetación que impedía apreciar los enterramientos había sido retirada. Contaban con un recorrido más claro y con nueva señalética. La misma evolución han tenido algunas de las prácticas instituidas en aquellos años. Las representaciones teatralizadas del pasado se han afianzado, e incluso expandido a nuevos yacimientos como Doña Blanca, aunque, siguiendo una tendencia señalada por muchos autores en contextos diferentes, el componente cultural se ha diluido progresivamente en favor de un sentido casi estrictamente lúdico y festivo.[7]

Los descubrimientos arqueológicos han seguido produciéndose. La adquisición por la Universidad de Cádiz de modernas tecnologías de prospección subterránea mediante georradar ha permitido comprobar la existencia de restos de un puerto de gran calado en las proximidades de Doña Blanca.[8] Más importante aún, una auténtica ciudad aún

---

6 *Diario de Cádiz*, 9 de abril de 2018, «El ayuntamiento de Cádiz quiere abrir el Museo del Carnaval en 2021».
7 *Diario de Cádiz*, 26 de agosto de 2018, M. Mir, «El púrpura como obsesión».
8 *Diario de Cádiz*, Virginia León, 17 de septiembre de 2017, «Aparece el gran puerto fenicio de Doña Blanca».

desconocida parece estar enterrada en Asta Regia.[9] A medio plazo, cuando los arqueólogos puedan excavar y analizar estos restos, es muy probable que asistamos a una nueva revolución de nuestro conocimiento sobre el periodo prerromano de la bahía de Cádiz. Quién sabe si en esta nueva vuelta de tuerca los fenicios saldrán ganando o perdiendo.

También el turismo ha evolucionado en estos años. Cada verano la prensa informa de que Cádiz sigue batiendo récords. Las pernoctaciones en hoteles de la provincia se acercan ya a los cuatro millones, una cifra solo superada por Málaga en el ámbito andaluz.[10] El número de cruceristas sigue en alza.[11] Incluso comienza a percibirse un incipiente proceso de gentrificación turística en algunas zonas de la capital. Es el caso del barrio de la Viña, uno de los más idiosincráticos de Cádiz, muy vinculado a las tradiciones flamenca y carnavalera, donde algunas antiguas casas de vecinos se han convertido en alojamientos turísticos de alto estándar. La expansión de los negocios amenaza aquí con trastocar la vida cotidiana. «Las vecinas antes sacaban las sillas a la calle para sentarse, pero si ahora lo hacen las miran como si fueran monos», señala un hostelero de la zona entrevistado por la prensa local.[12]

Pero poco de todo esto tiene que ver con el «nuevo modelo de ciudad» que preconizaban Martínez y sus seguidores. Más allá de estos limitados enclaves, los turistas que llegan a Cádiz siguen enfocándose mayoritariamente en las playas. Sigue siendo un turismo familiar, con bajo nivel de gasto. De junio a septiembre es raro el día en que no atravie-

---

[9] *Diario de Cádiz*, 5 de diciembre de 2016, Pablo Fernández. Quintanilla, «La UCA localiza nuevas edificaciones bajo Asta Regia gracias a su potente radar».

[10] *Diario de Cádiz*, 1 de septiembre de 2018, José Antonio Hidalgo, «Un feliz verano».

[11] *Diario de Cádiz*, 21 de septiembre de 2018, M.M.A., «Cádiz reduce su distancia con Málaga en el número de cruceristas». Según se señala, entre los meses de enero y julio Cádiz recibió 213000 cruceristas, un 25 por ciento más que el año anterior. Es cifra se aproximaba a los 234000 de Málaga.

[12] *Diario de Cádiz*, 2 de septiembre de 2018, Rafa Burgal, «Temor a la reducción de las terrazas».

san los puentes que conectan la ciudad con el continente varias decenas de autobuses procedentes de los pueblos del interior de la provincia, de Sevilla e incluso Córdoba. Tratando de huir del calor, los veraneantes ocasionales desembarcan cargados de sillas, sombrillas y neveras de playa, pasan el día sobre la arena y regresan a sus hogares por la noche, sin apenas haber consumido nada. Si bien se trata de un ejemplo maravilloso de popularización del ocio y del disfrute de las playas por parte de los sectores populares, es poco lo que este tipo de turismo aporta a la economía gaditana.

El «nuevo turismo» cultural está aún muy lejos de sustituir al «viejo turismo» de playa. La falta de recursos de las autoridades locales y su limitada capacidad para impactar en las dinámicas económicas realmente existentes, unido a la falta de consenso dentro de la ciudad y al carácter partidista de las narrativas de puesta en valor desarrolladas por el equipo de Martínez, explican el rápido declive del momento fenicio. Tampoco el contexto político nacional ayudó. Tanto en el ámbito andaluz como en el estatal, asistimos en los últimos años al quiebre del sistema de partidos imperante desde la Transición. Han aparecido nuevas formaciones, nuevos estilos y formas de hacer política, y proyectos que no solo son diametralmente opuestos a sus antecesores, sino también fuertemente enfrentados entre sí. Los aspectos identitarios (género, condición étnico-cultural) se cruzan con las variables ideológicas y cobran una vigencia que no tenían en las décadas anteriores. El vínculo entre discursos, intervenciones culturales e ideología, que siempre ha existido, se ha hecho más acuciante. En gran parte de España la puesta en valor del patrimonio se ha cargado de significados explícitamente políticos. Aunque en Andalucía estas disputas están aún lejos de la intensidad de otras regiones, existen también incipientes síntomas de que las guerras culturales y patrimoniales probablemente se recrudecerán en los próximos años.

Un factor clave en estas nuevas guerras patrimoniales tendrá que ver con el modelo de articulación territorial que finalmente se imponga en el conjunto de España. La Transición consolidó un modelo administrativo de tres pisos (local, autonómico y nacional), que en el ámbito de las políticas culturales favoreció sobre todo al nivel intermedio. Los Gobiernos autonómicos tienen hasta la actualidad una enorme capacidad para imaginar y desarrollar sus propias estrategias de puesta en valor y para impulsar las narrativas patrimoniales que consideran más convenientes para su consolidación institucional.

Pero esta arquitectura institucional parece estar actualmente en peligro. Las tensiones territoriales generadas por los desafíos independentistas en las regiones más ricas y por el ascenso de la extrema derecha centralista, llevan a que amplios sectores de la sociedad se planteen la necesidad de volver a concentrar las competencias, poniendo límites a la autonomía de los gobiernos regionales en los campos culturales y educativos. Por su particular idiosincrasia y por su peso político es muy probable que Andalucía sea uno de los territorios donde esta disputa se desarrolle con mayor intensidad en los próximos años. La hegemonía del nacionalismo blando asociada al largo gobierno regional del Partido Socialista se ve amenazada, tanto por un lado (partidarios de la recentralización) como por el otro (partidarios de versiones más políticamente activas del nacionalismo andaluz). La llegada por primera vez al poder autonómico de los conservadores en diciembre de 2018, apoyados por centristas y la extrema derecha, hace pensar que estamos por entrar en una nueva etapa.

Pocos días antes de la muerte del indigente que vivía en Entrecatedrales Teófila Martínez anunciaba que no se presentaría a las elecciones locales que debían celebrarse en mayo de 2019. Durante largos meses la exalcaldesa había mantenido el suspenso sobre sus intenciones, pero finalmente la necesidad de renovación del partido conservador pesó más que sus deseos de revancha. La casi eterna gobernante de Cádiz se retiraba de la política activa. Este es otro de los síntomas del cambio de época al que se enfrentan tanto la ciudad como la política andaluza. El ciclo inaugurado con la edad de oro de las intervenciones culturales, la burbuja de equipamientos y la posterior crisis desatada por la Gran Recesión, parece haber llegado a su fin. Le toca a la nueva generación de políticos y activistas reinventar las políticas culturales gaditanas. Tras unos inicios titubeantes, parecen estar haciéndolo. En su mano está insistir en los errores de sus antecesores o abrir nuevos caminos. En todo caso, podemos estar seguros de que no será una tarea sencilla.

BIBLIOGRAFÍA

Adams, Harriet Chalmers (1924). «Adventurous sons of Cadiz», *National Geographic Magazine*, vol. XLVI, nº 2, pp. 155-161 y 179-204.

Almasa Fernández, Marco (2011). «La enseñanza de la historia antigua en el nacionalismo actual de Andalucía», *El Futuro del Pasado*, nº 2, pp. 335-352.

Alonso González, Pablo y González Álvarez, David (2013). «Construyendo el pasado, reproduciendo el presente: identidad y arqueología en las recreaciones históricas de indígenas contra romanos en el Noroeste de España», *Revista de Dialectología y Tradiciones Populares*, vol. 68, nº 2, pp. 305-330.

Álvarez Martí-Aguilar, Manuel (2009). «Identidad e identidades entre los fenicios de la península ibérica en el periodo colonial», en Fernando Wulff Alonso y Manuel Álvarez-Martí, editores, *Identidades, culturas y territorios en la Andalucía prerromana*, Sevilla, Universidad de Sevilla, Universidad de Málaga, pp. 165-204.

Álvarez Martí-Aguilar, Manuel (2010). «Manuel Carriazo y su interpretación de los hallazgos de El Carambolo en el contexto de los estudios sobre Tartessos», en María Luisa de la Bandera Romero y Eduardo Ferrer Alberda, coordinadores, *El Carambolo: 50 años de un tesoro*, Sevilla, Universidad de Sevilla, pp. 53-97.

Álvarez Martí-Aguilar, Manuel (2013). «Definiendo Tartessos: indígenas y fenicios», en Juan M. Campos y Jaime Alvar, editores, *Tartessos: el emporio del metal*, Córdoba, Almuzara, pp. 223-246.

Álvarez Martí-Aguilar, Manuel (2014). «¿Mentira fenicia? El oráculo de Melqart en los relatos de fundación de Tiro y Gadir», en Francisco Marco Simón, Francisco Pina Polo y José Remesal Rodríguez, editores, *Fraude, mentiras y engaños en el mundo antiguo*, Barcelona, Universidad de Barcelona, pp. 13-33.

Álvarez Rojas, Antonio (2004). «Una nueva arquitectura para un conjunto milenario: La Sede Institucional de Baelo Claudia», *Revista mus-A*, n° 3, pp. 23-27.

Aranegui Gascó, Carmen (2011). «Miquel Tarradell en el centenari de Jaume Vicens Vices: Tarradell a la Universitat de València», *Butlletí de la Societat Catalana d'Estudis Històrics*, n° 22, pp. 337-347.

Arcila Garrido, Manuel y López Sánchez, José Antonio (2015). «Los centros de interpretación como motor de desarrollo turístico local, ¿un modelo fracasado? El caso de la Provincia de Cádiz», *Boletín de la Asociación de Geógrafos Españoles*, n° 67, pp. 143-165.

Arteaga Matute, Oswaldo (1994). «La liga púnica gaditana: aproximación a una visión histórica occidental, para su contrastación con el desarrollo de la hegemonía cartaginesa, en el mundo mediterráneo», *Treballs del Museu Arqueologic d'Eivissa e Formentera*, n° 33, pp. 23-58.

Asensio, Raul H. (2018). *Señores del pasado: arqueólogos, museos y huaqueros en el Perú*, Lima, Instituto de Estudios Peruanos.

Bonsor, George (1899). *Las colonias agrícolas prerromanas del valle del Guadalquivir*, Sevilla, Gráficas Sol.

Cócola Gant, Agustín (2009). «El MACBA y su función en la marca Barcelona», *Estudios Territoriales*, vol. 46, n° 159, pp. 101-115.

Cócola Grant, Agustín (2011). «El barrio Gótico de Barcelona: de símbolo nacional a parque temático», *Scripta Nova*, vol. 15, n° 371.

Duplá, Alberto (2001). «El franquismo y el mundo antiguo: una revisión historiográfica», en Carlos Forcadell e Ignacio Peiró, editores, *Lecturas de la Historia: nueve reflexiones sobre historia de la historiografía*, Zaragoza, Institución Fernando el Católico, pp. 167-190.

Escacena Carrasco, José Luis (2010). «El Carambolo y la construcción de la arqueología tartésica», en María Luisa de la Bandera Romero y Eduardo Ferrer Alberda, coordinadores, *El Carambolo: 50 años de un tesoro*, Sevilla, Universidad de Sevilla, pp. 99-149.

Esteve Guerrero, Manuel (1969). «Asta Regia: una ciudad tartésica», en *Tartessos y sus problemas: V Simposio Internacional de Prehistoria Peninsular (Jerez de la Frontera, septiembre de 1968)*, Barcelona, Instituto de Arqueología de la Universidad de Barcelona, The William L. Bryant Foundation, pp. 111-118.

Fernández-Baca Casares, Román (2007). «Acciones en el paisaje cultural de la Ensenada de Bolonia, Cádiz», *PH Boletín del Instituto Andaluz del Patrimonio Histórico*, n° 63, pp. 92-115.

Ferrer Albelda, Eduardo (2006). «La bahía de Cádiz en el contexto del mundo púnico: aspectos étnicos y políticos», *SPAL*, n° 15, pp. 267-280.

García Álvarez, Jacobo, Puente Lozano, Paloma y Trillo

Santamaría, Juan Manuel (2013). «La imagen de España en *National Geographic Magazine* (1888-1936)», *Scripta Nova*, vol. XVII, nº 454.

García Jiménez, Iván (2012). «Historia de la arqueología en Tarifa y sus inicios en el Campo de Gibraltar», *Al-Qantir*, vol. 12, pp. 27-38.

Gener, José María y Carlos Núñez García (2015) *Yacimiento arqueológico del Teatro de Títeres: cómo se hizo*, Cádiz, Ayuntamiento de Cádiz, Diputación de Cádiz, Proyecto NAMAE, 2015

Gener, José María y Martínez, Rocío (2015). *Gadir. El origen fenicio. Un paseo por su ciudad*, Cádiz, Ayuntamiento de Cádiz, 2015.

Gonzalbes Craviotto, Enrique (2015). «El círculo del Estrecho en la Antigüedad: una revisión historiográfica», *Índice Histórico Español*, vol. 128, 2015, pp. 175-209.

González Rodríguez, Rosalía (2016). «Manuel Esteve Guerrero: arqueólogo y fundador del Museo Arqueológico municipal de Jerez de la Frontera», en Manuel J. Parodi Álvarez, coordinador, *Arqueólogos por el bajo Guadalquivir en la primera mitad del siglo xix. Actas de las III Jornadas de arqueología del Bajo Guadalquivir*, Sanlúcar de Barrameda, Ayuntamiento de Sanlúcar de Barrameda, pp. 157-180.

Gracia-Alonso, Francisco (2017). «The Invention of Numantia and Emporion: Archaeology and the Regeneration of Spanish and Catalan Nationalisms after the Crisis of 1898», en Antonino de Francesco, editor, *In Search of pre-classical Antiquity: rediscovering ancient peoples in Mediterranean Europe (19th and 20th c.)*, Leiden, y Boston, Brill, pp. 64-95.

Hermoso Rivero, José María (2016). «Pedro Barbadillo Delgado (1904-1964) y su visión de la arqueología», en Manuel J. Parodi Álvarez, coordinador, *Arqueólogos por el bajo Guadalquivir en la primera mitad del siglo*

XIX. *Actas de las III Jornadas de arqueología del Bajo Guadalquivir*, Sanlúcar de Barrameda, Ayuntamiento de Sanlúcar de Barrameda, pp. 135-156.

Infante, Blas (1915). *Ideal andaluz*, Sevilla, Arévalo.

Kammerer, Nina (2014). «Catalan Festival Culture, Identities, and Independentism», *Quaderns-e*, vol. 19, n° 2, pp. 58-78.

Kingsley, Peter (2010). *En los oscuros lugres del saber*, Barcelona, Atalanta.

Maier Allende, Jorge (2009). «Jorge Bonsor, Baelo Claudia y el Fretum Gaditanum (1917-1921)», en *Jorge Bonsor y la recuperación de Baelo Claudia (1917-1921). Catálogo de la Exposición celebrada en el Conjunto Arqueológico de Baelo Claudia entre el 4 de junio y el 30 de septiembre de 2009*, Consejería de Cultura, Archivo General de Andalucía, Conjunto Arqueológico de Baelo Claudia, pp. 21-38.

Mederos Martín, Alfredo (2001). «Fenicios evanescentes: nacimiento, muerte y redescubrimiento de los fenicios en la península ibérica. I. (1780-1935)», *Saguntum*, vol. 26, pp. 37-48.

Mederos Martín, Alfredo (2004). «Fenicios evanescentes. Nacimiento, muerte y redescubrimiento de los fenicios en la península Ibérica. II. (1936-1968)», *Saguntum*, vol. 26, 2004, pp. 37-46.

Mederos Martín, Alfredo (2006). «Fenicios en Huelva, en el siglo X a.C., durante el reinado de Hîrãm I de Tiro», *SPAL*, n° 15, pp. 167-188.

Mederos Martín, Alfredo (2008). «Estratigrafías para Tartessos: Doñana, Mesas de Asta, Carteia, Carmona, Huelva», *SPAL*, vol. 17, pp. 97-136.

Minz, Jerome R. (2006). *Los anarquistas de Casas Viejas*, Cádiz, Servicio de Publicaciones de la Diputación de Cádiz, Delegación de Cultura del Ayuntamiento de Benalup-Casas Viejas y Departamento de Publicaciones de la Diputación de Granada.

Moix, Llàtzer (2010). *Arquitectura milagrosa: hazañas de los arquitectos estrella en la España del Guggenheim*, Barcelona, Anagrama.

Niveau de Villedary y Mariñas, Ana María (2010). «Deconstruyendo paradigmas. Una (re)visión historiográfica crítica al modelo interpretativo tradicional del Cádiz fenicio-púnico a la luz de los nuevos datos», Mainake, vol. 32, n° 1, pp. 619-671.

Padilla Monge, Aurelio (2016). «Huelva y el inicio de la colonización fenicia de la península ibérica», *Pyrennae*, vol. 47, n° 1, pp. 95-117.

Palmié, Stephan (2007). «Genomics, Divination, Racecraf», *American Ethnologist*, vol. 34, pp. 203-220.

Parodi Álvarez, Manuel J. (2016). «Pelayo Quintero: luz en la arqueología provincial», en Manuel J. Parodi Álvarez, coordinador, *Arqueólogos por el bajo Guadalquivir en la primera mitad del siglo XIX. Actas de las III Jornadas de arqueología del Bajo Guadalquivir*, Sanlúcar de Barrameda. Ayuntamiento de Sanlúcar de Barrameda. pp. 93-118.

Precedo Ledo, Andrés y Míguez Iglesias, Alberto (2018). «Los efectos de la crisis en el posicionamiento de las ciudades españolas», Boletín de la Asociación de Geógrafos Españoles, vol. 76, pp. 79-101.

Prevosti, Mart (2011). «Miquel Tarradell: arrelat i trasgressor», *Butlletí de la Societat Catalana d'Estudis Històrics*, n° 22, pp. 349-385.

Rafel i Forntanals, Núria (2003). «Les arrels... i el seu autor», *Revista Cota Zero*, n° 18, pp. 11-17.

Reyes Cruz Ruiz, Elena de los y Ruiz Romero de la Cruz, Elena (sf). «El progreso del turismo de cruceros en España: de las elites a las masas». Disponible en: https://riuma.uma.es/xmlui/bitstream/handle/10630/13358/libro%20cruceros%20espa%c3%b1a.pdf?sequence=1&isAllowed=y

Rodríguez Mateos, Joaquín y Trujillo Doménech, Francisco (2010). «El fondo documental de Jorge Bonsor en el Archivo General de Andalucía», en *Jorge Bonsor y la recuperación de Baelo Claudia (1917- 1921): Catálogo de la Exposición celebrada en el Conjunto Arqueológico de Baelo Claudia entre el 4 de junio y el 30 de septiembre de 2009*, Sevilla, Consejería de Cultura, pp. 9-20.

Rubio-Mondéjar, Juan Antonio y Garrués-Irurzun, Jósean (2017). «Escasez de vínculos débiles: el atraso económico de la Andalucía contemporánea desde la perspectiva de redes empresariales», *Hispania*, vol. 87, n°. 257, pp. 793-826.

Ruiz Mata, Diego (1999). «Visión actual de la fundación de Gadir en la bahía gaditana. El castillo de Doña Blanca en el Puerto de Santa María y la ciudad de Cádiz. Contrastación textual y arqueológica», *Revista de Historia de El Puerto*, n° 21, pp. 11-86.

Salvatierra Cuenca, Vicente (1994). «Historia y desarrollo del modelo andaluz de arqueología», *Trabajos de Prehistoria*, vol. 51, 1994, pp. 1-13.

Sánchez Bonilla, Juan Francisco y Santiago Pérez, Antonio (2010). «Asta Regia; cuando la arqueología se transforma en una necesidad social», *RAMPAS-Revista Atlántica-Mediterránea de Prehistoria y Arqueología Social*, n° 12, pp. 167-174.

Santamarina Otaola, Josu (2016). «Más acá de la frontera: Arqueología y nacionalismo(s) en la "Nabarra" del siglo XXI», *ArqueoWeb*, n° 17, pp. 239-267

Sierra, Juan Alonso de la (2017). «El Museo Arqueológico Provincial de Cádiz (1887-1970)», Boletín del Museo Arqueológico Nacional, vol. 35, 2017, pp. 29-42.

Tarradell, Miguel (1959). «El Estrecho de Gibraltar ¿puente o frontera? (sobre las relaciones posneolíticas entre Marruecos y la península ibérica», *Tamuda*, vol. 7, pp. 123-138.

Tarradell, Miguel (1965). «El problema de las relaciones prehistóricas entre España y África: nuevas perspectivas», *Archivos del Instituto de Estudios Africanos*, n° 75, pp. 19-34.

Tejedor Cabrera, Antonio, Linares Gómez del Pulgar, Mercedes y Galán Nogales, Guillermo (2015). «El uso escénico de los teatros clásicos (A propósito del I Foro Internacional Teatros Romanos de Andalucía)», *ph investigación*, n.° 4, pp. 77-103.

Vázquez Consuegra, Guillermo (2004). «Sede Institucional del Conjunto Arqueológico de Baelo Claudia», *Revista mus-A*, n° 3, 2004, pp. 28-32.

Vázquez Paz, Jacobo (2016). «Adolf Schulten: un alemán entre las dunas», en Manuel J. Parodi Álvarez, coordinador, *Arqueólogos por el bajo Guadalquivir en la primera mitad del siglo XIX. Actas de las III Jornadas de arqueología del Bajo Guadalquivir*, Sanlúcar de Barrameda. Ayuntamiento de Sanlúcar de Barrameda, pp. 63-75.

Vizcaíno Estevan, Tono (2016). «Roma no es suficiente. La invención del origen ibérico en el relato identitario de Valencia», *Revista Arkeogazte Aldizkaria*, n° 6, pp. 55-73.

IMÁGENES

Imagen 1
Ubicación de los principales puntos de asentamientos
fenicios del área de la bahía de Cádiz
Fuente: elaboración propia

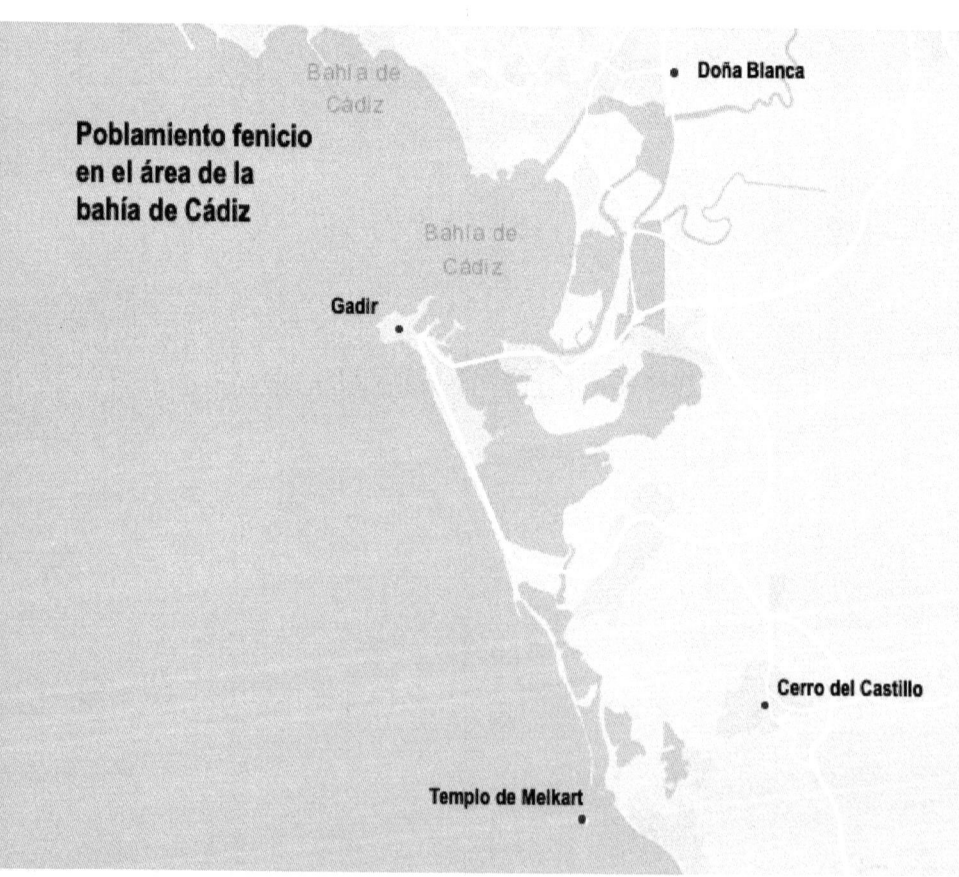

Imagen 2
Sentimiento localista: Fermín Salvochea, el alcalde anarquista que en 1873 declaró el cantón independiente de Cádiz, en el escaparate de una tienda de recuerdos turísticos
Foto: Raúl Asensio

Imagen 3
Sarcófago antropomorfo masculino en el momento de su descubrimiento en 1887
Fuente: Real Academia Española de Historia

Imagen 4
La necrópolis fenicia de Cádiz en la prensa de comienzos del siglo XX
Fuente: España y América: revista comercial ilustrada, año 2, vol. 4, 1913

ESPAÑA Y AMÉRICA

ARTE PRIMITIVO [1]

NECRÓPOLIS FENICIA DE CÁDIZ

Los descubrimientos efectuados últimamente, han venido a aumentar y a considerable número de interesantes objetos pertenecientes a primitivas civilizaciones que sucesivamente han ido apareciendo en diversos sitios de Cádiz. Consisten los actuales hallazgos, en un grupo de sepulturas, (que aún están sin descubrir totalmente), de época ibero-fenicia, que por lo numeroso y por las joyas que acompañaron a los cadáveres, han de ser de capital importancia para el estudio de un período tan incierto en la historia de la antigua Gades.

Desde muy antiguo vienen encontrándose esta clase de enterramientos, cuyo número nos demuestra la importancia del pueblo que los labró; y ya Suárez de Salazar, en su obra *Grandezas y Antigüedades de la Isla y Ciudad de Cádiz*, impresa en 1610, nos dice: "Entre los muchos sepulcros antiguos que cada día se descubren en Cádiz, é visto tres diferencias de ellos: los unos, y no mas ordinarios, son en forma de algibes, muy pequeños de obra Mosayca tosca, ó labrados de piedra de la mesma Isla sin mezcla, ni otro sulaque alguno, no mayores que aquello

Descubrimientos efectuados en Octubre de 1912.

que puede ocupar un cuerpo humano. Estos sepulcros eran propios de los que no acostumbraban quemar sus difuntos: como dize Giraldo. Costumbre que debieron tomar de los Egypcios, de quien dize Silio Itálico lo mismo. De donde parece que esta manera de sepulcros que en Cádiz se halla fué de sus mas antiguos moradores, como fenices de nación, y tan parecidos en su religion y gobierno político a los Egypcios."

Por esta descripción se comprenderá fácilmente que los sepulcros descritos por Suárez de Salazar son iguales a los actuales. Consisten estas sepulturas en una serie de departamentos construidos con sillares toscamente labrados, sin argamasa de unión, y colocados de tal modo, que la pared o muro de uno forma la del siguiente. Encuéntranse todos orientados de saliente a poniente, y el suelo de todos es de tierra arcillosa, siendo su altura pe unos 95 centímetros, con una anchura que varía entre 40 y 50 centímetros y un largo a fondo uniforme de un metro noventa y cinco. En algunos lóculos varían las dimensiones de altura y anchura y a veces están construídos unos sobre otros.

Han aparecido en diversos sitios de Cádiz, pero donde más numerosos están es en los terrenos comprendidos entre los Glacis de la fortificación y la llamada Punta de la Vaca o Astilleros de Vea-Murguía, y como el descubrimiento de unos está relacionado con el de los otros, creemos conveniente dar alguna noticia de los encontrados desde 1887 con ocasión de los desmontes efectuados en aquellos lugares.

En el mes de marzo del mencionado año, se encontró un hipogeo formado con tres lóculos ó departamentos, dos de ellos pareados y el otro con la parte correspondiente á los pies, colocada sobre la cabecera de uno de los interiores. El día 10, se descubrió el primer lóculo a una profundidad de cinco metros, encontrándose en él, restos de un esqueleto de hombre, fragmentos de armas de hierro, y huesos labrados, y en el compañero, que se exploró al mismo tiempo, apareció un esqueleto de mujer, con un collar de cuentas de oro y ágatas y un

Hipogeo de la Punta de la Vaca, hoy destruído.

Tapa del sarcófago antropoide.

(1) Nuestro erudito y excelente colaborador el Catedrático de Bellas Artes, D. Pelayo Quintero, nos ha honrado con la versión de este curioso artículo, que seguramente será leído con gusto por nuestros lectores, dado el interés que encierra.—(N. de la R.)

Imagen 5
Monumento a la memoria de Pelayo Quintero Atauri en Ucles (Cuenca)
Foto; Juan_Gomis - Own work, CC BY-SA 4.0

Imágenes 267

Imagen 6
El gran damnificado: panorámica de un sector de las ruinas del yacimiento de Doña Blanca
Foto: Emilio J. Rodríguez Posada - Own work, CC BY-SA 3.0

Imagen 7
Fenicios donde nadie los esperaba: labores de excavación en el Cerro del Castillo. En la actualidad la zona ha vuelto a ser recubierta en espera de su puesta en valor
Foto: Juan Antonio Cerpa Niño

http://www.historiayarqueologia.com/2016/10/un-nuevo-enclave-fenicio-descubierto-en.html

Imagen 8
La creación de un personaje arqueológico: Mattan
Fuente: José María Gener y Carlos Núñez García, Yacimiento arqueológico del Teatro de Títeres: cómo se hizo, Cádiz, Ayuntamiento de Cádiz, Diputación de Cádiz, Proyecto NAMAE, enero de 2015, p. 23

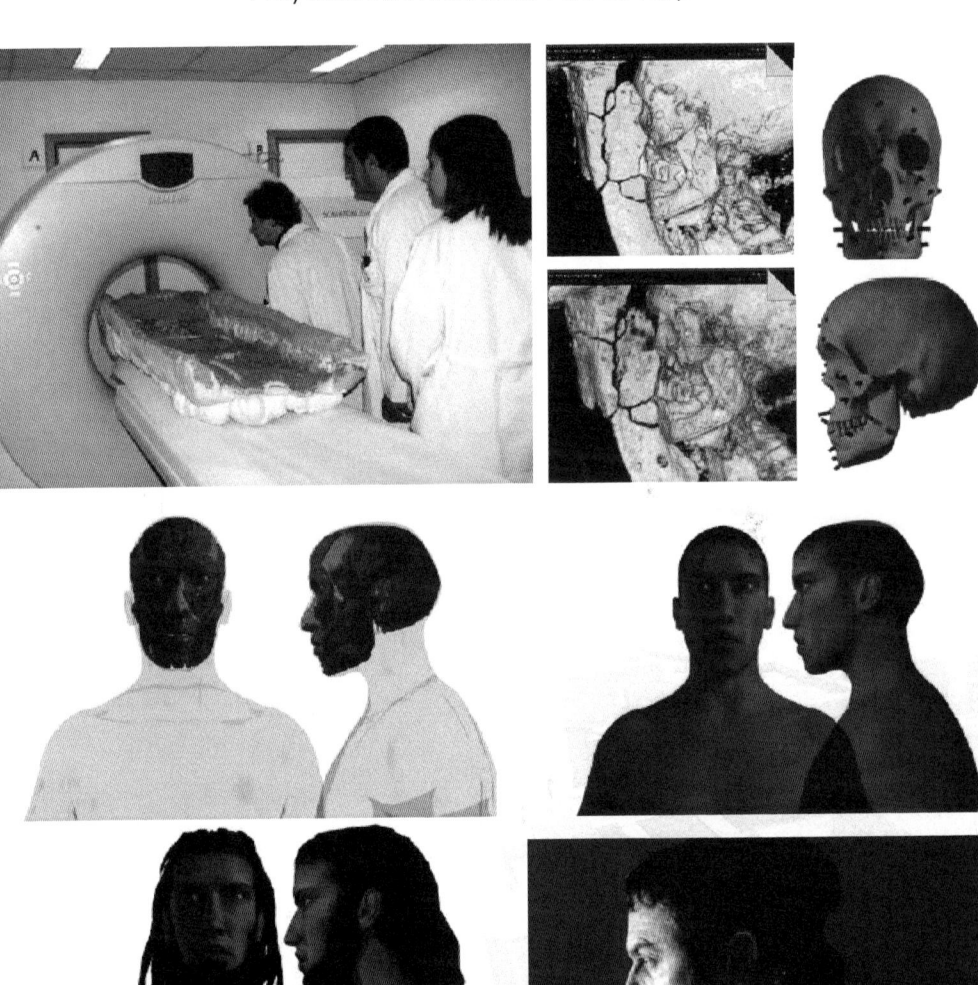

△ Audiovisual "Historia y vida" con el personaje Mattan
Audiovisual "History and life" in which the character of Mattan appears

270 LA GUERRA DEL FENICIO - Raúl Asensio

Imagen 9
Un barrio de abigarrado urbanismo: lugares emblemáticos del Pópulo mencionados en el texto
Fuente: elaboración propia a partir de imagen de Google Maps

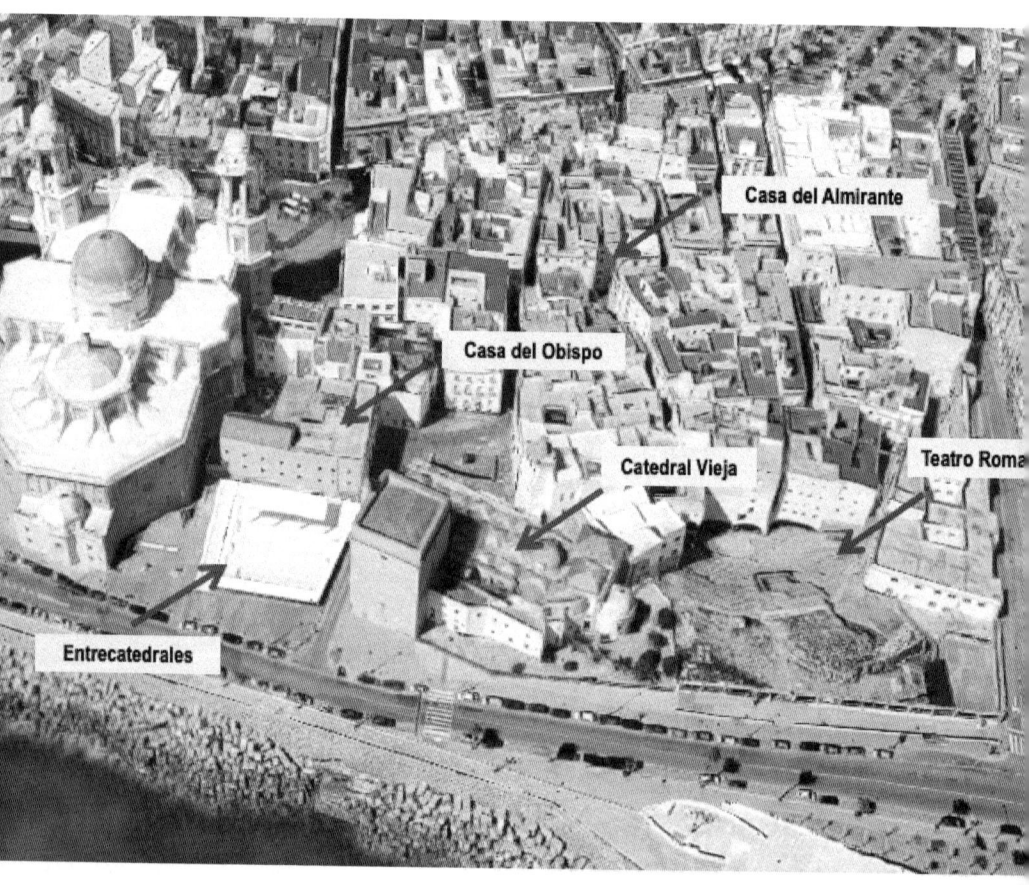

Imagen 10
Un teatro romano escondido bajo la ciudad
Foto: Peejayem - Own work, CC BY-SA 3.0

Imagen 11
Obras en el teatro romano de Cádiz. Se pueden observar las estructuras metálicas diseñadas para continuar las excavaciones bajo los edificios
Foto: VIATOR IMPERI from HISPANIA, CC BY-SA 2.0

Imagen 12
La estela de Balbo en el Centro de Interpretación del Teatro Romano. Un espejo permite ver en grafiti de la parte inferior
Foto: Axel Cotón Gutiérrez - Own work, CC BY-SA 4.0

Imagen 13
Arquitectura milagrosa a escala local: Entrecatedrales
Foto: Carlos – Cadizpedia, CC BY-SA 3.0

Imagen 14
Los dos sarcófagos antropomorfos fenicios en el Museo
Provincial de Cádiz
Foto: VIATOR IMPERI from HISPANIA - CC BY-SA 2.0

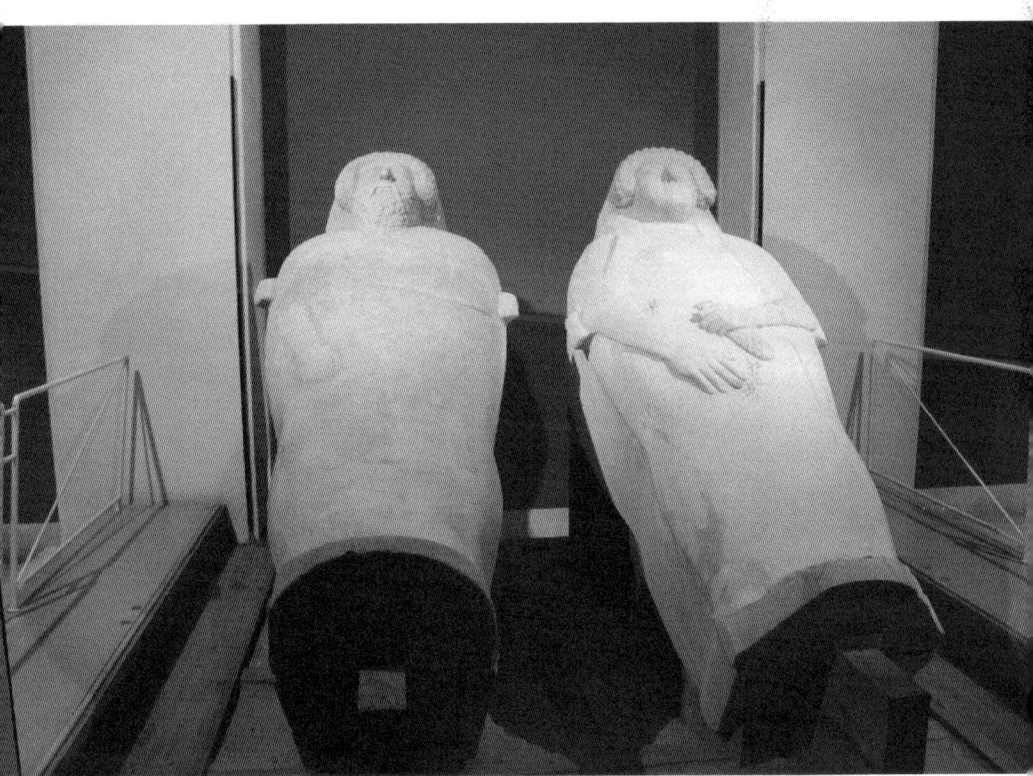

Imagen 15
Momento fenicio: publicidad del Yacimiento Gadir en el marco de la campaña de la Ruta Fenicia
Foto: babblá diseño y comunicación

Imagen 16
Momento fenicio: materiales difusión con la historia del pequeño Mattan
Material de difusión de la Ruta Fenicia
Textos: José María Gener y Rocío Martínez.
Ilustraciones, diseño y maquetación: Babblá Estudio

Imagen 17
Pasados fenicios: material de divulgación del día de los fenicios de Chiclana
Foto: https://cerrodelcastillo.blogspot.com/2016/05/dia-de-los-fenicios.html

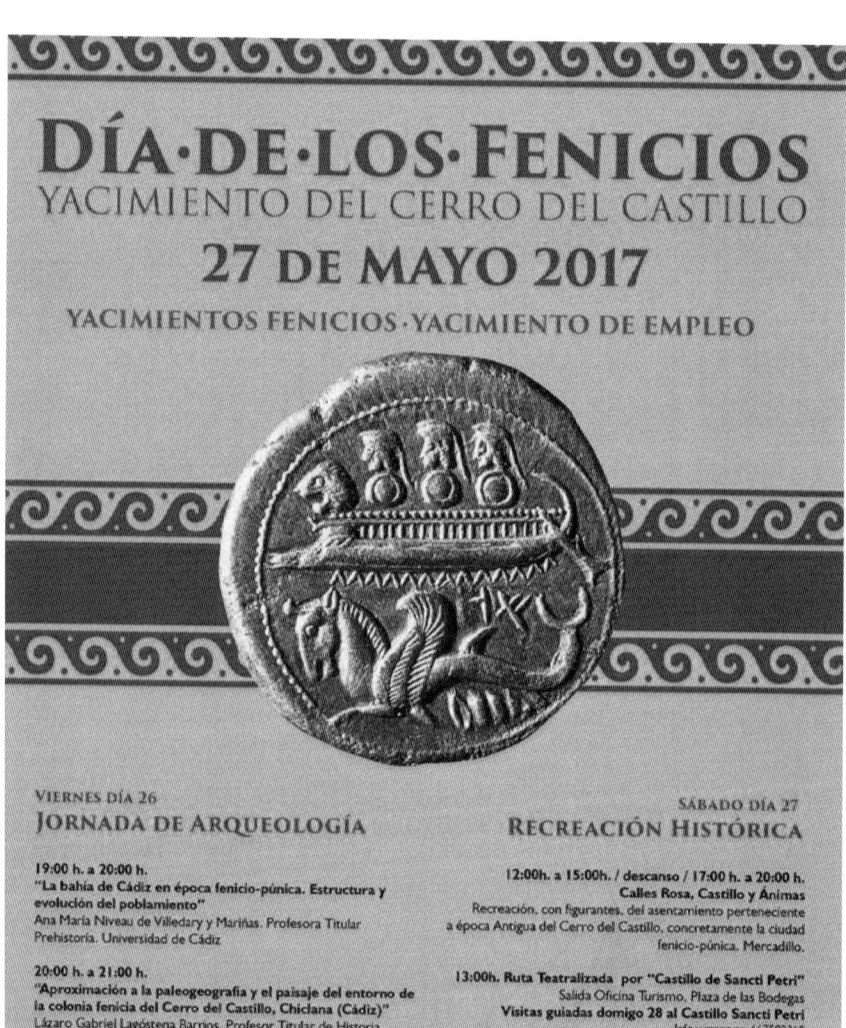

Imagen 18
Vista interior del Yacimiento Gadir
Musealización Vitelsa sl, diseño de iluminación VanCram sl
Foto: Agustín Hurtado

Imagen 19
Los restos de Valentín-Mattan musealizados en el
Yacimiento Gadir
Musealización Vitelsa sl, diseño de iluminación VanCram sl
Foto: Agustín Hurtado

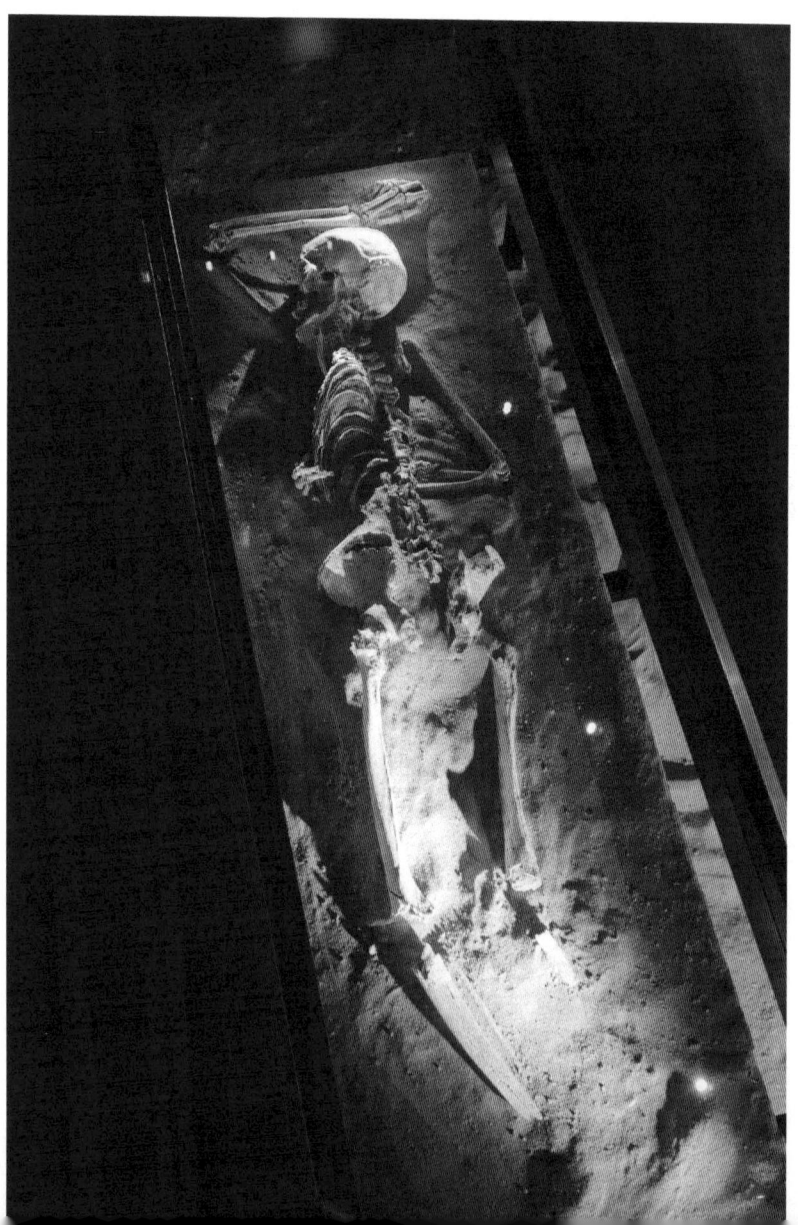

Imagen 20
Baja la marea: señalética en mal estado sobre la Ruta Fenicia en los parques arqueológicos de la zona moderna de Cádiz
Foto: Raúl Asensio